JN300937

取締役分割責任論

―平成13年改正商法と株主代表訴訟運営論―

遠 藤 直 哉 著

信 山 社

　　　　　　　は し が き

　1993年の商法改正（提訴手数料の引き下げ等）以来，株主代表訴訟が急増するに至った。バブル経済の崩壊と共に，乱脈を極めた経営実態が明らかにされ，取締役の責任が次々と問われていった。筆者は1991年から株主代表訴訟の先駆けとなった日本サンライズ株主代表訴訟を担当した。株主であった地場産業の雄である株式会社吉武が，日本サンライズ社（旧繊維会館）の社長の株式投資の失敗に基づく損失を，会社に支払うよう求めた訴訟であった。まさに手探りで開始したものであった。

　この成果については，牧野茂弁護士，村田英幸弁護士と共に，1994年「日本サンライズ株主代表訴訟事件の一審判決と和解」（商事法務1363号）に発表させていただいた。連帯責任を認め全面勝訴となった一審判決，及び初めての事例となった二審の訴訟上の和解（分割責任）は，いずれも先例としての価値が高く，数多く引用された。そして，和解の有効・無効，手続論をめぐり，議論が始まった。

　1996年1月，筆者は民法において議論されてきた分割責任を導入することにより，株主代表訴訟を活用しつつ，他方，取締役の責任負担を適正化することを提示するために，本格的な論文の形で「取締役の賠償責任の分割軽減化」（商事法務1412，1413，1415号）を発表した。

　筆者が全く独自の視点から問題提起したため，自分でも大胆すぎるかもしれないとの感を抱いていたところ，この論文については，法律時報1996年学会回顧105頁において，小林成光教授らにより，「取締役の賠償責任の分割軽減化を図ることにより，株主代表訴訟を適切に運用できることを論証した力作」との，まことに勇気づけられる書評をいただいた。しかるに，予想に反して，その後あまり議論の進展はみられなかった。その大きな原因は，分割責任は民法の領域であるのに，株主代表訴訟は商法学者，民事訴訟法学者により議論されており，民法学者が全く加わっていなかったからである。

　しかし，実務では，待ったなしで分割責任の法理の適用に迫られて

はしがき

きた。金築誠志判事らは、筆者の考えを取り入れ、1996年6月、日本航空電子工業株主代表訴訟判決で、因果関係の割合的認定を採用するに至った（また、2000年の大和銀行株主代表訴訟判決でも採用された）。これにより、筆者の説が俄然脚光をあび、研究者の方により引き続き発展させていただけるものと思っていた。しかし、依然として、商法266条の連帯責任の呪縛から解かれないためか、踏み込んだ意見は必ずしもみられなかった。

しかしこの間、筆者は『ロースクール教育論』（信山社、2000年）を書き上げ、その途中で多くのことを学んだ。法の歴史、法の機能を検証すれば、自説の正しさは必ずや論証しうるであろうと考え出していた。しかしそのためには、外国法を含め、相当な調査結果と綿密な論証が必要であろうと感じており、なかなか着手できないでいた。また、司法改革審議会に対して法科大学院構想の提示を行うため、忙殺されてきた。しかし、1999年、中央大学の髙窪利一先生に、筆者の説を評価していただき、是非博士論文として提出されてはどうかとすすめられた。ドイツでも、学位論文について研究者は専門分野の高度な成果を出すが、実務家は各分野にまたがる形で論文を作成するとのことを読んだ記憶があり、一大決心の末、前人未踏の分野へ踏み入ることとなった。しかし、予想に反し、奥が深く、民法を中心に商法、民事訴訟法、アメリカ法と彷徨するが如く、ほとんどの休日をつぶす事態となった。しかし、驚くべきほどの法の発展のダイナミズムを知る幸運に恵まれた。

博士論文「取締役の分割責任と株主代表訴訟運営論」は2001年7月に永井和之教授・丸山秀平教授・大村雅彦教授のご審査により、無事通させていただいた。これに先立ち、髙窪利一先生のご指名により、平出慶道・髙窪利一先生古稀記念論文集『現代企業・金融法の課題（上）』（信山社、2001年2月）に、「取締役の分割責任と株主代表訴訟運営論」を執筆した。これはまだ調査開始の頃であり、充分なものではなかったが、2001年12月法律時報学界回顧118頁において、沢野直紀教授らにより、「米国・日本の共同不法行為の法理を参考に取締役の分割責任を提唱するもの」と取り上げていただき、「これらの議論は従来型の

はしがき

『取締役の責任追及』を通じたコーポレート・ガバナンスのあり方に再考を迫るものと受け取ることもでき，今後学会での議論の行方が注目される」との高い評価をいただいた。長い間まことに孤独な作業であったが，おかげ様で正月休みには自信をもって最後の筆を走らせることができた。

本書の出版にあたり，博士論文の作成と審査で暖かいご指導をいただいた高窪先生，永井先生，丸山先生，大村先生に深甚の感謝を申し上げる。また，この間，私とほとんど同じ問題意識で弥永真生助教授が『会計監査人の責任の限定』(有斐閣，2000年)を，上村達男教授が「取締役が対会社責任を負う場合における損害賠償の範囲」(商事法務1600号，2001年)を発表されたことに対して，敬意を表する。そして，2001年12月に成立した「企業統治関係改正商法」の責任制限は，米国では広く取り入れられている手法ではあるが，日本では初めての試みであり，基本的には筆者の主張してきた分割責任の法理に基づくものと位置づけられる。本書ではこれらをすべて議論の対象とするため，博士論文に大幅に加筆した。

本書第4部「株主代表訴訟運営論」では，代表訴訟においても証拠優越準則を採用すべきであると主張するため，「ロースクール教育論第1章」を再録した。民訴法の泰斗であられる伊藤眞教授は「ロースクール教育論」を評価されて，講演「証明，証明度および証明責任」(法学教室254号，2001年11月)において，証拠優越準則を採用され，法律要件事実論の後退を指摘された。筆者としては望外の喜びであることを申し上げると共に，この講演が21世紀の司法を確かに方向づける格調高い内容であるので，是非多くの方々にお読みいただくよう祈念する。

最後に，昨年9月から教授として，桐蔭横浜大学大学院の商法ゼミにおいて，本書の内容を議論する機会を与えて下さった田宮甫弁護士，鵜川学長に厚く御礼申し上げると共に，信山社の渡辺左近社長には，『ロースクール教育論』に続いて，ご協力をいただいたことに感謝申し上げる。

2002年2月

遠藤　直哉

目　次

はしがき

本書の概要 …………………………………………………………… 1
  1　分割責任の思想 ………………………………………………… 1
  2　連帯責任の短所 ………………………………………………… 2
  3　企業統治関係改正商法の分割責任法理 ……………………… 3
  4　分割責任に基づく自己規律及びコーポレート・
    ガバナンス ……………………………………………………… 4
  5　分割責任の短所とその克服方法 ……………………………… 5
  6　過失（改正商法の責任制限法理） …………………………… 6
  7　米国における分割責任の発展 ………………………………… 7
  8　会社組織体としての責任（会計監査人
    等との分割化） ………………………………………………… 8

第1部　企業統治関係改正商法の解説 ……………………… 9

第1章　平成13年商法改正の趣旨 …………………………… 9

第1節　解　説 ………………………………………………… 9
  1　成　立　経　緯 ………………………………………………… 9
  2　株主総会決議による事後免責 ………………………………… 11
  3　定款規定による事前免責 ……………………………………… 13
  4　社外取締役の責任限定契約 …………………………………… 14
  5　株主代表訴訟の手続整備 ……………………………………… 15
  6　監査役の機能の強化 …………………………………………… 15
  7　経　過　規　定 ………………………………………………… 15

目　次

　　第2節　法理論的位置づけ ……………………………………16
　　　　1　改正の意義 ………………………………………………16
　　　　2　分割責任の法理 …………………………………………17
　　　　3　会計監査人の責任 ………………………………………24
　　　　4　弁護士等の責任 …………………………………………25

第2章　条　　文 …………………………………………………25
　　　　1　商法（企業統治関係改正商法） ………………………25
　　　　2　株式会社の監査等に関する商法の特例に関する
　　　　　　法律改正法 ………………………………………………36

第2部　取締役の分割責任 …………………………………41

第1章　取締役の責任 ……………………………………………41

　第1節　問題の所在 …………………………………………………41
　第2節　分割責任の概念と意義 ……………………………………44
　　　　1　民法上の概念 ……………………………………………44
　　　　2　取締役の責任への適用 …………………………………44
　　　　3　連帯責任の緩和 …………………………………………46
　　　　4　取締役の業務と義務 ……………………………………46
　第3節　違法行為是正機能の重視 …………………………………52
　第4節　賠償責任の分割化（日本サンライズ事件） ……………54
　第5節　不真正連帯債務 ……………………………………………59
　第6節　コーポレート・ガバナンス ………………………………61

第2章　取締役間の分割化 ………………………………………66

　第1節　割合的因果関係論 …………………………………………66
　　　　1　過失行為についての推定規定（商法266条1項）………66
　　　　2　理　　由 …………………………………………………69
　第2節　割合的責任論（賠償範囲論） ……………………………71

v

目　次

　　　　　　　1　過失の程度に基づく分割化 …………………………71
　　　　　　　2　損害の金銭的評価（民訴法192条）………………75
　　　　第3節　判例の検討 …………………………………………76
　　　　　　　1　日本航空電子工業株主代表訴訟 …………………76
　　　　　　　2　大和銀行株主代表訴訟 ……………………………78
　　　　　　　3　ネオ・ダイキョー自動車学院株主代表訴訟 ……79
　　　　　　　4　東京都観光汽船株主代表訴訟 ……………………80
　　　　　　　5　蛇の目ミシン株主代表訴訟 ………………………81
　　　　　　　6　結　論 ………………………………………………83

第3章　取締役と第三者との間の責任の分割化 ………………84
　　　第1節　対第三者債権控除説 …………………………………84
　　　第2節　商法266条の全体構造 …………………………………85
　　　第3節　第三者に対する債権 …………………………………88
　　　　　　　1　法令違反行為の原状回復請求 ……………………88
　　　　　　　2　第三者と会社との間の過失相殺 …………………90
　　　　　　　3　不真正連帯責任の範囲 ……………………………91

第4章　和解の法的位置づけ ……………………………………92
　　　第1節　和解無制限肯定説 ……………………………………92
　　　第2節　債権者代位権との比較 ………………………………93
　　　第3節　他説の検討 ……………………………………………95

第5章　取締役の責任を認めた判決及び和解 …………………97

第6章　株主代表訴訟の意義と機能 ……………………………99
　　　第1節　経営判断の原則 ………………………………………99
　　　　　　　1　有責判断の尊重原理 ………………………………99
　　　　　　　2　責任履行の手続 ……………………………………100
　　　第2節　和解の活用 ……………………………………………101

目　次

　　第 3 節　賠償責任の類型化 …………………………………101
　　　　　1　被 害 者 型 …………………………………………102
　　　　　2　加 害 者 型 …………………………………………102
　　　　　3　故意・共同不法行為型 ……………………………103
　　　　　4　不良債権化型 ………………………………………105
　　　　　5　行政指導型 …………………………………………105
　　第 4 節　米国における直接訴訟と派生訴訟 ………………106
　　第 5 節　株主代表訴訟の法構造（解釈論と立法的改革）…111
　　第 6 節　強制執行と賠償金受領方法 ………………………113
　　第 7 節　法の運用について …………………………………114

第 3 部　分割責任の思想と法理 ……………………117

第 1 章　日本における分割責任の展開 ……………………117

　第 1 節　要旨（個人主義の徹底）……………………………117
　第 2 節　加害行為と自然力の競合の中での分割責任………118
　第 3 節　加害者間での分割責任 ……………………………120
　　　　　1　共同不法行為と競合的不法行為 …………………120
　　　　　2　取締役間の分割責任（故意を除く過失行為の
　　　　　　　分割責任）……………………………………………122
　第 4 節　被害者側への責任の分割 …………………………124
　　　　　1　被害者の過失に基づく過失相殺 …………………125
　　　　　2　被害者側の事情に基づく過失相殺（準用）………125
　　　　　3　取締役の株主に対する過失相殺（準用）…………126
　第 5 節　契約（取引）当事者間での分割 …………………126
　　　　　1　関係的契約当事者間での責任分割 ………………126
　　　　　2　サービス契約・専門家責任における過大な
　　　　　　　損害の分割……………………………………………128

         3 事情変更の原則に基づく債権者・債務者
            間の損害負担の分割 ……………………………129
         4 違法行為（架空取引）における責任分割 ……………131
  第2章 米国における分割責任の展開 ……………144
    第1節 共同責任から個人責任へ ……………………………144
    第2節 不法行為法改革………………………………………146
    第3節 製造物責任法案………………………………………147
    第4節 海事事件の過失割合負担主義
         (proportionate share rule) ……………………149
    第5節 米国連邦環境法（スーパーファンド法）……………150
    第6節 相違責任（defferential liability）………………151
    第7節 割合的責任（proportionate liability）──証券取引法…152
    第8節 リステイトメント（第3版）──Apportionment
         of Liability ……………………………………154
  第3章 分割責任の分析 ……………………………156
    第1節 分割責任の課題………………………………………156
    第2節 無資力者の存在………………………………………156
    第3節 一部の被告との和解の場合 …………………………158
    第4節 被告とされない者の存在 ……………………………159
    第5節 全部連帯・一部連帯・部分連帯 ……………………159

第4部 株主代表訴訟運営論 ……………………………165
  第1章 株主代表訴訟の特質 ………………………165
    第1節 問題の所在……………………………………………165
         1 証拠偏在型訴訟 ………………………………………165
         2 多数の長期裁判 ………………………………………165

第2節　会社の訴訟参加……………………………………167
　　　　1　参加の3方式 ………………………………………167
　　　　2　強制参加と訴訟告知 ………………………………169
　　第3節　事案解明（証拠収集）の課題 ……………………170
　　　　1　単独株主の書類閲覧請求権 ………………………170
　　　　2　会計帳簿閲覧請求権・商業帳簿提出命令 ………171
　　　　3　文書提出命令の課題 ………………………………171
　　第4節　証拠優越準則の採用 ………………………………176
　　　　1　民事確信説の終焉 …………………………………176
　　　　2　株主代表訴訟への適用 ……………………………176
　　　　3　会社の事案解明義務違反の場合 …………………177
第2章　証拠優越準則の発展の経過……………………………178
　　第1節　新しい訴訟運営論 …………………………………178
　　第2節　従来の訴訟運営論の限界 …………………………180
　　第3節　客観的証明責任論の問題点 ………………………183
　　第4節　証明度軽減………………………………………………185
　　第5節　主観的証明責任（証拠提出責任） ………………187
　　第6節　間　接　反　証……………………………………………190
　　第7節　表見証明又は一応の推定 …………………………191
　　第8節　証明と疎明……………………………………………193
　　第9節　証明度軽減の理論史 ………………………………193
第3章　証拠優越準則の発展の経過……………………………198
　　第1節　米国証拠法の基本原則 ……………………………198
　　　　1　マコーミック等 ……………………………………198
　　　　2　カプラン ……………………………………………199
　　　　3　米国の主張・立証責任 ……………………………199

目次

　第2節　反証提出責任（反証不提出の法則）……………………201
　第3節　行為責任としての証明責任（手続保障の第三の波）……201
　第4節　利益衡量説……………………………………………………203
　第5節　主要事実と間接事実…………………………………………204
　第6節　間接事実の証明（度）………………………………………206
　第7節　暫定的心証開示………………………………………………207
　第8節　釈明権…………………………………………………………209
　第9節　本指針の長所…………………………………………………210

第4章　証拠優越準則等に基づく事案解明と
　　　　事実認定の合理化………………………………………………210
　第1節　社会的民事訴訟………………………………………………210
　第2節　事案解明義務…………………………………………………214
　第3節　客観的証明責任の後退………………………………………215
　第4節　証拠優越準則の適用パターン………………………………216
　　　1　証拠充実型………………………………………………………216
　　　2　証拠偏在型………………………………………………………216
　第5節　相対的評価……………………………………………………217
　第6節　今後の課題……………………………………………………218

本書の概要

　本書の目的は，日本がグローバル化と規制緩和の時代に入り，国際的市場経済の中で，経済的紛争をいかに迅速に解決していくべきか，財産的損害の回復をどの範囲で実施すればよいのか，これについて事業者間取引，消費者取引から発生する損害賠償義務をも視野にいれつつ，主として取締役の賠償責任を中心に，分割責任（割合的責任，比例的責任）の思想と法理に基づくあるべき法の運用を提示するものである。
　以下に本書の要旨を簡潔に記す。

1　分割責任の思想

　近代の自由主義，個人主義の思想は人間の尊厳と自由を最も尊重する。個人が自己責任を負う反面，それ以上の責任を負う必要はなくなる。国家，村落，家，組織という共同体の犠牲になる必要はない。すなわち，中世にみられた，他人や共同体の責任まで負う団体責任，共同責任，連帯責任という封建的思想は捨てられることとなった。自己の行った故意，過失の行為についてのみ責任を負うだけでよいことになった。現代では，さらに個人の自己決定権，市場経済における自己責任が強調され，個人の決定権を尊重するが故に，その決定した範囲内での個人責任を負うべきものと考えられている。
　このように，中世封建制における共同体の連帯責任の思想は，社会思想としては完全に捨てられているにもかかわらず，連帯責任の法制度又は法理は現在まで残ってきた。しかしもはや法理としての連帯責任も変容させざるをえない時代となった。すなわち近代から現代まで続く個人主義に基づく法制度又は法理は分割責任でなければならないはずである。分割責任であれば，自己の負担部分のみを支払うだけで免責され，他へ求償する負担もなく，紛争は1回で解決する。

2　連帯責任の短所

　連帯責任は，公害，ＰＬ，交通事故などの人身被害の損害を回復するために，被害者救済を目的として有効に機能してきた。しかし，バブル経済の発生と崩壊の過程で，財産的紛争が多発し，かつ損害の発生や紛争の原因に多数の者が関与することが多くなった。被告は関与者全員となるべきはずであるが，その内からわずかの者が選ばれることもあり，多数の内の一部が選ばれることもあった。このような現象は，以前には決して多くなかった。その結果，経済活動に伴う財産的損害の回復には全く別の視点が必要であることに気付くべきであり，連帯責任の見直しはその一つといえる。

　連帯責任とは，自己の責任を超えて他人の責任までをも負担することである。すなわち，分かりやすい例でいえば，ＡとＢがＣに１億円の損害を与えた場合に，ＡとＢが共謀又は故意のときには１億円の連帯責任となってもやむを得ないが，Ａ（軽過失）とＢ（重過失）が，過失行為であったときには，内部的負担割合としてはＡ1,000万円，Ｂ9,000万円であっても，ＡはＣに対しては，連帯責任としては１億円を支払わなければならない。その結果，ＡはＢに対して9,000万円求償しなければならないという負担と，Ｂが無資力のときには回収できない危険を負う。

　Ａ及びＢの行為が暴行，傷害の場合などの犯罪行為とは異なり，経済活動の場合には原則として過失行為である。また，訴訟になっても，Ａは過大な賠償責任をかけられることを回避するためにあらゆる抵抗を繰り返す。他人の分まで負担することから当然のことといえる。株主代表訴訟で，わずか１名ないし数名が巨額な賠償責任を課されたことは，背後にいる多数の人々の責任まで負って，いわば１人で生け贄にされた結果であり，現実には他の取締役へ求償などなしえないので，本人ばかりか多くの人々が納得がいかなかったのも当然のことといえる。

　自己責任というならば，他の取締役，使用人，株主，すべてのそれぞれの責任を明らかにして，応分の負担をさせるべきであろう。

　改正商法でも，表面上は取締役の連帯責任を維持しているため，過失の低い取締役は依然として他人の責任までかぶってしまう危険があり，これを分割責任論で解消する必要がある。

3　企業統治関係改正商法の分割責任法理

　連帯責任の大きな欠点が取締役の責任にきわだって現れたため，実質上，連帯責任の緩和をするために今回の改正に至った面がある。すなわち，取締役の賠償額を報酬などの6年分ないし2年分までに制限しうることは，分割責任の法理を一部混入させたものといえる。このような立法は，日本の法史上，初めての試みであり，画期的な法律といえる。

　提案理由や法務委員会の説明にも全く現れてこないが，取締役，従業員，株主などのすべての責任を考慮した結果の責任の分散化，分割化と考えれば，分かりやすいし，納得しうるものである。いわば合理的，正当な法理に基づく政策論といえる。

　しかし，改正作業においても，1996年から筆者の提起してきた分割責任論を自覚的に議論しえなかった立法関係者にも大きな問題があると感ぜざるをえない。無意識のうちに，分割責任法理を混入させたため，いわば積残しが多くあり，本書はこれを解明するものである。

① 　大きな問題としては，取締役の責任を一部免除し，責任制限することは，対会社に対しては有効だが，他の取締役や会計監査人からの求償権行使に対しても主張し得るのか，という点がある。改正法の責任限定の趣旨からは，各人は会社に対して限定された責任額を支払えばよいのであり，相互に求償権行使はできないというのが結論であろう。分割責任と同じ結果となる。

② 　筆者の分割責任論は，改正商法が成立したことにより一部正当化されたので，その趣旨や精神が多くの場合に生かされることとなる。改正前の取締役の行為には適用できる。改正後でも株主総会の承認が得られないなど，責任免除制度を適用しえない事態も予想され，その場合には，分割責任論は有効である。さらに，責任免除をできない額は多額であるにもかかわらず，特に代表取締役で著しく過失が低い場合，報酬等の6年分以下の賠償額で判決や和解をする場合には分割責任論なくしてはなしえない。

③ 　その際，商法266条5項の総株主の同意を要する取締役の責任免除とは，分割責任の免除を指すと解すべきであり，分割責任を負わせる限り，総株主の同意は不要といえる。

4 分割責任に基づく自己規律及びコーポレート・ガバナンス

　分割責任の思想と法理はすべての紛争に登場する。交通事故，医療事故，変額保険などの被害が発生したとき，多くの場合，加害者・被害者双方の過失が問題となり，過失相殺が適用される。これは一つの被害についての責任を分割しているのである。

　すなわち，私達は社会において行動するについて，どこまで注意しなければならないかを問われている。信号のない道路を渡れば必ず過失相殺される。これを知れば責任を自覚するようになる。さらに，青信号で渡れば法的には過失相殺されないが，青信号でも左右を見るようになるという社会的倫理的注意義務を身につけるようになる。つまり，法的な過失というのは一概には分からないので，社会において常にわずかでも責任を分担していると考えることにより，細心の注意を払うようになり，安全な生活を送れるということである。

　米国では，上記被害者の過失が認められたことにより，加害者間での過失を割合的に分割する考え方が発展した。日本でも，公害などで複数加害者がいる場合には，加害者間での賠償額の分割が行われてきた。さらには，継続的に関係をもつ取引当事者間での信義誠実の原則（信義則）に基づく解決，債権者債務者間での事情変更に基づく契約違反などでは，責任の分割が行われるのである。

　常に我々は，社会の中で，時間の経過の中で，自分がどの範囲まで責任を負うのかの注意義務を問われている。過失にならないように注意するとは，法律，取締法規，良き社会慣習に従い，かつ情報を開示しつつ行動することであり，一定の行為義務を守るということである。取締役，従業員は会社の中，あるいは取引相手に対しても，行為義務に反しないよう注意することである。この行為義務は何かが常に検討され，改善されていかなければならない。これが，個人責任を常に自省しつつ大きな組織を維持運営していくための理念，原理である。健全なる企業統治，自浄作用のある民主的で開かれた運営を目指す新しいコーポレート・ガバナンスというべきである。

　この観点から改正商法をみると，結論としては，改正商法の解釈は以下のとおりまとめられる。

①　取締役の地位・職務に応じて，取締役の負担する賠償額の上限を画することができるようになった。様々な立証を要せず，責任の重い取締役の賠償額を減額しうるということである。
②　取締役間での求償問題は条文上一切明記されていないが，相互に求償し得ないと解する。
③　取締役の内の（著しく）過失の低い者に，免除限度額以下の賠償額を分割責任として認めさせることの可否は，改正商法では触れられていないので，解釈論として分割責任論を採用し，これを可能とする。すなわち，会社又は株主は取締役に対して，連帯の免除をして和解する。又は取締役側が具体的に自己の過失と分割責任額を立証すれば判決でも分割化できる。これによれば，できるだけ多くの取締役に広く浅く賠償を求めること，代表取締役の責任が軽い場合であっても，低額の賠償金を支払わせること等を可能とし，コーポレート・ガバナンスに重要な機能を果たすこととなる。

5　分割責任の短所とその克服方法

分割責任の短所，またはこれを適用する場合の障害として次のものがあげられる。
①　商法266条1項のように，連帯責任の明文が存在するときには，分割責任を適用しえないのではないか。
②　原告が，複数の被告の各責任の割合，各損害額を主張立証しなければならないとすると，過大な負担となる。
③　被告のうちに無資力者がいるときには，原告はその無資力者の負担分を負うことにならないか。
④　分割責任を負う者をすべて被告にすればよいが，被告とし得なかった加害者の負担部分を原告が負うことにならないか。

①については，解釈上の難関であったが，正に制定法主義の国でも，判例法主義の思想を取り入れ，時代状況に合わせて，条文を柔軟に解釈すべきであるという良い例といえる。今回の商法改正でも，分割責任にすべきか連帯責任にすべきかの領域は大幅に残っており，依然として柔軟な解釈論は必要とされる。

本書の概要

　連帯責任の明文は，複数被告に対して，各人が全損害を発生させたとの推定機能があるとみて，被告がこれを破るには，分割責任の主張責任，証拠提出責任を負うと解釈すべきである。このように解釈すれば，②の原告の負担はなくなる。民法719条1項後段の連帯責任とは推定規定にすぎない，との解釈論で分割責任が既に採用されてきたことからも，上記解釈を正当化できる。複数被告は，多くの証拠を積極的に開示しない限り，分割責任を立証しえないが，裁判所が分割責任の採用を明言すれば（心証開示），被告は積極的に証拠を開示し，裁判は一挙に終了に向かう。

　③「無資力者」，④「被告でない者」については，これらの負担部分を原告に負わせることが不公平であれば，（一部の）被告側にのみ負わせることも同様に不公平であることは明白である。

　第一に，弥縫策としては，③④の負担部分を原告，被告に頭割り，または各負担部分に応じて負担すればよいだけである。技術的にもそれ程困難なことではない。

　第二に，④については原告が責任のある者でも被告とすることができなかったり，恣意的に被告としなかったときには，被告とされた者が，被告とされていない者に対して訴訟告知をしたり，将来的には訴訟への引込みをして，被告の立場につかせるべきである。

　第三に，③の無資力者については，将来的には諸外国でみられるように，訴訟中に被告全員の財産を開示させることとすればよい。これにより，真に無能力者がいるとき初めて，原告その他の被告へ負担を課せばよい。新たな制度として作ることも重要だが，将来は訴訟中に被告相互で他の被告について資力のあることを証明させるなどの工夫をするべきだろう。

　上記①〜④についての克服方法は，財産的被害には充分に機能しうるし，裁判の迅速化に資する。財産的被害に限れば，裁判所において裁量による賠償額の決定をするときには，原告に若干の負担が生じてもやむをえない。

6　過失（改正商法の責任制限法理）

　分割責任法理において，責任を分割するキーワードは，「過失」である。過失がなければ一切の責任を負わないが，過失が大きければ多くの賠償責任を負い，過失が小さければ少ない賠償責任を負う。

故意の場合には，いわば事件を発生させるわけであり，発生する損害全部を予見しているといえるから，責任を分割できない。それ故，今回の改正でも，取締役の責任制限は，悪意又は重過失の場合には適用されないこととなっている。

そして，取締役の報酬の6年分，4年分，2年分と賠償額の大きさを類型的に分けたのは，地位に応じて「責任の重さ」，「過失の程度（注意義務の程度）」，「行為義務の内容」が類型的に異なることに着目したのである。

但し，理論上は，故意（悪意）と過失を分けることが正しいのであり，重過失は過失に過ぎない。よって改正法によって重過失について責任制限をしえなくても，判決や和解では分割責任としうる余地はある。

過失とは，他人を害することを予見し，これを回避する義務に違反することである。不法行為でも契約責任でも同じく，社会における通常人の注意義務に違反するという点で客観的なものである（但し，契約違反の場合には個別契約内容による具体化がされる）。

取締役の責任の場合には，企業社会における取締役レベルの一般的注意義務が課せられる点では不法行為法理を適用しうる。しかし，さらに取締役の所属する会社の特質を踏まえ，そこで与えられる任務という具体的責任を前提にしてみたとき，善管注意義務の中に，個別具体的注意義務，行為義務が発生し，これが契約責任的な性質を持つものといえる。

7　米国における分割責任の発展

米国においては，1970年代から，製造物責任訴訟を中心とする訴訟の爆発，責任保険の危機といわれる状況から，不法行為改革の動きが大きくなっていった。その結果，「連帯責任の緩和」，「賠償額の制限」，「分割責任の拡大」等の様々な展開を遂げてきた。2000年には，リステイトメント第3次不法行為法「責任の割合的分割」（Apportionment of Liability）が出版されるに至った。取締役の責任についても損害賠償額を報酬の1年分に制限する約30の州法が次々と成立した。

1995年，PSLRA（米国私的証券訴訟改革法）においては，取締役の責任について，割合的責任（proportionate liability）が採用された。但し，派生訴訟（derivative litigation）における取締役の責任については，未だに割合的

責任は採用されていない。徹底的な調査をした後に，念のためサンフランシスコの Noriyuki Shimoda 弁護士（Squire Sanders&Dempsey L. L. P.）にも最終チェックを依頼したが，同様の結論であった。米国では，早い時期から州法で責任制限をしたため，結果として分割責任化されているからか，派生訴訟より直接訴訟の方が重要であるからか，明確でない。米国でもいずれは問題になるものと推測される。

8 会社組織体としての責任（会計監査人等との分割化）

会社法は，株式会社を株主有限責任の原則の下に構成している。多くの株主が資本市場において一定のリスクの下に資金を投下することにより，そのようなリスクさえ負わない取締役がこれを運用して経済活動をなしうる。会社という組織体は，過去から現在までの株主，取締役，従業員等の集合的な活動の総和といえる(1)。本書第3部第1章第5節に詳述したように，会社組織とは，継続的関係的契約の典型といえる。それ故あらゆる意味でリスクを分散させている。また取締役は委任をうけた専門家の責任と同じ面があり，本来責任はほぼ一定に限定されているともいえる。

そのような趣旨で，改正商法では取締役の責任の限定を進めることができた。しかし，会計監査人には取締役との連帯責任の規定がある。また，弁護士，コンサルタント，銀行，商社等も顧客の取締役へ助言したり，取締役と協働作業をし，不真正連帯責任を負うことも多い。それ故，取締役間の責任の分割だけでなく会社外部の者との連帯責任を見直し，会社組織の責任も認めて分割化軽減化を計ることが課題である(2)。

(1) 上村達男「取締役が対社会的責任を負う場合における損害賠償の範囲」（商事法務1600号，2001年）。
(2) 弥永真生『会計監査人の責任の限定』（有斐閣，2000年）。

第1部　企業統治関係改正商法の解説

第1章　平成13年商法改正の趣旨

第1節　解　説

1　成立経緯

　企業統治関係改正商法（平成13年法律第149号）は，2001年12月5日成立し，同月12日公布され，2002年4月1日施行されることとなった。

　この原案については，企業統治関係改正商法として，自由民主党政務調査会法務部会商法小委員会が中心となって検討し，平成9年9月8日付で，「コーポレート・ガバナンスに関する商法等改正試案骨子」を公表し，各界の意見を募り，同委員会が平成11年4月15日付で「企業統治に関する商法等の改正案要綱」を取りまとめたものに基づく。

　平成13年5月30日，改正案要綱をベースとする「商法及び株式会社の監査等に関する商法の特例に関する法律の一部を改正する法律案」（平成13年衆法第31号），「商法及び株式会社の監査等に関する商法の特例に関する法律の一部を改正する法律の施行に伴う関係法律の整備に関する法律案」（平成13年衆法第32号）が議員提出の形で衆議院に提出された。提出理由は，「会社をめぐる最近の社会経済情勢にかんがみ，コーポレート・ガバナンスの実効性を確保するため，監査役の機能の強化，取締役等の責任の軽減に関する要件の緩和及び株主代表訴訟制度の合理化を行う必要がある。」としている。

　しかし，会期の終了により審議未了のまま，継続審議となり，9月召集の臨時国会で審議が開始された。11月27日参議院法務委員会において太田

第1部　企業統治関係改正商法の解説

誠一議員（自民党）が提出者を代表して下記のとおり説明をし，これに対して，佐々木秀典議員（民主党）が，一部修正案を提出し（カッコ部分），修正案はすべて採用され，12月4日の参議院法務委員会の審議を経て，成立した(1)。

<u>提案説明</u>
　商法及び株式会社の監査等に関する商法の特例に関する法律の一部を改正する法律案は，株式会社の企業統治の実効性を確保するため，取締役の責任のあり方，監査役のあり方等を見直すものであり，その内容は以下のとおりであります。
　第一に，取締役の法令違反行為等に基づく会社に対する責任について，取締役が高額の賠償責任を負担することを恐れて経営が萎縮することがないように，商法が総株主の同意がなければ取締役の責任が免除することができないとしている点を改め，その取締役が負うべき損害賠償責任の額からその取締役の報酬の2年分等を控除した額を限度として，株主総会の決議をもって免除することができることとしております。→［修正案］（社外取締役を除く取締役につき報酬等の4年分，代表取締役につき報酬等の六年分とする）（株主総会の普通決議については，総株主の議決権の過半数を有する株主が出席し，その議決権の3分の2以上に当たる多数，すなわち特別決議をもって行うこととする）
　また，会社は，定款をもって定めることにより，取締役会の決議により，同様に，取締役の責任を免除することができることとしております。もっとも，この場合には，事後に，株主に異議があるかどうかを確認し，総株主の議決権の20分の1以上の株式を有する株主の異議があったときは，この取締役会による免除はすることができないこととしております。→［修正案］（議決権の100分の3以上を有する株主が異議を述べたときは，免除することができないこととする）
　さらに，社外取締役については，その人材の確保を容易にするため，あらかじめ定めた額を超えて責任を負わない旨を定款で定めることができることとしております。
　第二に，株主の代表訴訟制度が乱用されることがないように，提訴権者につき，商法が6ヵ月以上継続して株式を保有する株主は，だれでも株主代表訴訟を提起できることとしている点を改め，株主が株式を譲り受けによって取得した場合において，取締役の責任の原因となる事実があることを知っていたときは，株主代表訴訟を提起することができないこととしております。→［修正案］

(削除し，現行どおりとする)

　また，会社が取締役を補助するために，株主代表訴訟に補助参加をする場合には，監査役の同意を要することとして，補助参加が法律上禁止されていないことを明らかにしております。

　第三に，監査役の機能を充実するため，株式会社一般につき，監査役の取締役会への出席義務を明確にし，その任期を3年から4年に延長するとともに，監査役を辞任した者の株主総会における意見陳述を認めることとしております。

　また，監査役を3人以上選任することが要求されている商法特例法上の大会社の監査役について，社外監査役の員数を1人以上から半数以上にふやすとともに，社外監査役に該当するための要件を，就任前5年間取締役等でなかった者であることから，就任前全く取締役等になったことがない者であることへと厳しくいたしております。

　次に，「商法及び株式会社の監査等に関する商法の特例に関する法律の一部を改正する法律の施行に伴う関係法律の整備に関する法律案」は，「商法及び株式会社の監査等に関する商法の特例に関する法律の一部を改正する法律」の施行に伴い，関係法律に所要の整備を加えるものであります。

2　株主総会決議による事後免責

(イ)　事後免責（一部免除）（266条7項）

　取締役の行為により会社に損害が発生した後に，その取締役の賠償責任の一部免除を認めるものである。会社からの訴訟または株主代表訴訟の提訴の事前か事後かも問わない。しかし，取締役への請求が具体的になされる前に，取締役自らが自白をするような形で免責手続を行うことはあまり考えられない。なぜなら，この制度は一部免責であり，自ら申告すれば，免責されない範囲内では損害賠償をしなければならなくなるからである。それ故マスコミを通じて事件が発覚したとき，株主から会社への提訴要求があったとき，あるいは，会社が取締役の法令定款違反に基づく損害発生に気付いて取締役の責任を問うとき，に実施されることになる。場合によっては，会社は株主代表訴訟をただ待つことをせず，主体的，積極的な働きかけにより取締役に損害額の一部を支払わせることとなろう。このような方法は，コーポレート・ガバナンスの見地からは理想であり，適正かつ迅速な処理をやりやすくした制度といえる。

免責決議が株主代表訴訟開始後になされれば、被告はこれを抗弁事由としうるし、判決後であれば、強制執行を阻止できる請求異議事由にしうる。

(ロ) 賠償責任の免除限度額

　　代表取締役　　　　　報酬等の6年分
　　取締役　　　　　　　報酬等の4年分
　　社外取締役・監査役　報酬等の2年分

6年分、4年分、2年分とは、分かりやすくいえば「免除できない額」又は「最低賠償額」であり、正確にいえば「免除不可限度額」である。しかし、現実には、この額以上をすべて免除してしまうことが多くなるであろうから、事実上「賠償額の上限額」となるものを言う。すなわち、取締役はこの額までは責任を負わなくてはならないが、この額以上の責任を負わなくてよい結果となる。「免除できない額」は、「報酬など」を含めて、下記①報酬など、②退職慰労金、③ストックオプションの利益、の合計額を指す。これらは手取金額ではなく、税引前の金額である[2]。

① 報酬その他の職務遂行の対価

「過去の営業年度毎の合計額中、最も高い額の6年分ないし2年分」と規定されているので任期中の最も金額の高い年の収入を基準とする。

そして、使用人兼取締役の場合、使用人としての報酬その他の職務遂行の対価を含まないと少額になる恐れがあるので、これらをすべて含む。

② 「退職慰労金」または「在職期間1年分相当分の6年分ないし2年分」
　　の内、低い方

たとえば、取締役の免除限度額4年分について、下記のとおり、3千万円の退職慰労金を受けた例をとると、在職4年、または4年以下であれば、3千万円となるが、4年を超えると3千万円未満の金額となる。

(a) 在職10年間の場合

　　3000万円÷10年×4年分＝1200万円＜3000万円
　　　　　　　　　　　　低い方の1,200万円となる。

(b) 在職2年間の場合

　　3000万円÷2年　×4年分＝6000万円＞3000万円
　　　　　　　　　　　　低い方の3,000万円となる。

③ ストック・オプションを行使して得る利益

(a) 行使時の時価─発行価額＝利益
　　取締役が就任後にストック・オプションの権利を行使したとき
(b) 譲渡価格─発行価格＝利益
　　取締役が就任後に新株予約券を譲渡したとき
　なお，責任免除の決議後に「退職慰労金を支払うとき」，「ストック・オプションの権利を行使，または譲渡をさせるとき」には，株主総会の承認を要する（266条10項）。
　㈹　法令・定款に違反する行為（266条1項5号）
　法令・定款に違反する行為は，善管注意義務違反，忠実義務違反を含むものである。これは，過失責任とされている。これに対して，商法266条1項1号ないし4号は無過失責任とされており，一部免責の対象とはされていない。
　なお，法令違反の法令の範囲については，限定説（会社を名宛人とする法令，会社財産保護規定，公序規定などに限定する説）と非限定説（商法以外の法令を含むとする説）の争いがあったが，最高裁判決が非限定説をとることにより，決着をみるに至った。
　㈣　「善意」かつ「重過失のないとき」
　すなわち，「単なる過失」「軽過失」の場合にのみ一部免責をしうることとなる。「悪意または重過失」，「故意または重過失」のときには，一部免責をしえないこととなった。
　㈤　責任免除の株主総会決議（266条8項）
　①　議決権の3分の2以上の多数決
　　商法343条の特別決議によるものとされている。
　②　開示義務
　　責任原因，賠償額，限度額と算定根拠，免除すべき理由，免除額等を株主総会で開示する事を義務づけた。
　㈥　全監査役の同意（266条9項）

3　定款規定による事前免責（266条12項）
　㈠　定款規定で「法令，定款違反行為につき」，「善意かつ重過失のないとき」，「特に必要ありと認むるとき」は，「取締役会の決議」で免除する旨

を定めることができる。

　定款において，上記の一部免責の規定を作ると，取締役会において，責任原因，職務遂行状況などを開示して，一部免責を決定することができる。後述のとおり，過失である限り分割責任としうるので，「特に必要ありと認むるとき」とは，故意ではなく過失であるとの説明とほとんど変わらないといえる。

　(ロ)　免除限度額
　　　代表取締役　　　　　　報酬等の6年分
　　　取締役　　　　　　　　報酬等の4年分
　　　社外取締役・監査役　　報酬等の2年分
　　　　上記2(ロ)と同旨である。
　(ハ)　総株主の議決権の100分の3以上の株主の異議があるときは，免除しえない。
　(ニ)　全監査役の同意（266条13項）

4　社外取締役の責任限定契約（266条19項）

　社外取締役の就任を容易にするため，社外取締役は会社と賠償額の上限を定める契約を締結できることとした。

　上記2事後免責，3事前免責は，「免除できない額」を定めているが，社外取締役の場合には，直截に賠償限度額または責任限度額を定めることができることとし，責任限定の趣旨を明確にし，かつ，責任の低いことを明らかにした。

　(イ)　社外取締役
　　　業務を執行しない取締役を指し，現在まで会社又は子会社の業務執行取締役，支配人，使用人でなかった者（親会社の場合は含まれない）
　(ロ)　事前の責任限定契約（事前免責契約）
　(ハ)　賠償額の上限
　　　「定款で認めた範囲内であらかじめ定める額と報酬などの2年分のいずれか高い額」
　　　「あらかじめ定める額」と「報酬2年分」の高い方ということになるので，定款記載の下限の金額は相当低い金額にしておく必要がある。

なぜなら,「あらかじめ定める額」が報酬2年分を超えて決定されてしまうと,責任限定をする契約の趣旨が生かせなくなるからであり,この点注意を要する。
  (ニ) 株主総会の特別決議による定款規定
  (ホ) 全監査役の同意（266条13項）
  (ヘ) 責任軽減するときには,株主総会で契約の内容,軽減額を開示する

5 株主代表訴訟の手続整備
  (イ) 公告または株主への通知（268条4項）
  (ロ) 訴訟上の和解について266条第5項（総株主の同意）を適用せず（268条5項）
  (ハ) 会社が取締役に補助参加するには監査役の同意を要する（268条8項）

6 監査役の機能の強化
  (イ) 任期4年（273条）（改正前―3年）
    安定化,独立化を強化する目的である。
  (ロ) 取締役会への出席義務と意見陳述義務（260条の31項）
  (ハ) 途中辞任の理由を株主総会で陳述できる（275条の21項ないし3項）
  (ニ) （商法特例法上の大会社）3人以上の半数以上は全く社内にいなかった完全なる社外監査役（商法特例法18条）（改正前―就任前5年間の社外の者である監査役1名）
  (ホ) （商法特例法上の大会社）監査役の選任に関する監査役会の同意権および議案提出請求権を認める（商法特例法3条,18条3項）

7 経 過 規 定
改正商法266条7項から23項までの規定（取締役の責任制限）は,法律施行前の行為に関する取締役の責任の免除については適用しないとされている。

(1) 商事法務編集部「企業統治関係商法改正案の修正・国会審議状況―取締役の賠償責任限度の引上げ等―」（商事法務1614号,2001年）。新谷勝「取締役の責任・株主代表訴訟制度・監査役制度はこう変わる」（中央経済社,2002年）。

(2) 神田秀樹他「企業統治に関する商法改正法の実務への影響」商事法務1617号17頁（2002年）。

第2節　法理論的位置づけ

1　改正の意義

　企業統治関係商法改正により，取締役の責任の緩和，監査役の機能強化が実現し，コーポレート・ガバナンスの実効化が進展した。取締役の賠償責任の免除(不可)限度額が，当初，報酬等の2年分であったものが，修正案により，代表取締役6年分，取締役4年分，社外取締役・監査役2年分となったことにより，結果の妥当性を得られることとなった。
法案に対して，研究者の側から強い異論も出されてきたが[1]，反対意見をも吸収した結果となったともいえる。下記のとおり，具体的に賠償額を仮定してみると，その妥当性を検証できる。

　＜代表取締役の場合＞
　　報酬　　　1年分5,000万円×6年＝3億円
　　退職慰労金　　　　　　　6,000万円（在職6年）
　　ストック・オプションの利益　4,000万円
　　　　　　　　　　　合計　4億円
　＜取締役の場合＞
　　報酬　　　1年分2,500万円×4年＝1億円
　　退職慰労金　　　　　　　4,000万円（在職4年）
　　ストック・オプションの利益　2,000万円
　　　　　　　　　合計　1億6,000万円
　＜社外取締役の場合＞
　　報酬　　　1年分700万円×2年＝1,400万円
　　退職慰労金　　　　　　　300万円（在職2年）
　　　　　　　　　合計　1,700万円

　米国においては，責任限度額を州法で定めていることが多い。しかし，改正法は一部免除のみを許容し，「免除できない額」を決めることができることとし，株主総会，または取締役会の運用に裁量権を与えた。この方法

は運用によっては，免除を全くしないこともできるし，または免除額を少額にすることも可能とする極めて柔軟な制度といえるので，法制度としては評価しうるものである。

2 分割責任の法理

　取締役の賠償責任の免除(不可)限度額を決定したことは，単なる政策論からきたのであろうか。報酬6年分，4年分，2年分ということは，何ら根拠がないのであろうか。いかなる根拠に基づくものか。

　自民党の一律2年分の報酬に限定するという案に対しては強い異論が出されてきた。硬直的な法律による規制ではなく，裁判所による責任額の決定を妥当とする意見が強かった[2]。しかし，取締役の責任額の適正化については，因果関係の割合的限定などにより努力はなされてきたが，基準は明確にされてこなかった。

　これに対して，6年分，4年分，2年分という修正案についても，取締役の地位に応じた寄与度，貢献度を考慮するとの常識的説明はされているが，それ以上の説明は何らされていない。すなわち，今回の改正法の理由や根拠は必ずしも理論的裏付けをもつものではなく，分割責任の法理へ一歩踏み出したものの，明確に意識していないために，大枠しか定められず，多くを解釈論にまかせたものと考える。連帯責任の規定を維持したため，これを形式的に適用すると，過失の少ない取締役にも重い連帯責任を負担させる不当な結果となる。

　結論としては，改正商法の解釈は以下のとおりまとめられる。

① 取締役の地位・職務に応じて，取締役の負担する賠償額の上限を画することができるようになった。様々な立証を要せず，責任の重い取締役の賠償額を減額しうるということである。

② 取締役間での求償問題は条文上一切明記されていないが，相互に求償し得ないと解する。

③ 取締役の内の(著しく)過失の低い者に，免除限度額以下の賠償額を分割責任として認めさせることの可否は，改正商法では触れられていないので，解釈論として分割責任論を採用し，これを可能とする。すなわち，会社又は株主は取締役に対して，連帯の免除をして和解する。

又は取締役側が具体的に自己の過失と分割責任額を立証すれば判決でも分割化できる。これによれば、できるだけ多くの取締役に広く浅く賠償を求めること、代表取締役の責任が軽い場合であっても、低額の賠償金を支払わせること等を可能とし、コーポレート・ガバナンスに重要な機能を果たすこととなる。

その理由は以下のとおりであり、分かりやすい例を用いて説明する。

取締役の責任免除限度額をA・3億円、B・1億円、C・3,000万円、D・2億円とする。すなわち、上記金額を超える部分を免除してしまった例である。

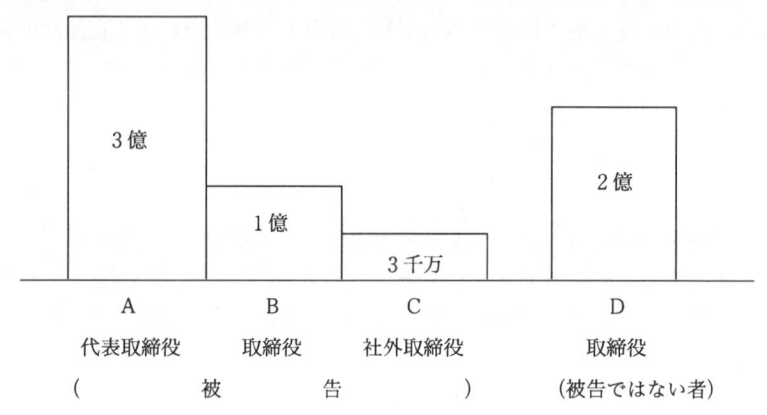

	A 代表取締役	B 取締役	C 社外取締役	D 取締役
金額	3億	1億	3千万	2億
	（　　　　被　　告　　　　）			（被告ではない者）

(イ) 会社の損害額10億円のとき

A・3億円、B・1億円、C・3,000万円、D・2億円の分割責任を負うと考えることが法理論上正当といえる。すなわち、全く別個独立の負担となる。7億円以上の免除を受けて各人の固有の責任が決定されたからである。連帯責任・一部連帯・部分連帯を観念する必要もなければ、A、B、C、D相互の求償も発生しない。

仮に、AとBは全く同じに行動して、責任は同じと考えても、内部分担として、AはBにBの負担分1億円を超えて求償しえないことに異論はないであろう。制度の趣旨が、Bも会社へ1億円を払えば、その後、一切請求されないとの前提に立っているからである。Dは被告になっていないので、原告の取り分はDの分だけ減る。よって、原告は、できる限り多くの取締役を被告とする負担が生じる。Dが被告にならず一切負担をしていな

くても，A，B，CはD（被告になったら2億円の責任）に対しても求償しえない。求償を認めると，A，B，Cの負担が減ってしまうので，原告にはあくまでもDへの追加請求の道を残しておき，総額を増やすことが妥当だからである。

　分割責任の欠陥は，①「一部の被告の無資力を原告が負担する。」②「すべての被告を把握し，かつ訴訟に引き込まないと原告の損害の一部が補償されないという可能性がある。」といわれている。この特質が現れており，正に分割責任そのものである。

　極めて分かりやすいし，相互に求償する負担は全く必要としない。

　上記結論に対して，改正法は求償権行使については全く放置してあり，求償権行使は自由になしうるとの考え方もありうる。例えば，Aが1億円の責任しかなければ，2億円を過失割合の多い者（例えばB）へ請求できることとなる。しかし，制度の趣旨からはBに1億円を超えて負担させるわけにはいかず，この結論を取りえないだろう。

　ここまでは，ほぼ異論はないであろう。問題は，Aの責任が著しく軽く，10億円の1割の1億円が固有の責任の場合に，3億円を負担させ，2億円について求償をさせないことは正当であるか，理由はあるのかということである。

　第一に，「枠としての分割責任」という考え方に立ち，Aの代表取締役の地位，身分，職務に随伴する責任として，3億円をA固有の責任（分割責任）とみなすことである。

　第二に，厳密には，1億円の固有の責任しかないにも関わらず，追加分として2億円を負担させることの理由は，連帯責任の制度の結論から来るものであり，単に求償させないという点は，責任制限の制度上やむを得ないとみることである。

　しかし，そのような理由が合理的でないばかりか，このような結論自体が正当とはいえない。

　そこで，Bの責任額（免除できない額，最低賠償額）を1億円ではなく，より高額にすれば，解決しうるか，ということである。これを3億円の高額に設定するならば，AからBへの2億円の求償を認めても差し支えない。しかし，Bがこの2億円を先に会社に支払済みであると，Aはとれない。

つまり、Bの免除限度額を9億円にしなければならない。結局、このように考えると、A1億円、B・C・D各人の内部負担額の分割責任を原告に対しても直截に認める方が妥当である。連帯責任の規定は各人に10億円の賠償責任があるとの推定規定であり、各人が過失割合と分割賠償額を立証すれば、判決で分割化しうる。和解のときには、連帯の免除をすればよい。改正商法に抵触するわけではなく、解釈論で可能である。Aについては分割責任全額を負担しているので、免除したわけではないと考え、商法266条5項の総株主の同意を不要と考える。

(ロ) 会社の損害額2億円のとき

A、B、C、Dの負担すべき枠の合計額は6億3,000万円であり、損害額がこの金額を超えると、(イ)と同じ結論となる。しかし、全損害額がこれ未満のときには少し解釈が難しくなる。分かりやすい例として全損害額2億円とする。

この場合にも、従前の考え方である完全なる連帯責任の法理は捨てられている。つまり、BとCは、人為的に責任制限されており、2億円を払う義務がないからである。A・2億円、B・1億円、C・3,000万円の負担となるということは、全部連帯責任ではなくなり、一部連帯または部分連帯となるといえる。上記(イ)と異なり、Dも含めて内部的求償問題が発生する。たとえば、Aが2億円支払い、B、C、Dが何ら支払いをしていないとき、Aが、B、C、Dに求償できるとの結論に異論はないであろう。但し、その額がいくらかは、下記のとおり問題となる。なお、不真正連帯責任を負う複数の者の間の求償権行使は、過失割合に応じて決まる内部負担額を請求できるというのが通説・判例である（本書第3部第3章第5節を参照されたい）。

(a) 枠としての分割責任の考え方

一部連帯・部分連帯とは大まかに言えば次のように言える。

　Cが3,000万円の限度で、A、B、Dと連帯債務を負う。
　Bが1億円の限度で、A、Dと連帯債務を負う。
　Dは2億円の限度で、Aと連帯債務を負う。
　Aは2億円の限度で、Dと連帯債務を負う。

従前、考察されてきた一部連帯・部分連帯の例は、改正商法のような責

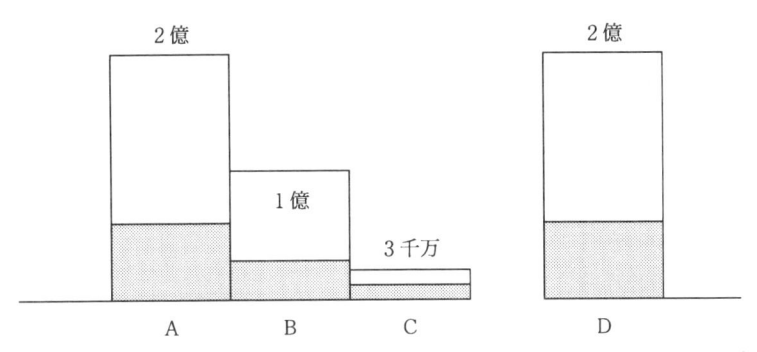

第1章　平成13年商法改正の趣旨

任制限や免除の制度の下ではなかった。それ故，改正商法の下では，新しい解釈が求められている。まず損害額2億円に対して各人の責任制限額をもって過失割合とすると仮定する。「枠としての分割責任」といえる。各人の支払額とA：B：C：D＝2：1：0.3：2の内部負担割合は明確となる。それ故，下記の各人の負担部分を超えた分については，他に求償しうる。

A　7,500万円 ｜
B　3,800万円 ｜　内部的負担割合
C　1,100万円 ｜　（図の■部分）
D　7,500万円 ｜

このような処理がありうる。しかし，B，Cの負担部分は人為的に下げられているため，A，B，C，Dの行為の過失の大きさは全く考慮されていない。仮にAの過失が極めて小さいときにはAは不利益をうけ，不公平な結果となる。

以上に対して，枠としての分割責任を損害額と切り離して，仮に，A：B：C：D＝3：1：0.3：2という免除できない額を基準に割合的負担を求めると下記のとおりになる。

A　9,520万円 ｜
B　3,170万円 ｜　内部的負担割合
C　　952万円 ｜
D　6,340万円 ｜

やはり，各人の具体的過失の大きさに比例した負担とならない。
それ故上記(イ)と同じく枠としての分割責任を認める理由は乏しい。

(b)　固有の分割責任の考え方

枠としての分割責任ではなく，固有の分割責任として，仮にA，Dの責任が極めて小さく（各1000万円），B，Cの過失が著しく大きいケースでB，Cの責任を限定してみる（B 1億円，C3000万円）。

A　1,000万円
B　　1億円
C　3,000万円
D　1,000万円
　　　　　　　内部的負担割合

内部負担の合計が2億円にとどかない。それ故，仮にAまたはDが連帯責任として2億円払ったとき，B，Cに合計13,000万円求償した後の7,000万円について求償しえない。しかし，もしB，Cにより多くの負担をさせるならば，A又はDは全額を求償しうることとなる。

A　1,000万円
B　1億円以上を負担させる。
C　3,000万円以上を負担させる。
D　1,000万円

つまり，B，Cの免除額を少なくして，負担を多くするように事後免責，事前免責の手続をとっておかなければならない。この場合には，(イ)の結論と同じく，A，Dの固有の分割責任を基準に額を決定することが妥当となる。

(c)　無制限に求償しうるとする考え方

このような検討からみると，会社に対する責任は免除しえても，求償関係における責任は免除されていないと考えて，AはB，Cにいくらでも求償できるし，B，Cは会社には一部免除されているにもかかわらず，Aに対しては無限に負担しなければならないという考え方もある。今回の改正商法は，求償について何ら明文をおいていないので，まさに求償関係は全く放置されていると考えるべきであろうか。求償を無制限に認めると，前記(イ)と異なる結論となってしまう。

一部連帯とはなっても，通常の一部連帯とは異なり，内部関係と切断した形で，会社に対してのみ人為的に責任制限したために起こった問題である。

(ハ)　コーポレート・ガバナンス

以上のとおり，求償関係をめぐって様々な矛盾と不公平が発生する。前述のように，(イ)と(ロ)のように賠償額が異なると，取扱いが異なるのは妥当でない。すなわち，金額のいかんにかかわらず，相互に求償しえないということが，妥当であり，分かりやすい。この場合には，公平に各人の固有の負担部分のみ責任を負わせることになるので，(ロ)の場合も前記(b)のように完全なる分割責任として処理することが正当といえる。すなわち，一部連帯・部分連帯であっても，連帯責任を推進すると，

① B，C，Dが無資力のとき，Aは責任が小さくても1人で多額の額を負担することになる。
② Aは被告となっていないDに対して求償の訴訟をしなければならない手間と時間がかかる。

このような不合理を回避するためには，改正法の趣旨からしてすべて分割責任にすることが妥当である。分割責任を負わせるとは，連帯の免除にすぎず，責任の免除ではないから，免除限度額規定に反するわけでもなく，また，商法266条5項の総株主の同意は不要と解釈すべきである。

以上の結論からすると，改正商法の運用としては，過失割合を基準として決定した内部負担割合額に基づく固有の責任額を決定し，株主総会，取締役会において，承認させることが重要である。完全なる分割責任としての運用である。責任の重い者には多額を，責任の軽い者には低額の負担をさせることとする。

この最大のメリットは，例えば，代表取締役の固有の責任が低いときには，率先して調査をさせ，代表訴訟を待つことなく，連帯の免除をして，責任のある取締役全員に賠償額を支払わせることである。責任の低い取締役にも広く浅く負担させることが可能となる。このような処理を明確にしておけば，日頃から，会社に損害を与えないよう全ての取締役が緊張して業務執行するようになる。従前のように1名ないし数名を生け贄にして責任を取らせ，組織は何ら変わらず，多くの責任ある取締役も不問に付されてきた方法とは異なるものであり，新しいコーポレート・ガバナンスの在り方を目指すものである。

改正商法は，前期(イ)のように損害額が取締役全員の固有の責任を超過するときに，責任額を制限するという大きな意味を付与した。また，取締役

間での求償はしないとの制度とした。そして，訴訟上の和解には，総株主の同意を不要としたが，これは，分割責任を負わせる場合の確認規定であり，訴訟外の和解においても，詐害的決着でない限り，分割責任に基づく和解は有効と解する。

　結論としては，改正商法の免除限度額より低い額を以て和解することも，分割責任を基準とすれば連帯の免除にすぎず，改正商法の趣旨に反するものではなく，解釈論としても成立するものである。適切なコーポレート・ガバナンスの運用がされる限り，違法または不法との批判をされることはないと言ってよい。むしろ会社が内部の自浄作用により迅速果敢に調査し，責任を明らかにすることになれば，そのためには，損害発生を予防する態勢を全員で常日頃から作っておくこととなり，緊張したガバナンスが実現できることとなる。

3　会計監査人の責任

　商法特例法11条では，会計監査人は，会社または第三者に対して，責任を負うときには，取締役と連帯して責任を負うとする（第三者への責任は，会社がまず責任を負うことがほとんどであろうから，会社への責任として考えられる）。

　前記事例で言えば，会社に10億円の損害が発生したとき，会計監査人は10億円の負担を負い，Aは3億円のみの負担を負う。会計監査人は，A，B，C，Dの取締役に求償しうるのだろうか。条文上は求償しうるであろうが，A，B，C，Dの責任限度額を超えては求償しえないという考えもありうる（仮に，会計監査人の固有の負担割合が1億円であり，Aのみが3億円を負担すると，6億円を自分だけで余分に負担することとなる）。また，A，B，C，Dのうちに無資力者がいればすべて会計監査人の負担となってしまう。そのように考えると，会計監査人の責任は固有の分割責任としなければ衡平に合致しない。

　以上についてまとめると，取締役への責任を一部免除した場合に，取締役は会社に対してばかりか，会計監査人などすべての者からの求償に対しても責任限度額までしか責任を負わないとの解釈になると予想される。求償を無制限に認めては取締役の活動を萎縮させないために，責任を限定す

る制度趣旨に全く反してしまうからである。そのような解釈を前提とすると，会計監査人のみに過大な負担を負わせることは全く不公平，不合理ということになる。今回の改正商法の成立の結果，会計監査人の商法特例法上の連帯責任の規定は損害額の推定規定の意味しかなくなり，会計監査人の立証責任に基づく分割責任を可能にすると結論づけられる。

4 弁護士等の責任

弁護士，司法書士，コンサルタント，銀行，商社などの助言，指導，協力により会社又は第三者に損害が発生した場合，弁護士などは会社または第三者に賠償責任を負うことがありうる。取締役と一緒に責任を問われたときには，商法特例法のような明文はないが，不真正連帯責任となるのであり，その結論は上記3と同様である。すなわち，取締役の責任制限が成立したことにより，支払能力のある deep pocket がねらわれるようになる。米国と同じ状況が発生しやすくなる。これを合理化するのが分割責任化である。

(1) 株主代表訴訟制度研究会「自民党の『企業統治に関する商法等の改正案要綱』に対する意見」商事法務1526号4頁。
(2) 岩原紳作「株主代表訴訟」ジュリスト1206号126頁，130頁（2001年）。

第2章 条　文

1 商法（企業統治関係改正商法）

改正法の条文は極めて読みづらいものとなっている。そこで，以下条文について，カタ仮名をひら仮名に直し，句読点を入れて読みやすくした。下線部分（実線）は改正法の内容（今回追加された部分）である。ストック・オプション・株主総会ＩＴ化商法改正法（平成13年11月法律第128号）は，下線を点線で記載した。

第175条［株式の申込み］
① 株式の申込を為さんとする者は，株式申込証の用紙に其の引受くべき株式の数及住所を記載し，之に署名して株式申込証を作ることを要す。

第1部 企業統治関係改正商法の解説

② 株式申込証の用紙は発起人之を作り、之に左の事項を記載することを要す。
　一〜十二 （略）
　<u>十三　取締役若は監査役の責任に付、取締役会の決議を以て免除を為す事を得る旨、又は第266条第19項の契約を為すことを得る旨、を定めたるときは其の規定。</u>

第188条［設立の登記］
① 株式会社の設立の登記は、発起人が会社の設立に際して発行する株式の総数を引受けたるときは、第173条［変態設立事項の調査・変更］又は173条の2［取締役等の設立調査］の手続終了の日、発起人が会社の設立に際して発行する株式の総数を引き受けざりしときは、創立総会終結の日又は第185条［変態設立事項の変更］若は前条第4項の手続終了の日より2週間内に之を為すことを要す。
② 前項の登記に在りては左の事項を登記することを要す。
　一・二 （略）
　三　第175条第2項第3号乃至第6号、<u>第12号及第13号</u>に掲ぐる事項。
　四〜七 （略）
　<u>七の二　取締役が其の会社の業務を執行せざる取締役にして、過去に其の会社又は子会社（第211条の2第1項の子会社を謂う。以下此の号に於て同じ。）の業務を執行する取締役又は支配人其の他の使用人となりたることなく、且現に子会社の業務を執行する取締役又は其の会社若は子会社の支配人其の他の使用人に非ざるもの（以下社外取締役と称す。）なるときはその旨。</u>
　八〜十 （略）
③ （略）

第259条［取締役会の招集権者］
① 取締役会は各取締役之を招集す。但し、取締役会に於て招集を為すべき取締役を定めたるときは此の限に在らず。
② 前項但書に規定する場合に於ては、同項但書の取締役以外の取締役は、会議の目的たる事項を記載したる書面を提出して取締役会の招集を請求することを得。
③ <u>第1項の但書の取締役以外の取締役は、前項に規定する書面を以て為す請求に代えて、政令に定むる所により、第1項但書の取締役の承諾を得て其の書面に記載すべき情報を電磁的方法に依り提供することを得。此の場合に於ては、其の提供を為したる取締役は、前項の規定に依る請求を為したるもの</u>

と看做す。
④　第2項の請求ありたる場合に於て，5日以内に其の請求の日より2週間以内の日を会日とする取締役会の招集の通知が発せられざるときは，其の請求を為したる取締役は取締役会の招集を為すことを得。

第260条［取締役会の権限］
①　取締役会は，会社の業務執行を決し，取締役の職務の執行を監督す。
②　取締役会は，左の事項其の他の重要なる業務執行に付ては，取締役に決せしむることを得ず。
　　一　重要なる財産の処分及譲受
　　二　多額の借財
　　三　支配人其の他の重要なる使用人の選任及解任
　　四　支店其の他の重要なる組織の設置，変更及廃止
③　取締役は，3月に1回以上業務の執行の状況を取締役会に報告することを要す。

第260条の3［監査役の取締役会への出席・監査役による取締役会の招集］
①　監査役は取締役会に出席することを要す。この場合に於て，必要ありと認むるときは意見を述ぶることを要す。
②　監査役は取締役が，会社の目的の範囲内に在らざる行為其の他法令若は定款に違反する行為を為し，又は為す虞ありと認むるときは，取締役会に之を報告することを要す。
③　前項の場合に於て必要あるときは，監査役は取締役会の招集を請求することを得。
④　第259条第3項［取締役による取締役会の招集］の規定は，前項の請求ありたる場合に之を準用す。

第261条［代表取締役］
①　会社は取締役会の決議を以て会社を代表すべき取締役を定むることを要す。
②　前項の場合に於ては，数人の代表取締役が共同して会社を代表すべきことを定むることを得。
③　第39条第2項［受動代理］，第78条［代表権の範囲，不法行為能力］及第258条［欠員の場合の処置］の規定は，代表取締役に之を準用す。

第266条［取締役の会社に対する責任］
①　左の場合に於ては，其の行為を為したる取締役は，会社に対し連帯して，第1号に在りては違法に配当又は分配の為されたる額，第2号に在りては供与したる利益の価額，第3号に在りては未だ弁済なき額，第4号及第5号に

第1部　企業統治関係改正商法の解説

在りては会社が蒙りたる損害額に付，弁済又は賠償の責に任ず。
一　第290条第1項［利益配当の限度額］の規定に違反する利益の配当に関する議案を総会に提出し，又は第293条の5第3項［中間配当の限度額］の規定に違反する金銭の分配を為したるとき
二　第294条の2第1項［株主の権利行使に関する利益供与禁止］の規定に違反して，財産上の利益を供与したるとき
三　他の取締役に対し金銭の貸付を為したるとき
四　前条第1項［取締役と会社間の取引の制限］の取引を為したるとき
五　法令又は定款に違反する行為を為したるとき
② 前項の行為が取締役会の決議に基きて為されたるときは，其の決議に賛成したる取締役はその行為を為したるものと看做す。
③ 前項の決議に参加したる取締役にして議事録に異議を止めざりしものは，其の決議に賛成したるものと推定す。
④ 取締役が第264条第1項［競業避止義務］の規定に違反して取引を為したるときは，其の取引に因り取締役又は第三者が得たる利益の額は第1項の会社の蒙りたる損害額と推定す。但し，同条第3項［介入権の行使］に定むる権利を行使したるときは此の限に在らず。
⑤ 第1項の取締役の責任は，総株主の同意あるに非ざれば之を免除することを得ず。
⑥ 第1項第4号の取引に関する取締役の責任は，前項の規定に拘らず総株主の議決権の3分の2以上の多数を以て之を免除することを得。此の場合に於ては，取締役は株主総会に於て其の取引に付，重要なる事実を開示することを要す。
⑦ 第1項第5号の行為に関する取締役の責任は，其の取締役が職務を行うに付善意にして且重大なる過失なきときは，第5項の規定に拘らず賠償の責に任ずべき額により左の金額を控除したる額（次項第2号に於て限度額と称す。）を限度として，第343条に定むる決議を以て，之を免除することを得。
一　決議を為す株主総会の終結の日の属する営業年度又は其の前の各営業年度に於て，その取締役が報酬其の他の職務遂行の対価（其の取締役が使用人を兼ぬる場合の使用人としての報酬其の他の職務遂行の対価を含む。）として，会社より受けまたは受くべき財産上の利益（次号及び第3号に定むるものを除く。）の額の，営業年度毎の合計額中最も高き額の4年分に相当する額。
二　其の取締役が会社より受けたる退職慰労金の額，及使用人を兼ぬる場

合の使用人としての退職手当中取締役を兼ぬる期間の職務遂行の対価たる部分の額，並びに此等の性質を有する財産上の利益の額の合計額と，その合計額をその職に在りたる年数を以て除したる額に4を乗じたる額との，何れか低き額
　三　其の取締役が第280条の21第1項の決議に基き発行を受けたる第280条の19第1項の権利を就任後に行使したるときは，行使の時に於ける其の会社の株式の時価より第280条の20第4項に規定する合計額の1株当たりの額を控除したる額に発行を受けまたは之に代えて移転を受けたる株式の数を乗じたる額，其の権利を就任後に譲渡したるときは，其の価額より同条第2項第3号の発行価額を控除したる額に譲渡したる権利の数を乗じたる額。
⑧　前項の場合に於ては，取締役は同項の責任の免除に関する決議を為す株主総会に於て，左の事項を開示することを要す。
　一　責任の原因たる事実及び賠償の責に任ずべき額
　二　限度額及び其の算定の根拠
　三　責任を免除すべき理由及び免除額
⑨　取締役は第7項の規定に依る責任の免除に関する議案を株主総会に提出するには，監査役の同意を得ることを要す。此の場合に於て監査役数人あるときは，各監査役の同意を得ることを要す。
⑩　第7項の責任の免除に関する決議ありたる場合に於て，会社が決議後に其の取締役に対し同項第2号の退職慰労金，退職手当又は財産上の利益を与うるときは，株主総会の承認を得ることを要す。其の取締役が決議後に同項第3号の権利を行使し又は譲渡すとき亦同じ。
⑪　第7項の責任の免除に関する決議在り足る場合に於て，其の取締役が同項第3号の権利に付発行せられたる新株予約権証券を所持するときは，其の取締役は遅滞なく之を会社に預託することを要す。此の場合に於ては，其の取締役は前項の譲渡に付ての承認を得るに非ざれば，其の新株予約権証券の返還を請求することを得ず。
⑫　会社は第5項の規定に拘らず，定款を以て第1項第5号の行為に関する取締役の責任に付其の取締役が職務を行うに付，善意にして且重大なる過失なき場合に於て，責任の原因たる事実の内容，其の取締役の職務遂行の状況其の他の事情を勘案して，特に必要あると認むるときは，賠償の責に任ずべき額より左の金額を控除したる額を限度として，取締役会の決議を以て之を免除することを得る旨を，定むることを得。
　一　取締役会の決議の日の属する営業年度又は其の前の各営業年度に於て，

其の取締役が報酬其の他の職務遂行の対価（其の取締役が使用人を兼ぬる場合の使用人としての報酬其の他の職務遂行の対価を含む。）として，会社より受け又は受くべき財産上の利益（第7項第2号及第3号に定むるものを除く。）の額，営業年度毎の合計額中最も高き額の4年分に相当する額
　　二　第7項第2号及第3号に掲ぐる額
⑬　第9項の規定は，定款を変更して前項の定を設くる議案を株主総会に提出する場合，及同項の定款の定に基く責任の免除に関する議案を取締役会に提出する場合に，之を準用す。
⑭　第12項の定款の定に基き取締役会が責任の免除の決議を為したるときは取締役は遅滞なく，第8項第1号及第3号に掲ぐる事項，並に賠償の責に任ずべき額より第12項各号に掲ぐる額を控除したる額及其の算定の根拠，並に免除に異議あらば一定の期間内に之を述ぶべき旨を，公告し又は株主に通知することを要す。此の場合に於ては其の期間は1月を下ることを得ず。
⑮　総株主の議決権の100分の3以上を有する株主が，前項の期間内に異議を述べたるときは，会社は第12項の定款の定に基く免除を為すことを得ず。
⑯　第10項及第12項の規定は，第12項の決議ありたる場合に之を準用す。但し前項の規定に依り免除を為すこと能はざる場合は，此の限に在らず。
⑰　代表取締役の行為に関する責任に付ては，第7項第1号中「4年分」とあるは「6年分」と，同項第2号中「4」とあるは「6」と，第12項第1号中「4年分」とあるは「6年分」とす。
⑱　社外取締役の行為に関する責任に付ては，第7項第1号中「4年分」とあるは「2年分」と，同項第2号中「4」とあるは「2」と，第12項第1号中「4年分」とあるは「2年分」とす。
⑲　会社は第5項の規定に拘らず，定款を以て社外取締役との間に於て，爾後其の者が取締役として第1項第5号の行為に因り会社に損害を加えたる場合に於て其の職務を行うに付善意にして且重大なる過失なきときは，定款に定めたる範囲内に於て予め定むる額と左の金額の合計額との何れか高き額を限度として，其の賠償の責に任ずべき旨を約することを得る旨を，定むることを得。
　　一　責任の原因たる事実が生じたる日の属する営業年度又は其の前の各営業年度に於て，其の社外取締役が報酬其の他の職務遂行の対価として会社より受け又は受くべき財産上の利益（次号及第七項第三号に定むるものを除く。）の額，営業年度毎の合計額中最も高き額の二年分に相当する額
　　二　其の社外取締役が，会社より受けたる退職慰労金の額及其の性質を有す

る財産上の利益の額の合計額と，其の合計額を其の職に在りたる年数を以
　　　て除したる額に2を乗じたる額との，何れか低き額
　　三　第七項第三号に掲ぐる額
⑳　前項の社外取締役が，其の会社又は子会社の業務を執行する取締役又は支
　　配人其の他の使用人となりたるときは，同項の契約は将来に向て其の効力を
　　失う。
㉑　第九項の規定は，定款を変更して第19項の定を設くる議案を株主総会に提
　　出する場合に，之を準用す。
㉒　第19項の契約を為したる会社が，其の相手方たる社外取締役の第1項第5
　　号の行為に因り損害を蒙りたることを知りたるときは，取締役は其の後最初
　　に招集せられたる株主総会に於て左の事項を開示することを要す。
　　一　第8項第1号に掲ぐる事項，並に第19項各号に掲ぐる額の合計額及其の
　　　算定の根拠
　　二　其の契約の内容及其の契約を為したる理由
　　三　責任を負わざることとなりたる額
㉓　第10項及第11項の規定は，社外取締役が第1項第5号の行為に因り会社に
　　損害を加えたる場合に於て，第19項の契約に依り，同項の限度に於て責任を
　　負いたるときに，之を準用す。
第266条の2　［違法配当と悪意の株主に対する求償権］
　　前条第1項の規定は，同項第1号の場合に於て，同項の金額に付弁済を為し
　たる取締役より悪意の株主に対する求償権の行使を妨げず。
第266条の3　［取締役の第三者に対する責任］
①　取締役が其の職務を行うに付，悪意又は重大なる過失ありたるときは，其
　　の取締役は第三者に対しても亦連帯して損害賠償の責に任ず。
②　取締役が株式申込証，新株引受権証書，社債申込証，目論見書若は第281条
　　第1項［計算書類および付属明細書］の書類に記載すべき重要なる事項に付，
　　虚偽の記載を為し，又は虚偽の登記若は公告を為したるとき亦前項に同じ。
　　但し，取締役が其の記載，登記又は公告を為すに付注意を怠らざりしことを
　　証明したるときは此の限に在らず。
③　第266条第2項及第3項の規定は，前2項の場合に之を準用す。
第267条　［株主の代表訴訟］
①　6月前より引続き株式を有する株主は，会社に対し書面を以て取締役の責
　　任を追及する訴の提起を請求することを得。
②　第204条の2第2項及第3項の規定は，前項に規定する書面を以て為す請求

に之を準用す。
③　会社が第1項の請求ありたる日より60日内に訴を提起せざるときは，同項の請求を為したる株主は，会社の為訴を提起することを得。
④　前項に定むる期間の経過に因りて，会社に回復すべからざる損害を生ずる虞ある場合に於ては，前3項の規定に拘らず，第1項の株主は直に前項の訴を提起することを得。
⑤　前2項の訴は訴訟の目的の価額の算定に付ては，財産権上の請求に非ざる請求に係る訴と看做す。
⑥　株主が第3項又は第4項の訴を提起したるときは，裁判所は被告の請求に依り相当の担保を供すべきことを命ずることを得。
⑦　第106条第2項［悪意の疎明］の規定は前項の請求に之を準用す。

第268条［管轄・訴訟参加・訴訟告知］
①　取締役の責任を追求する訴は，本店の所在地の地方裁判所の管轄に専属す。
②　株主又は会社は前項の訴訟に参加することを得。但し不当に訴訟を遅延せしめ，又は裁判所の負担を著しく大ならしむるときは，此の限に在らず。
③　前条第3項又は第4項の訴を提起したる株主は，訴の提起ありたる後遅滞なく会社に対し其の訴訟の告知を為すことを要す。
④　会社は第1項の訴を提起したるときは，遅滞なく其の提起を為したる旨を公告し，又は株主に通知することを要す。前項の規定に依る訴訟の告知を受けたる会社に付，亦同じ。
⑤　第1項の訴訟に付会社が和解を為す場合に付ては，第266条第5項の規定は之を適用せず。
⑥　前条第3項又は第4項の訴訟に付和解を為す場合に於て，会社が其の和解の当事者に非ざるときは，裁判所は会社に対し其の内容を通知し，且和解に異議あらば2週間以内に之を述ぶべき旨を，催告することを要す。
⑦　会社が前項の期間内に書面を以て異議を述べざりしときは，同項の規定に依る通知の内容を以て株主が和解を為すことを承認したるものと看做す。此の場合に於ては第5項の規定を準用す。
⑧　第266条第9項の規定は，会社が取締役を補助する為，前条第3項又は第4項の訴訟に参加する旨の申出を為す場合に，之を準用す。

第268条の2［勝訴株主の権利，悪意ある敗訴株主の損害賠償責任］
①　第267条第2項又は第3項［株主の代表訴訟］の訴を提起したる株主が勝訴したる場合に於て，其の訴訟を行うに必要と認むべき費用にして訴訟費用に非ざるものを支出したるとき，又は弁護士若は弁護士法人に報酬を支払うべ

きときは，株主は会社に対し其の費用の額の範囲内，又は其の報酬額の範囲内に於て，相当なる額の支払を請求することを得。
② 株主が敗訴したる場合に於ては，悪意ありたるときに非ざれば，会社に対し損害賠償の責に任ぜず。
③ 前2項の規定は，前条第2項の規定に依りて訴訟に参加したる株主に之を準用す。

第268条の3 ［再審の訴え］
① 第268条第1項［取締役の責任追及の訴え］の訴の提起ありたる場合に於て，原告及被告の共謀に因り，訴訟の目的たる会社の権利を詐害する目的を以て判決を為さしめたるときは，会社又は株主は，確定の終局判決に対し，再審の訴を以て不服を申立つることを得。
② 前条の規定は前項の訴に之を準用す。

第273条 ［監査役の任期］
① 監査役の任期は，就任後4年内の最終の決算期に関する定時総会の集結の時迄とす。
② 最初の監査役の任期は，前項の規定に拘らず就任後1年内の最終の決算期に関する定時総会の終結の時迄とす。
③ 前2項の規定は，定款を以て任期の満了前に退任したる監査役の補欠として選任せられたる監査役の任期を，退任したる監査役の任期の満了すべき時迄と為すことを妨げず。

第274条 ［監査役の権限］
① 監査役は取締役の職務の執行を監査す。
② 監査役は何時にても取締役及支配人其の他の使用人に対し，営業の報告を求め，又は会社の業務及財産の状況を調査することを得。

第274条の2 ［取締役の監査役に対する報告義務］
取締役は会社に著しき損害を及ぼす虞ある事実を発見したるときは，直に監査役に之を報告することを要す。

第274条の3 ［親会社の監査役の子会社に対する権限］
① 親会社の監査役は其の職務を行う為必要あるときは，子会社に対し営業の報告を求め，又は子会社の業務及財産の状況を調査することを得。
② 子会社は，正当の理由あるときは前項の規定に依る報告又は調査を拒むことを得。

第275条 ［調査・報告の義務］
監査役は取締役が株主総会に提出せんとする議案及書類を調査し，法令若は

定款に違反し，又は著しく不当なる事項ありと認むるときは，株主総会に其の意見を報告することを要す。

第275条の2　[監査役による取締役の行為の差止め]

①　取締役が会社の目的の範囲内に在らざる行為，其の他法令又は定款に違反する行為を為し，之に因り会社に著しき損害を生ずる虞ある場合に於ては，監査役は取締役に対し其の行為を止むべきことを請求することを得。

②　裁判所は，仮処分を以て取締役に対し其の行為を止むべきことを命ずるには，担保を立てしむることを要せず。

第275条の3　[監査役の任免に関する意見の陳述]

監査役は株主総会に於て，監査役の選任又は解任に付意見を述ぶることを得。

第275条の3の2

①　<u>監査役を辞任したる者は，其の後最初に招集せられたる株主総会に出席し其の旨及理由を述ぶることを得。</u>

②　<u>会社は前項の者に対し同項の総会が招集せらるる旨を通知することを要す。</u>

③　<u>前条の規定は第1項の監査役の辞任に之を準用す。</u>

第275条の4　[会社と取締役間の訴えの代表]

会社が取締役に対し又は取締役が会社に対し訴を提起する場合に於ては，其の訴に付ては<u>監査役会社</u>を代表する。会社が第267条第1項の請求を受け同条第2項に於て準用する第204条の2第2項の承諾を為し，<u>又は第268条第6項の通知及催告を受くるに付亦同じ。</u>

第276条　[兼任の禁止]

監査役は会社又は子会社の取締役又は支配人其の他の使用人を兼ぬることを得ず。

第277条　[会社に対する責任]

監査役が其の任務を怠りたるときは，其の監査役は会社に対し連帯して損害賠償の責に任ず。

第278条　[取締役との連帯責任]

監査役が会社又は第三者に対して損害賠償の責に任ずべき場合に於て，取締役も亦其の責に任ずべきときは，其の監査役及取締役は之を連帯債務者とす。

第279条　[監査役の報酬]

①　監査役の報酬は，定款に其の額を定めざりしときは株主総会の決議を以て之を定む。

②　監査役数人ある場合に於て各監査役の受くべき報酬の額に付，定款の定又は総会の決議なきときは，其の額は前項の報酬の範囲内に於て監査役の協議

を以て之を定む。
③ 第275条の3［総会における意見の陳述］の規定は第1項の報酬に之を準用す。

第279条の2［監査費用］
　監査役が職務を執行するに付，費用の前払を請求したるときは，会社は其の費用が監査役の職務の執行に必要ならざることを証明するに非ざれば之を拒むことを得ず。監査役が職務の執行に付費用の支出を為したる場合に於て，其の費用及支出の日以後に於ける其の利息の償還を請求したるとき，又は債務を負担したる場合に於て，其の債務を自己に代わりて弁済すべきこと，若し其の債務が弁済期に在らざるときは，相当の担保を供すべきことを請求したるとき，亦同じ。

第280条［取締役に関する規定の準用］
① 第254条，第254条の2，第256条の2，第257条，第258条，第266条第5項第18項の規定に依り読替て適用する第7項，第8項，第10項，第11項，第18項の規定により読替て適用する第12項第14項乃至第16項，第266条の3第1項，第267条，第268条第1項乃至第7項，第268条の2及第268条の3の規定は，監査役に之を準用す。
② 第266条の3第2項の規定は，監査役が監査報告書に記載すべき重要なる事項に付，虚偽の記載を為したる場合に之を準用す。

第280条の6［株式申込証］
　株式申込証の用紙は取締役之を作り，之に左の事項を記載することを要す。
　一〜四　（略）
　五　第175条第2項第4号乃至第6号，第10号，第12号及び第13号に掲ぐる事項
② （略）

第280条の37
① 新株予約権を行使する者は，請求書に新株予約権証券を添付して之を会社に提出し，且第280条の20第2項第4号に掲ぐる額の全額の払込を為すことを要す。但し新株予約権証券を発行せざりしとき，又は第266条第11項の規定に依り之を会社に預託したるときは，之を添付することを要せず。
②〜④　（略）

第430条［清算に関する準用規定］
② 第231条，第232条の2，第237条，第237条の3，第238条，第244条第2項乃至第6項，第247条，第249条，第254条第3項，第254条の2，第254条の3，第

258条乃至第261条，第263条，第265条，<u>第266条第1項乃至第6項，第266条の2</u>乃至第269条，第271条，第272条，第274条，第274条の2，第275条，第275条の2，第275条の4，第276条，第278条，第283条第4項第5項，第293条の6及第293条の7の規定は，清算人に之を準用す。

③ （略）

第498条［過料に処せられる行為］

① 発起人，会社の業務を執行する社員，取締役，外国会社の代表者，監査役，検査役，清算人，整理委員，監督員，第398条第1項の管理人，監査委員，名義書換代理人，社債管理会社，事務を承継すべき社債管理会社，社債権者集会の代表者，其の決議を執行する者，合名会社の第67条の2の業務代行者若は第123条第3項の職務代行者，合資会社の第147条の業務代行者若は職務代行者，株式会社の第188条第3項，第258条第2項，第280条1項若は第430条の職務代行者又は支配人は，左の場合に於ては100万円以下の過料に処す。但し其の行為に付刑を科すべきときは，此の限に在らず。

　一・二　略

　二の二　本編に定むる開示を為すことを怠りたるとき

　三〜二十九　略

② （略）

2　株式会社の監査等に関する商法の特例に関する法律改正法

第1条［趣旨］

この法律は，資本の額が5億円以上又は負債の合計金額が200億円以上の株式会社及び資本の額が1億円以下の株式会社における監査等に関し商法の特例を定めるものとする。

第2条［会計監査人の監査］

次の各号の一に該当する株式会社（以下「会社」という。）は，商法第281条第1項［計算書類・付属明細書］の書類（同項第3号［営業報告書］に掲げる書類及びその付属明細書については，会計に関する部分に限る。）について，監査役の監査のほか，会計監査人の監査を受けなければならない。

　一　資本の額が5億円以上であること。

　二　最終の貸借対照表の負債の部に計上した金額の合計額が200億円以上であること。

第3条［会計監査人の選任］

1　会計監査人は，株主総会において選任する。

2　取締役は，会計監査人の選任に関する議案を株主総会に提出するには，監査役会の同意を得なければならない。
3　監査役会は，その決議をもって，取締役に対し，会計監査人の選任を株主総会の会議の目的とすることを請求することができる。会計監査人の選任に関する議案の提出についても，同様とする。

4～8（略）

第9条［会計監査人の損害賠償責任］
　会計監査人がその任務を怠ったことにより会社に損害を生じさせたときは，その会計監査人は，会社に対し連帯して損害賠償の責めに任ずる。

第10条
　会計監査人が重要な事項について第13条第1項の監査報告書に虚偽の記載をしたことにより第三者に損害を生じさせたときは，その会計監査人は，その第三者に対し連帯して損害賠償の責めに任ずる。ただし，その職務を行うについて注意を怠らなかったことを証明したときは，この限りでない。

第11条［会計監査人，取締役及び監査役の連帯責任］
　会計監査人が会社又は第三者に対して損害賠償の責めに任ずべき場合において，取締役又は監査役もその責めに任ずべきときは，その会計監査人，取締役及び監査役は，連帯債務者とする。

第18条［監査役の員数等］
1　会社にあっては，監査役は，3人以上で，そのうち<u>半数</u>以上は，その就任<u>前に会社又はその子会社の取締役又は支配人その他の使用人となったことがない</u>者でなければならない。
2　会社は，監査役の互選をもって常勤の監査役を定めなければならない。
3　<u>第3条第2項及び第3項の規定は，会社の監査役を選任する場合について準用する。</u>

第18条の2［監査役会の組織等］
1　会社にあっては，監査役の全員で監査役会を組織する。
2　監査役会は，この法律に定める権限を有するほか，その決議をもって，監査の方針，会社の業務及び財産の状況の調査の方法その他の監査役の職務の執行に関する事項を定めることができる。ただし，監査役の権限の行使を妨げることはできない。
3　監査役は，監査役会の求めがあるときは，いつでもその職務の執行の状況を監査役会に報告しなければならない。

第18条の3［監査役会の決議方法等］

1 監査役会の決議は，監査役の過半数をもって行う。ただし，第6条の2第1項の決議及び第19条第1項の規定により読み替えて適用する<u>商法第266条第9項（同条第13項及び第21項並びに第268条第8項において準用する場合を含む。）の同意に係る決議</u>は，監査役の全員一致をもって行う。

2 （略）

第19条［商法の特例等］

1 会社に関する商法第238条，<u>第266条第9項（同条第13項及び第21項並びに第268条第8項において準用する場合を含む。）</u>，第274条の2並びに第420条第1項及び第2項の規定の適用については，これらの規定中「監査役」とあるのは，「監査役会」とする。

2 会社については，商法第280条第2項，第281条の2，第281条の3並びに第283条第4項及び第5項の規定は，適用しない。

第25条［商法の適用除外］

会社については，商法第247条第1項，第249条第1項ただし書，第252条，第259条の2，第259条の3，第260条の3，第260条の4第2項から第4項まで，<u>第266条第9項，第13項及び第21項，第268条第8項</u>，第274条，第274条の2，第275条，第275条の2，第275条の4，第280条の15第2項（第211条第3項において準用する場合を含む。），第280条の16（第211条第3項において準用する場合を含む。），第281条の2，第281条の3，第283条第2項及び第3項，第363条第2項及び第5項，第372条第2項，第374条の12第2項及び第6項，第374条の28第3項，第380条第2項及び第3項（これらの規定を第289条第3項において準用する場合を含む。），第381条第1項，第415条第2項及び第3項，第428条第2項，第430条第2項（第238条，第276条及び第278条の規定を準用する部分を除く。），第431条第1項，第432条（第431条第1項に係る部分に限る。）並びに第452条第1項の規定中株式会社の監査役に関する規定並びに同法第282条第1項の規定は，適用しない。

第30条［罰則］

商法第498条第1項に掲げる者又は会計監査人若しくはその職務を行うべき社員が次の各号の1に該当するときは，100万円以下の過料に処する。ただし，その行為について刑を科すべき時ときは，この限りでない。

一 略

一の二 <u>第3条第3項前段（第5条の2第3項，第6条第3項及び第18条第3項において準用する場合を含む。）の規定による請求があった場合において，その請求に係る事項を会議の目的としなかったとき。</u>

一の三　第3条第3項後段（第18条第3項において準用する場合を含む。）の規定による請求があった場合において，その請求に係る議案を会議に提出しなかったとき。
二～十　（略）
十一　第18条第1項の規定に違反して，同項に規定する者に該当する者を監査役の半数以上に選任しなかったとき。

第2部　取締役の分割責任

第1章　取締役の責任

第1節　問題の所在

　昭和から平成にかけて，株主代表訴訟への関心が高まってきたところ，平成5年の商法改正（提訴手数料の8,200円への引き下げ等）により，一挙に提訴件数が増加し，また請求金額が高額化してきた[1]。これに伴い，諸外国の株主代表訴訟の詳細な報告をも含めて夥しい量にのぼる論稿が発表され，株主代表訴訟のもつ多くの問題点が指摘されてきた[2]。その後，訴訟の増加防止や訴訟の濫用防止のための立法案，請求金額の巨額化に対して，取締役側を保護するために責任免除・軽減を内容とする立法案が提案されてきた[3]。

　しかし，法改正あるいは法の運用によっては，折角活性化された株主代表訴訟の制度そのものを封じこめることになりかねない。そこで，第2部では，議論されつつある損害論に焦点をあて，取締役の賠償責任の分割化，あるいは実質的な軽減化を計ることにより，株主代表訴訟の適切な運用ができることを論証する。

　複数取締役の責任についての商法266条の連帯責任の規定自体は，特に2項・3項も含めて，相当に過酷である。また，現実には，経営者が取締役会の承認を得ずに不祥事を起こしている事例も多く，取締役会への参加・賛成を基準に取締役への責任を判断出来ない状況もある。その結果，サラリーマン重役に一律に高額の責任を課するか，一切の責任を認めないかの二者択一にせまられる。これに対処するために，取締役の賠償責任を

41

分割化する必要がある。しかし，以前には分割化のためには，和解を利用することしか方法はなかったといえる。筆者は，日本サンライズ事件の原告代理人の一人として，和解により取締役の責任の分割化を実行したが，当時はまだ文献も少なく実務上の強い必要性から遂行したものである[4]。筆者は，この正当性を論証するため，1996年に「取締役の賠償責任の分割軽減化―株主代表訴訟における和解の活用」を発表した[5]。そこでは，①株主代表訴訟の損害補填機能より違法行為抑止機能を重視すること，②会社の有する第三者に対する賠償請求債権を取締役の責任額から控除すること，③商法266条の取締役の連帯責任は分割責任とするべきこと，④266条5項の総株主の同意による責任免除とは，その取締役固有の分割責任を免除する場合になって初めて適用すべきものと制限解釈すべきこと等を論じた（但し，5項は取締役の連帯責任を前提とする賠償額全部を免除する場合にのみ適用する。すなわち一部免除は同意不要とするとの限定解釈もあり得る）。

　上記④については，小規模閉鎖会社を除けばほとんどの会社で，総株主の同意を取り得ないことが当然とされていたから，その後の多くの和解事例においても，総株主の同意なしに取締役の固有の分割責任(とみなされるべきもの)に基づく支払が実施されてきたことにより，その考え方の妥当性が実証されたといえる。但し，上記③の点については，商法266条に明文が存在するため，とりあえず和解（訴訟外及び訴訟上）において，原告が連帯の免除をすることにより取締役責任の分割化を実行すべきことを主張しその根拠を明らかにした。しかし，上記論稿は，取締役の賠償責任の分割化に関する初めての論文であったために，上記争点についてだけではなく，さらに関連する課題についても新たに掘り下げて検討をする余地があり，より多角的考察を要すると考えた。そこで，第2部では次のとおり取締役の分割責任の理論化を中心に論じ，第3部では分割責任一般を論じ，第4部では株主代表訴訟における事実の証明問題及び訴訟運営論をも論ずることとする。

　　(イ) 取締役の賠償額の決定に当り，判決であれ，和解であれ，取締役の行為が損害発生に与える関係をどのようにとらえるのか，会社の有する第三者に対する債権額を損害額から控除してよいか，他の取締役や従業員の行為や過失等を考慮してよいか[6]。

㈡　商法266条の取締役の連帯責任について，明文に反する形で分割責任として判決し得るか[7]。

㈢　取締役の賠償責任の分割化については，行為と損害との関係（事実的寄与度），過失（評価的寄与度），損害の金銭的評価のどの面で決定されるのか。

㈣　取締役の分割責任の証明方法は，どのようにされるのか。立証責任（証拠提出責任）は原告被告のどちらにあるのか。株主代表訴訟における証拠はどのようなものか。訴訟の促進と事案解明は可能か。

㈤　事案解明が困難な事案における複数被告の分割責任の特定は可能か。どのような方法があり得るか。

(1)　商事法務研究会編「株主代表訴訟事例集」（別冊商事法務175号，同②196号）。

(2)　通商産業省産業政策局産業資金課編「株主代表訴訟の現状と課題」（別冊商事法務173号），小林秀之＝近藤光男『株主代表訴訟大系』初版（弘文堂，1996年），釜田薫子『米国の株主代表訴訟と企業統治―裁判例にみる取締役責任追及の限界―』（中央経済社，2001年）。

(3)　自由民主党政務調査会法務部会商法に関する小委員会「企業統治に関する商法等の改正案要綱」（商事法務1524号）37頁以下，近藤光男「商法改正と株主代表訴訟」（ジュリスト1191号）2頁以下。「経営判断の原則」を注意義務違反にのみ適用するのが正しく，違反行為や忠実義務違反には適用できないとの意見として，高窪利一「取締役の責任軽減について―株主代表訴訟制度改正案要綱をめぐって―(1)(2)」（銀行法務21，567・568号）。特に米国の約30州が取締役責任制限・免除立法を採用したが，これは場当り的・政策的なもので，理論的・構造的なものではないとの意見として，和田宗久「アメリカにおける取締役責任制度・緩和立法の意義と限界」（早稲田大学大学院法研論集93号）288頁。

(4)　遠藤直哉＝牧野茂＝村田英幸「日本サンライズ株主代表訴訟事件の一審判決と和解」（商事法務1363号，1994年）51頁。

(5)　遠藤直哉「取締役の賠償責任の分割軽減化(上)(中)(下)」（商事法務1412，1413，1415号，1996年）。

(6)　狛文夫『ゼミナール株式代表訴訟・問題と対応』（東洋経済新報社，1994年）61頁，この争点に関する最も早い指摘といえる。

(7)　米国・ドイツの法創造の先進性について，原竹裕『裁判による法創造と事実審理』（弘文堂，2000年）。

第2節　分割責任の概念と意義

1　民法上の概念

民法の719条の共同不法行為者は，連帯責任を負う（全部連帯責任）。独立の不法行為が競合する，いわゆる競合的不法行為の場合も連帯責任とする考え方が少なくなかった。

これに対して，学説上は，全部連帯責任からの離脱を認める立場から，一部連帯責任論，割合的証明論，割合的因果関係論，割合的責任論，寄与度減責論等が提唱されてきた。判例においても，寄与度・寄与率をもって，責任や賠償額を減額する事例が多数現れた。

取締役の責任を追求した株主代表訴訟の判決においても，日本航空電子事件[1]・大和銀行事件[2]では，「寄与度に応じた因果関係の割合的認定を行うことが合理的である」ことを明言するに至った。

このような状況の中で，分割責任という用語は，未だ判例においては使用されていないが，上記多数の学説は連帯責任からの離脱を正当化するための法理を提示しつつ，離脱を認められた者（被告）の責任自体を指す用語として分割責任を使用している。例えば，損害額10について，被告A7，被告B3と責任を負う場合が典型的分割責任であるが，本稿ではAが10の連帯責任を負い，Bが3の部分連帯責任を負う場合も，Bについては分割責任との用語を使用する。

分割責任という用語は，古くから淡路剛久教授[3]，浜上則雄教授[4]，能見喜久教授[5]ら多くの学者により解説され，最近では内田貴教授[6]，潮見佳男教授[7]の教科書的文献にも使用されている程に一般化しているものである。

2　取締役の責任への適用

取締役の責任という商法上の責任について，上記民法上の不法行為理論を適用できるのか，判例のいう寄与度を使用することは合理性を有するか，法理論上整合性を有するのか，が問題となる。

商法254条3項は，「取締役は委任に関する規定に従う」とし，これは強行法規とされている。また，商法254条の3は，取締役は忠実義務を負う

と規定する。いずれも、民法上の委任関係が適用されることとなり、取締役の義務違反は債務不履行となる。しかし、以下の理由により、取締役の連帯責任の緩和については、前記民法上の不法行為の議論を応用することに法理論上の合理性があるといえる。

　(イ)　民法上の委任関係において、受任者が複数の場合、受任者の債務不履行の責任は、不真正連帯責任となる。例えば、弁護士、医師、税理士、不動産仲介業者等の受任者が複数いる場合に、原則として全部の損害に対して不真正連帯責任を負う。しかし、仮に各人の寄与度に差があるならば、賠償責任を寄与度に応じて、割合的に分割していくことは、合理性を有する。民法427条（債権債務の分割の原則）を適用し、責任を分割するものともいえるが、寄与度を考慮し、責任を分割していく方法は、不法行為構成とも異なるところはない。

　(ロ)　上記、医師、弁護士等の事例のような委任関係においては、そもそも不法行為請求権との競合が認められる分野である。義務違反が著しい場合に限らず、一般的に不法行為として処理される場合が多い。

　時効、故意過失の立証責任等の点から不法行為構成は債務不履行構成に比べ、被害者側（原告）に不利といわれてきた。そのような理由によるものか、判例では、債務不履行構成を採用することに消極的であり、主として不法行為構成がとられてきた。本来債務不履行構成を正面から取り上げるべきであるが、実務では不法行為の分野と同様の思考をする傾向にある。いづれにしろ、不真正連帯責任とその緩和の点では、契約関係でも不法行為の分野でも同じであるといえる。

　また、委任関係の義務は信認義務（fuduciary）といわれている。そして、信認義務違反とは、債務不履行と不法行為法上の義務違反がミックスしたものだから不法行為理論を応用することは有益といえる。

　(ハ)　民法上は、委任者と複数の受任者の間で、当初の契約において、受任者が連帯責任を負う、又は分割責任を負うと明記した場合にはこれに従う（但し、一部連帯が認められないほど絶対的な拘束力となるかは疑問である）。そして、商法上の266条の連帯責任は、当事者間で連帯責任とするとの契約をしたと同様の効果を強行法規として付与したとの形をとったと一応考えられるが、それ程強い効力とは考えられず、後述のように連帯責任の推

定規定にすぎないと解釈する方がむしろ合理的である。

　また商法では，立法により，定款で連帯責任を免除できる，分割責任にしうるという制度にできる。あるいは，連帯責任の推定規定の趣旨を定款で定めさせる制度もありうる（立法により定款で連帯責任の推定規定を規定しうるとすれば合理的だが，立法となるとより単純な分割化となるであろう）。現行商法においては，連帯責任の推定規定と解釈するのが限度であるが，分割責任を望む被告に，立証責任・証拠提出責任を負わせる点で，従前の実務では極めて重要といえる。

3　連帯責任の緩和

　本書では，連帯責任の緩和については，取締役の責任を中心に論じ，これを肯定するものである。米国では，後記のとおり，不法行為制度改革に伴い，あらゆる分野で連帯責任の緩和が激しい議論の対象とされ，責任分割化に向かって進んできた。しかし，取締役の責任以外の分野では，被害者救済のために，加害者側の資力の確保，財産開示制度，財産隠しの防止，強制執行不正免脱への制裁等の制度の整備と共に進められるべきであり，日本ではまだ早すぎる問題提起であるといえる。

　しかし，株主代表訴訟における取締役の責任の分割化を考察するについて，米国の法制度の進展も視野に入れるべきであるし，また，規制緩和時代の自己責任に基づく分割責任は日本の将来の重要な課題であるので，本書では，これらも含めて論ずることとする。

4　取締役の業務と義務

(イ)　取締役の地位

　商法266条1項においては，「その行為をなしたる取締役」は，会社に対して損害賠償責任を負うと規定する。

　「その行為」とは何を指すのか，どの範囲の行為か，行為取締役の範囲をまず明らかにする[8]。

①　業務執行行為

　商法261条1項は，「会社は取締役会の決議を以て会社を代表すべき取締役を定むることを要す」と規定しているので，取締役会は代表取締役を選

任しなければならない。代表取締役は業務担当取締役（専務，常務）を選任し，業務を執行させることが多い。それ故，代表取締役が違法配当議案を株主総会に提出する行為，代表取締役や常務が，他の取締役に貸付する行為，第三者への違法な利益供与行為，法令定款違反行為などがこれに該当する。

② 決定行為

商法260条1項は「取締役会は会社の業務執行を決し」と規定している。それ故，重要事項についての取締役会の決定を下したものは行為取締役とみなされている。その結果，商法266条2項では，決議に賛成した取締役を行為取締役とみなしているが，決定をした者と賛成した者との区別は必要ないので，単なる確認規定に等しいといえる。同条3項が，「取締役会に参加して議事録に異議を止めない者は賛成したと推定する」と規定するのは，創設規定といえる。

結局，取締役会に参加する以上は，反対又は棄権の意見を議事録に残さない限り，責任を負うこととなる。

次に，業務全般について，代表取締役や業務担当取締役が具体的細目的実施事項を決定し，その実行を部下に命令することも，「その行為」に該当することとなる。

③ 監視・監督義務違反行為

取締役会は取締役の職務の執行を監督する権限を有し（商法260条1項），代表取締役を選任することから（商法261条1項），取締役の間において相互に監視義務をもち，使用人に対しては監督義務を負うとされてきた。しかし，義務の内容を具体的に明らかにするよう努力しなければならない。すなわち，③は明らかに①②と異なる。①②は積極的行為であるのに対して，③は不作為による任務懈怠（消極的行為）である。

そこで，小規模閉鎖会社の場合には，取締役会が開催されないことも多いので，②はあまり問題とならず，③が重要となり，責任の有無についての認定が難しくなる。これに対して，公開会社の場合には，②の責任は重視されるが，③の責任は軽くなる。しかし，責任を軽くすることを立証するため，平取締役，社外取締役にとっては，取締役に出席することでどこまで審査できるのか，ましてや取締役会上程規定でないものについて，ど

のようにチェックできるのか、大きな問題となる。

　266条2項では、取締役会決議に賛成した取締役は、「その行為をなしたるものとみなす」と規定し、3項では、決議に参加して議事録に異議を止めなかった者は、「その決議に賛成したものと推定する」と規定する。形式的にみれば、議事録に異議さえ止めていれば安心だし、責任はないことにならないだろうか。この論理を進めると、直接に違法行為を行ったり、決定する者ではない取締役の監視義務が、取締役会上程事項に限られることとなる。この明確な条文に規定されていない事項となる「取締役会上程事項とされていない事項」にまで取締役の責任を及ぼすことになれば、著しい拡大解釈、目的的解釈である。しかし、通説[9]最高裁[10]は、取締役の監視・監督義務を取締役会上程事項に限定しない。その理由は、商法259条により各取締役に取締役会招集権限が与えられ、260条1項により、取締役会の監督権限が明定され、取締役会の機動性を重視すべきであるからであるという。最高裁判例は「株式会社の取締役会は会社の業務執行につき監査する地位にあるから、取締役会を構成する取締役は、会社に対し、取締役会に上程された事柄についてだけ監視するにとどまらず、代表取締役の業務一般につき、これを監視し、必要があれば、取締役会を自ら招集し、あるいは招集することを求め、取締役会を通じて業務執行が適切に行われるようにする職務を有するものと解すべきである」という。

　本書でも、このような通説の立場にたつからこそ、すなわち取締役の責任の範囲を著しく拡大するならば、他方で各取締役の個別の責任を明確化しなければ、個人責任に立脚する近代法と整合しないことになるし、社会的納得も得られないこととなるので、連帯責任の緩和に向かうのである。

　すなわち、特に公開会社の場合には、取締役会上程事項外まで含めて、会社の業務内容を常時適切に把握するための監視手続、内部統制手続等を設定すること自体の義務を負わせ、その手続の中でさらに業務執行の違法性を疑わせる事情のあるとき、より具体的な審査義務、検査義務を負わせる等の数段階の義務を考案する必要がある。これにより監視義務違反の取締役の個別的責任が明らかとなるからである[11]。

　結局、商法266条においては、監視義務違反を理由として責任を問われ

第1章　取締役の責任

る取締役と，直接的な行為者に対して，同一の連帯責任を課すこととなる。すなわち，注釈会社法でも，「これらの（監視義務違反をした）者が行為を現に行った者とみなされる結果，本条1項による責任を負う者は複数存在することになり，彼らの責任は，連帯責任となる。これは，取締役は，取締役会における決議対象とならない事項についても，監視機能を発揮すべきであり，まして決議の対象となっており発見することが容易な違法行為については，これを阻止しなかったことに基づき厳格な責任を課すべきであると考えたからである。ただし，一般に，違法行為を防止すべき監視義務に違反した取締役は，違法行為を行った取締役と連帯して責任を負うと解されているから，2項に基づき責任を課される取締役は，責任の連帯性については，通常の監視義務違反よりも厳格になっているというわけではない。」[02]と解説されている。しかし，直接的行為者や決定者と監視義務違反取締役とを同一の連帯責任とする立法や解釈論は，そもそも合理的とは言えないのであり，その不合理性は解釈論でできる限り是正することが必要である。

　以上のような前提で，複数の取締役の各責任の有無・程度を考察するのには，次のように取締役の行為態様を分けることが妥当である[03]。
　ⓐ　最高幹部（代表取締役，副社長，専務，常務）
　これらの者は，取締役会とは別に，常務会，経営会議，幹部会を構成することが多い。定款の定めにより設置することもある。取締役会上程議題だけでなく，すべての業務を知りうる立場にある。
　また，通常，専務・常務の肩書きを持つ業務担当取締役を置くことが多い。取締役会から一定の業務執行事項につき決定や行為を委任された者である。
　これらの幹部は従業員に対して指揮命令をし，自ら実行する場合もあるし，他の取締役の行為に対して監督義務を負うことも多い。
　ⓑ　使用人兼取締役
　取締役と使用人を兼ねる者で，通常「部長」「支店長」といわれる者である[04]。自ら又は従業員を使い，損害を発生させた場合には，その実行行為について責任を負うばかりか，取締役会へ上程させなかった場合には，そのこと自体に責任を負う。使用人を兼ねることにより，ⓐよりは責任を軽

49

くすべきであろう[15]。

ⓒ 平取締役（監視義務違反）

業務執行を担当しない取締役の責任といえる。また，業務担当取締役であっても，自己の担当以外の業務については，主として取締役会上程事項について責任を問われるが，社内の情報を収集しうる場合には，これに限られない。

ⓓ 社外取締役又は非常勤取締役（監視義務違反）

社外取締役と非常勤取締役の概念は一致するものではないが，その責任の範囲は上記ⓒより狭くなり，原則として取締役会上程事項となるであろう[16]。

以上のうち，実行行為者（ⓐⓑ），監督義務者（ⓐ），社内の監視義務者（ⓒ），社外の監視義務者（ⓓ）の順で，その責任の重さが決められることとなる。

(ロ) 寄与度

上記取締役の地位に基づく各責任の程度は，一般的業務形態についての類型化から導き出されるが，これは損害発生に対する寄与度を基準としているとしている。また，具体的に個別事件の中で，損害発生への寄与度を考察することが必要となる。いずれの場合には，寄与度を考察するには次の2つの立場がある。

① 客観的に行為様態から考察する立場

前記のとおり，取締役の地位は，それ自体において，客観的に類型化される特徴がある。また，会社の損害の発生は，通常は日時の経過の中で発生するという特徴があり，これに関わった者を捉えていくことができる。

たとえば，1億円の貸付をした場合に(a)不良貸付の行為と(b)迅速な回収措置（相殺，担保設定，取立，訴訟等）の放置があったときに，Aが(a)を行い，A退職後，Bが(b)を行ったときには，A，Bは連帯責任を負わないで，Aが(a)につき，Bが(b)につき各別に責任を負うとすると，どのように負担するのかが問題となる。

すなわち，不良貸付の不良性の程度・回収可能性の程度の認定は，通常不明確なものがあり，寄与度を使用せざるを得ないことが多く，実務上，因果関係の割合的認定に導かれる。

② 主観的に故意・過失の程度から考察する立場

相当因果関係説によれば，予見可能性の範囲で，因果関係を認定していくため，そこには主観的観点が入らざるを得ない。すなわち，損害という結果発生に対して，予見しうる範囲で因果関係が肯定される。このことは，結果発生に対する予見可能性が要件とされ，さらに結果発生に対する回避を怠ったことにより因果関係が発生することを意味している。すなわち，上記の例では，不良貸付の際の不良性の判定，回収についての見通し，回収段階での回収手段の有効性の予測がなされ，さらに損害を減少させるための手段を怠ったことにより因果関係が発生する。この予見義務，結果回避義務はまさに過失の認定に他ならない。相当因果関係論は主観的認識を持ち込むことにより，過失の理論と混同させたことになった。よって，相当因果関係論を批判する考え方からは，事実的因果関係については客観的に広くとらえて，寄与度については主観的に過失の程度に応じて決定していくこととなる。但し，現在では過失の客観化と言われ，行為義務違反を重視する傾向が強まっている。

筆者の基本的立場は，この②の立場が正当であると考えているが，学説・実務においては，依然として①の立場が継続しているといわざるを得ない。

よって，以下本書では①の立場をも視野に入れ，これをも紹介しつつ，基本的には②の立場で論ずる。

なお，上記①②は問題解決における結論としては，ほぼ同じとなる。

(1) 東京地判平成8年6月20日（判例時報1572号38頁）。
(2) 大阪地判平成12年9月20日（商事法務1573号48頁）。
(3) 淡路剛久『連帯責任の研究』（弘文堂，1975年）85頁。
(4) 浜上則雄『現代共同不法行為の研究』（信山社，1993年192頁）。
(5) 能見善久「共同不法行為責任の基礎的考察(2)」（法学協会雑誌94巻8号，1985年）173頁。
(6) 内田貴『民法Ⅱ 債権各論』（東京大学出版会，1998年）408, 504, 506頁。
(7) 潮見佳男『不法行為法』（信山社，1999年）415, 441頁。
(8) 行為取締役の概念について，新井修司「取締役の連帯責任について」（大阪学院大学法学研究26巻1号，1999年）159頁。
(9) 『新版注釈会社法(6)』近藤光男執筆部分，280頁。
(10) 最判昭和48年5月22日（民集27巻5号655頁）。

(11) 畠田公明「取締役の監視義務とその信頼の保護」(民商法雑誌102巻1号，1990年) 76頁，山田純子「取締役の監視義務」龍田節先生還暦記念『企業の健全性確保と取締役の責任』(有斐閣，1997年) 238頁。
(12) 前掲注(9)290頁。
(13) 江頭憲治郎『株式会社・有限会社法』(有斐閣，2001年) 279頁。米国の取締役の注意義務について，亀山孟司「アメリカ会社法における取締役の義務と責任」(法学新報107号11-12，2001年) 123頁。
(14) いわゆる執行役員の業務と一致する。永井和之「取締役会改革と機関投資家」(取締役の法務2000年12月号) 96頁。
(15) 柳伸之介「英米の制度及び理論に鑑みたる『使用人兼務取締役』の責任論」(民商法雑誌124巻3号，2001年) 106頁。
(16) 非常勤の社外取締役でも日常的な監視義務を負うとの意見として，永井・前掲注(14)97頁。

第3節　違法行為是正機能の重視

　株主代表訴訟の機能としては損害填補機能と違法行為抑止機能がある[1]。通常の不法行為では，前者が完全に充足されることが重視されており，これが充足されれば同時に後者も充足される関係となっている。しかし，株主代表訴訟では違法行為是正機能をより重視すべきである。現在多く提訴されている市民運動型の事件は正にこれを目指しているといえる[2]。
　すなわち，株主自身の損害への填補はもちろん，会社の損害への填補も株価上昇に連動するわけではなく，現実には必ずしも重視されていない状況があることに留意すべきだからである。
　仮に株主の損害に対する填補機能を重視するならば，株主代表訴訟の原告適格の要件としては，取締役の違法行為時に株主であった者（行為時原則）に限定すべきこととなる。株価下落という損害を現実に受けた株主を救済することが目的となるからである。これを拡大するとしても，取締役の違法行為が公表される前に，これを知らずに株を買った株主であろう。これに対して，商法267条の解釈論として，原告適格を行為時株主に限定していないので，取締役の違法行為が発覚し，会社の損害が発生していることを知りながら株を買った者にまで原告適格を与えるのである。当該原告の利害と全くかけ離れた形で，株主というだけで訴訟提起の資格を与え

るものである。米国において原告適格を行為時株主に限定してきたのと比較するまでもなく，極めて異例のものである。しかし，日本においては立法当初から所有と経営の分離を進める中で少数株主権の保護と，会社の健全経営の確保のための重要な手段として，株主代表訴訟を位置づけ，その後も違法行為是正機能が強く要請されてきたからこそ，結局，原告適格を行為時株主に限定しなかったのである。

　損害填補機能を重視する必要のない理由として，株主代表訴訟の請求する損害とは，会社の損害とされてはいるものの，株主にとっては株主自体の損害の方が重要である。確かに商法266条では，取締役は会社が蒙りたる損害額を賠償すべきであると規定している。しかし，社会的には一面において会社の損害とは延いては会社の所有者である株主の損害であると考えられている。株主が損害を受けたからこそ株主代表訴訟により，すべての株主自身が損害を回復できると考えられている。しかし，公開会社の場合には，少数株主の代表訴訟による損害補填（取締役敗訴）は，大会社の信用低下に連なることも多く，株価上昇には連動するとはいえない。また閉鎖会社の場合には，現実には多数派である支配株主と経営陣は一体であることが多く，少額株主が株主代表訴訟で，勝訴しても株を売却しないまま，配当も受けられず，経営をコントロールしえない状況が続き，何らかの利益を得られたとの結果も生じない（例えば日本サンライズ事件）。それ故，株主の損害からみると，取締役の違法行為の後に，これを知りながら株価が下落している状況の中で株を取得した者にまで原告適格を認めるのでは，あまりにもすべての株主の損害と無関係に会社の損害を決定するものであり，上記社会認識とのズレは大きい。これに対して，社会的には他面において，取締役に対して会社の蒙った全損害を個人的に負わせるのでは，その負担はあまりに過酷であるとの意見も多い。よって，上記の問題点に答えるのに，現行法を前提とすれば，株主の損害，さらには会社の損害の填補を重視するべきでなく，ともかく違法行為是正機能を死守すべきであると割り切ることが妥当といえる。けだし，後述するように米国においては，株主自身の損害を直接請求し，直接受領できるクラスアクションの制度があるが，日本ではこの制度を採用しなかったからである（このような制度の採用が望まれる）。

なお，商法改正により提訴手数料が8,200円とされ，手数料が請求金額や損害額と連動していないことも違法行為是正機能を重視しているといえることを付加しておく(3)。

(1) 尾崎安央「株主代表訴訟制度の改正」（判例タイムズ839号）85頁。
(2) 伝統的・所有者的企業観（私益性）から社会的企業観（公益性）への変遷としてとらえられる。中村一彦『企業の社会的責任と会社法』（信山社，1997年）15～28頁。
(3) 前掲第1節注(5)(上)25頁で指摘済みのこと。同旨のものとして河合伸一判事の補足意見（最判平成12年7月7日金融・商事判例1096号8頁）。

第4節　賠償責任の分割化（日本サンライズ事件）

1　商法266条においては，取締役は「連帯して」「会社が蒙りたる損害額」につき責任を負うと規定されている。すなわち，取締役は会社の蒙った全損害につき不真正連帯債務(1)として，責任を負わねばならない。多数の取締役が事件の関与者であっても，たまたま被告とされ敗訴した者，又は，たまたま資産を有していたため強制執行を受けた者は，他の取締役の負担分まで責任を負う結果となる。もちろん，賠償金を支払った取締役は自己の負担分を超える分を他の取締役に求償することはできる。しかし，他の取締役に支払能力がなければ，いわば立替金を回収できないし，その手間も大変である。また会社に損害を与えた事件が取締役の行為に起因していても，会社外部にも事件の関与者又は誘発者等の共同不法行為者が存在することも多い。会社外部ばかりでなく会社の従業員に主たる違法行為があることも多い。会社は，これらの取締役以外の第三者に賠償請求できる場合にも，その手段をとらずに，取締役に全損害を請求できるとの考え方もある。

このような解釈では取締役の責任は取締役の内部と外部に対して二重の連帯責任を負うことになり，二重の苦難を背負っていることになる。そこで，この不真正連帯責任の分割化をできる限り進め，取締役の固有の責任を明確化しなければならない。特に米国のように社外取締役を登用しようとの状況になりつつある今日，各取締役の責任の守備範囲を明確にすることは，コーポレート・ガバナンスの効率性のために重要といえる(2)。

2　本書の結論をわかりやすく示すために，日本サンライズ事件(3)を例にとり，取締役Ａ（代表取締役），Ｂ・Ｃ（平取締役）の責任の非連帯化及び分割化を説明する。

株式会社日本サンライズは，昭和24年3月，メリヤス業界の関係者によって設立された（旧商号「株式会社日本メリヤス会館」）。株式は公開されておらず，株主は全国に約800名程度存在し，その多くが繊維業界の関係者であった。日本サンライズの初代社長は被告Ａ（本件訴訟開始時，3代目の代表取締役社長）の父，2代目社長は原告会社社長の父であった。日本サンライズは，被告らが株式投資を開始する以前は，その所有する土地上の建物の賃貸を唯一の業としており，本件建物の賃貸による営業利益を専らの収入としていた。日本サンライズは，昭和61年7月1日，老朽化した旧建物を取り壊して新建物を新築しており，建築費として2億円を16年払いの約束で借り入れていた。同社は，賃料収入をこの借入金の返済にあてていたが，それだけでは元利金の返済に不足していたため，経常利益が赤字になっていたものである。

日本サンライズは，昭和63年からＡが代表取締役として光世投資顧問株式会社との間で投資一任契約を締結し，投資金全額を借入れによって調達し，株式投資を開始した。その後，同社は，平成元年2月8日，証券会社に信用取引口座を開設し，信用取引を開始した。日本サンライズは，当初，順調に株式投資益をあげたものの，平成2年より株価が暴落したのに加え，過大な信用取引，過度の集中投資，仕手株への投資，分散投資の懈怠などの問題によって，投資金額の70％に及ぶ損失を被った。その後も，投資一任契約に基づいて取引を継続したが，損失の回復をめぐって投資顧問業者との間に紛争が生じ，平成3年3月，投資一任契約を事実上終了させるに至った。その後，同社は増資を行い，増資金の一部で借入金の一部を返済したが，平成5年3月時点で，本件株式投資に係る借入金は，2億8550万円となった。同時期における日本サンライズの資金繰り状況は，建物建築費に係る借入金が，賃料収入から返済できるものの，株式投資に係る借入金は，具体的な返済の目途が立たないというものだった。

原告は，同社の代表取締役Ａまたは取締役Ｂ・Ｃである被告ら3人に対し，被告らが同社の営業規模に照らして不相当に多額の借入れを行い，こ

れを資金として株式投資を行ったことが同社に対する善管注意義務に違反すると主張し，その行為によって同社が受けた損害の賠償として金2億9,502万3,855円を同社に対して連帯して支払うよう求めた。被告代表取締役社長Aの個人所有不動産に仮差押が認められている。

3　一審においては，被告らの弁護士は1名で，被告ら全員への責任がないとのみ争い，分割責任を主張しなかったことも原因して，3名の連帯責任として会社の実損害約三億円が認容された。原告はBとCに対して仮執行をし，訴訟外で監視義務違反のB・Cに各1,000万円の支払をさせた。控訴審段階で取締役Aに約1億1,000万円(取締役B及びCに各1,000万円)を負担させることで和解した。総額から約1億7,000万円を免除し約1億3,000万円と決定したようにみえるが，取締役の責任を一部免除したわけではない。会社は違法な誘因行為を行なった光世投資顧問株式会社（及び光世証券株式会社）に金1億7,000万円の損害賠償債権を有していると推定できる。すなわち会社は投資顧問会社に対して，不法行為又は債務不履行等（過大な信用取引，過度の集中投資，仕手株への投資，分散投資の過怠等）に基づき約3億円の損害賠償請求をできるが，取締役の過失と相殺され請求は1億7,000万円しか認められない。その減額される約1億3,000万円が取締役の責任となる。つまり，元々会社の損害は1億3,000万円にすぎなかった。一審においても被告取締役がそのような抗弁をすれば1億3,000万円のみを認容する判決となる可能性があったという意味である。代表訴訟において，被告取締役は会社の投資顧問会社に対する債権を立証すればよいのである。取締役が訴訟告知すれば投資顧問会社が補助参加してきて取締役の過失をもって抗弁するので，3億円全額は認められないこととなる。内部的には，取締役Aに約1億1,000万円，取締役B・Cに各1,000万円（監視義務違反）の判決となる。和解においては原告は各取締役に対して不真正連帯債務について連帯の免除をしたのであり，各取締役の固有の負担部分のみの責任を負わせたのである。それ故各取締役の分割責任については全額の負担であり，一部の免除もない。よって，商法266条5項の総株主の同意も不要となる[4]。会社又は株主が取締役と和解するには，連帯の免除をして分割責任とするのが可能であり，合理的といえる。

4 なお，日本サンライズ事件では，代表訴訟終了後に，A又は会社から現実に光世投資顧問株式会社へ損害賠償請求訴訟が提起され（原告敗訴となった），またAからB・Cへと求償請求の動きがみられた。さらに，理論上は，被告とされなかった監査役，株主でもあった顧問弁護士（被告代理人）等の責任も問題としうる面があった。

このように，日本サンライズ事件は取締役の責任の分割化をめぐる様々な問題を含んでいる[5]。

(1) 本間＝古瀬村編『会社法』222頁以下を初めとして，商法のほとんどの教科書では単に連帯責任としか記載されていない。『新版注釈会社法(6)』近藤光男執筆部分291頁でも，連帯責任と記載されているが，取締役が自己の負担部分を超えて賠償したときには，超えた部分についてのみ求償できるとの趣旨は不真正連帯債務を意味していると解すべきである。

(2) 社外取締役は米国では，州会社法の責任を問われることが少ないが，連邦証券諸法では開示の正確性についての責任を追及されている。神崎克郎『取締役制度論─義務と責任の法的研究』（中央経済社，1981年）37頁。残念ながらコーポレート・ガバナンス論では取締役責任の分割化はほとんど論じられていない，家近正直他『コーポレートガバナンス』（学際図書出版，1999年），沢野直紀『企業ビジネスと法的責任』（法律文化社，2000年）。

(3) 東京地判平成5年9月21日（判例タイムズ824号47頁，同1480号154頁），遠藤・前掲第1節注(4)(5)。

(4) 高窪利一『21世紀に向けてのコーポレート・ガバナンスの在り方について』（中央大学，高等教育情報化推進協議会，2000年）23～24頁。和解には，総株主の同意を不要とし，かつ，監視義務違反の場合には，分割責任を肯定する。

(5) 遠藤・前掲第1節注(4)68頁に記載したとおり，以下に，筆者の日本サンライズ事件和解時の問題意識を引用する。

① 取締役間の求償問題

株主代表訴訟においては，複数の取締役の責任の割合をいかに確定するか，各人の支払額を現実にどのように決定するのかが大きな問題といえる。本件判決のとおり，取締役の責任は不真正連帯債務と解されている。しかし，これでは多数の取締役間の求償問題が相当に複雑な問題となる恐れがあり，合理的とはいえない面がある。本件でも，不真正連帯債務として，被告B・Cに約2億9,500万円を請求し，強制執行していくことは，被告B・Cに立替払いを強いることとなり，相当に無理があり，かつ長期化する恐れがあった。そこで，判決においても各人の責任に応じた賠償金額を認定するという方法が立法としては優れていると考えられるが，現行法の解釈では無理がある。

第2部　取締役の分割責任

　結局，本件では早期解決を図るため，実務的処理として各人の割合に応じた妥当と思われる賠償額で和解したので，現実には求償請求は発生していない。
　しかし，本件でも仮定の問題としては，次のような論点があり得る。
1　控訴審の和解において，AがB・Cの負担割合の増額を主張したときには，三者の負担割合を決めざるを得ないこととなる。本件ではAがそのような主張をしなかったので，事実上，各人の負担額も決まった形となっている。
2　仮に控訴審で被告Aが全面敗訴して，約2億9500万円を支払うときには，総額に対してB・Cの負担割合は相当に小さくなるので，AからB・C2名への求償請求もあり得る。
3　控訴審で被告Aが万一勝訴したときには，すでに和解をしているB・CはAに求償できない。そして，原告とB・Cとの和解も無効とはならないという結果で終わる。
4　株主または会社は，もっとも責任の重い取締役Aとのみ和解し，B・Cの責任を問わない事態もあり得るし，通常はこのような処理が多いと考えられる。会社とAとの和解において，Aの支払負担額以外の残債務を免除するとのみ決めた場合にも，AはB・Cに求償できるかが問題となる。求償できるとすると，Aのみに支払わせるという会社の意図が貫徹しなくなる。この場合には，和解契約の趣旨はAのみに負担させるものであり，B・Cの責任を問わないと解釈することが妥当である。この点については，判例・学説上4説あるが上記考え方（『注釈民法(11)』97頁の野田説）が当事者の意志に合致し，実務上もっとも適切といえる。しかし，上記解釈を明確にするため，念のためAの求償権を放棄させる条項を入れること等を検討すべきといえる。

② 訴訟外の和解

　訴訟上の和解の場合には，判決と同様に会社との間で既判力が生じ，他の株主との間で反射効が発生すると同様の状況となるので，これを踏まえた上で筆者らは前述のとおり被告Aとの間の和解の効力については積極的に肯定した。これに対して，訴訟外の和解については，既判力，反射効がないため和解自体が無効となるのか，取締役の責任を一部免除できるのかが議論されており，和解の効力に関して消極的意見も多い。しかし，本件の経過の中にもあったように，会社または株主が取締役に責任を追及し，訴訟前に和解したり，訴訟中に訴訟外で和解したり，損害金の全部又は一部を負担させることは，通常ありうることであり，かつ好ましいといえる。訴訟手続でなしうることを，訴訟外の手続で処理することに違法性は存しないが，和解の技術的方法についてはやや問題もあるので別途検討し，ここでは省略する。問題は，取締役の資力の有無，負担割合の未確定等を理由として，損害の一部のみを負担させることとなりがちであり，かつ残債務を免除しない限り調印できないという実状をどのように考えて処理するかである。一般的に，損害金の一部でも早期に填補させる必要性は高いので和解成立を優先させることは有益といえる。このような結果，当事者間では，和解自体は有効と考えることが社会的要請に合うといえる。

しかし，残債務免除条項については，商法266条5項に基づき総株主の同意がない場合には，無効と考えざるをえない。結局，残債務免除条項は規定してもしなくても意味はないものとなる。それ故，会社や他の株主が再度訴訟等により残債務を追求できることとなる。しかし，実務的には，訴訟外の和解とはいえ，被告の資力を検討し，負担割合を確定して他の取締役に求償しないとの約束の下に和解する方法等は合理的な和解内容と評価され，これを無視しえない。なぜならば商法266条5項は極めて不合理な規定であり，実務上は信義則または権利濫用等の法理により相当に制限して解釈すべきであるからである。そのため仮に他の株主が訴訟提起しても，その請求は認められない可能性も高いし，あえて訴訟を提起することも多くないと思われるので，このような解釈が妥当な解決といえる。

結局，訴訟外の和解でも一部和解とみるか，全部和解とみるときには内容が合理的なものである場合には訴訟上の和解と同様な考え方となるといえる。

なお，本件の被告B・Cとの前記暫定和解についても，和解自体は有効であるが，強制執行を中止する部分については，当事者間では実質は残債務免除条項と同様の機能を持つので，会社や株主に対しては効力をもたないとの可能性が高い。

③ 結語

本件を通じてもっとも重要であったことは，以上のとおりバブル期における取締役の責任を法的に確定できたこと，各取締役の負担割合を考慮して，早期に現実的な解決をしたこと等である。日本の多くの会社で取締役が不祥事を起こしている現状の中で，このような解決方法は大きな意義があるといえる。

これに対して，代表訴訟の濫用，総会屋による不当な利用も危惧されているが，株主には一銭の金銭も入らないのであるから，そのような恐れはほとんど問題とはならない。また，株主や総会屋が金銭を取得したり，弁護士が報酬の中から株主に金銭を交付することは会社贈収賄罪や利益供与罪に該当するので，そのような違法行為は取り締まり可能であるばかりか，弁護士が関与するわけがないので，それほど重視すべきではない。

また，会社や一部株主との馴い合い的解決も危惧されているが，訴訟上の和解や訴訟外の和解であっても，不当な内容であれば前述のとおり十分に適切に対処できるといえる。したがって，本件において挙げた論点が代表訴訟の典型的論点といえるのであり，今後さらに実務の積重ねにより議論が深められることを期待する。

第5節　不真正連帯債務

我妻博士の説によれば，民法の連帯債務は主として契約により生じ，債務者の間に共同目的による主観的関連があり，債務者の一人について生じた事由が他に影響を及ぼし，内部関係においては求償関係を生じる。これ

に対して不真正連帯債務は，主観的関連を欠き，債権者を満足させる事由以外の事由は，債権の担保力強化のため相対的効力を生ずるに止まり，かつ求償関係を当然の内容としない(1)。上記説に対してその後様々な学説が展開されたが，不真正連帯債務においても，債務者の過重責任の回避及び債務者間の公平の観点を考慮することとなった(2)。不真正連帯債務についてそのように柔軟な解釈論がありうることを前提とすれば，商法266条の取締役の債務は，負担割合が当初からは確定していないという点に着目して，不真正連帯債務と考えてさしつかえないといえる。これによれば，取締役は賠償責任を履行しても，自己の負担部分について，求償することはできない。自己の負担部分を超えて支払をした時に初めて，その超えた部分についてのみ，求償請求できることとなる(3)。この点，連帯債務については，負担部分なるものは一定の債務額とするよりも，一定の割合とみて，いやしくも共同免責のための出捐があればその割合で分担させるのが公平に適すると考えられている(4)のであり，上記結論と異なるのであり注意を要する。

　判例においても，「共同不法行為者各自の負担する賠償債務は，相互にいわゆる不真正連帯の関係にあると解されるが，一方が共同の免責を得たときは他方に求償しうる。通常の連帯債務の場合のように，弁済があれば直ちに共同の免責となり，負担部分の割合に応じて求償権が発生するわけでなく，賠償債務全額に対する負担額を超える弁済がなされて初めて共同の免責として求償権が発生するに至ると解すべきである。」とする(5)。さらに，判例・通説は，「加害者の共同不法行為への関与の度合の大小を問わず，損害の全額につき加害者全員が責任を負うが，求償の際の負担部分は，共同不法行為者内部での過失割合により決まる。」とする(6)。

　取締役の賠償責任の適正化として最も重要なことは，取締役に対して，自己の負担部分（固有の責任）の範囲内で責任を負わせることである。一つの方法は，連帯の免除を行い，債務の分割化をすることである。これにより，取締役の間の求償関係も避けられる。訴訟外であれ訴訟上であれ，取締役は和解において，連帯の免除を受けないままに他人の分まで責任を負うことをしないのが通常といえる。よって和解では，常に連帯の免除が発生する。これに対して判決では，原告の方が連帯の免除をしない限り，分

割化はできないと考える者は，訴訟の進展により，各取締役の負担部分が明確化してきたならば，連帯の免除を与えるのも一案といえる。裁判所又は被告から連帯の免除の提案があれば，これに応ずることが妥当であろう。この場合には，原告または被告から分割額を明示する，あるいは分割額については裁判所の裁量にゆだねることとなる。

和解であれ判決であれ，取締役に固有の責任を負わせることは，商法266条5項の総株主の同意を要しない[7]。同項では，「第1項の取締役の責任」と規定してあり，連帯責任とは規定していないので，取締役の固有の責任と読むのが自然である。

なお，不真正連帯債務，特に取締役の責任に関しては，民法445条（連帯債務者の一人が連帯の免除を受け，他の債務者の内に無資力者がいるとき，連帯の免除を受けた者が負担部分を超えて分担するならば，債権者がこれを負担する）は適用されないと考える。けだし，債権者の意思としては普通は外部関係に限って考えていること[8]，もし取締役が自己の負担部分を超えて負担するときには，特定の求償先が資力を有し，ここから回収することを予定しているものと考えられるからである。

(1) 我妻栄『新訂債権総論（民法講義）』（岩波書店，1965年）444頁。
(2) 高橋康之「不真正連帯債務概念の有用性」（ジュリスト別冊・民法の争点）56頁。
(3) 幾代通『不法行為』（現代法学全集20）228頁，近藤・前掲第3節注(1)。
(4) 我妻・前掲注(1)431，433頁。
(5) 東京地判昭和42年9月27日（判例タイムズ211号170頁）。
(6) 最判昭和41年11月18日（民集20巻9号1886頁）。
(7) 狛・前掲第1節注(6)97頁，原則としては反対であるが，例外を認めるもの。
(8) 我妻前掲注(1)441頁。

第6節 コーポレート・ガバナンス

1 コーポレート・ガバナンス論が盛んに議論されてきた。しかし，日本では現在まで，株主代表訴訟が最もコーポレート・ガバナンスに有効であったといえる。コーポレート・ガナバンスとは，次の2つの側面から分析できる。

(イ) 企業は誰のものか，企業は誰のために存在するのか，企業の生み出

す利益は誰に還元されるのか。
(ロ) 企業運営の適法性，適正性，効率性の確保は，どのように実現されるべきか，経営モニタリングをどのように行うか。

(イ)については，第1に株主，取締役，従業員（労働者），第2に取引債権者（銀行，消費者）であるが，第3には社会，公益に貢献する存在としての意義もある。

企業から利益を享受する主体とその社会的法的位置づけを説明するために次のような様々な概念が使用されている[1]。

① 株主主権論
株主総会を重視するもの
② ステークホルダー論
経営者，従業員，債権者などの利害関係者を重視するもの
③ 社会的責任論
④ 日本型経営システム論
市場，株主より，メインバンク，取引先，従業員との関係を重視する。
⑤ 社会経済学的視点
取引コスト論 (transaction cost)，契約の束 (nexus of contract)，エージェンシー理論 (agency theory)，社会学的視点（資本と労働の有機的結合）

以上のような概念を使用し，上記(ロ)の企業の経営の健全性確保，モニタリング機能を説明できるであろうか。

日本では，株主総会はほとんど機能してこなかったといわれている。小規模閉鎖会社では，同族がすべての株を所有しており，所有と経営は一体化している。公開会社では，金融・証券・保険会社が互いに株の持合いをしており，モニタリング機能は発揮されなかった。監査役，法務部門，会計監査人，顧問弁護士，労働組合等はいずれも企業に雇われている関係上，モニタリング機能は極めて弱かった。

外部の市場自体は企業の効率性を高めることは当然であるが（但し，従前は規制により効率性も確保されなかった），適正性を確保するとはいえない。このようにみてくると，日本では，株主代表訴訟のみが，企業の健全性確

保のために機能していると言って過言ではない。

2 それ故，株主代表訴訟の円滑かつ適正な運用が求められる。しかし，現状では，立証の容易な事件や人物を選択するため，刑事記録等を利用できる刑事事件となったもの（総会屋への賄賂提供，損失補填，罰金等）について，逮捕された中心人物とこれの直接的関与者を追求するパターンが多くなっている。いわゆる，一罰百戒，みせしめという悪しき刑事政策と同じ傾向がみられる。

それ故，コーポレート・ガバナンスの発展という観点からは，立証方法の強化，訴訟の充実化・促進化と共に，取締役各人の責任を明確化し，その責任割合に応じた損害賠償義務を負担させると共に，責任のある多くの取締役から広く支払義務を履行させて，損害の補填を充分にさせることが重要である。

このような本書の主張と共に，コーポレート・ガバナンスの面からはこれを支える制度的改善が必要である。次の3点の問題が将来の課題といえる。

(イ) 直接訴訟

米国では，株主代表訴訟よりも，株主が株主自身の損害を直接に回復するクラスアクションの直接訴訟が拡大してきた[2]。これに対して日本では，公開企業に対して弁護士（又は市民オンブズマン）が中心となり，社会的運動として，あるいは弁護士報酬を目的として株主代表訴訟を多く提起してきた。このような状況は永続的形態として，又は健全なものとして続くものであろうか。中小企業においては，少数株主自体が中心となり株主代表訴訟で勝訴する場合もあるが（日本サンライズ事件，ネオ・ダイキョー自動車学院事件，東京都観光汽船事件），これにより株主が短期的な直接利益を得るわけではない。それ故，株主が株主代表訴訟を提起するインセンティブは決して強いものではない。現在まで提起された株主代表訴訟もほんの氷山の一角にすぎず，全体の企業にとって健全性確保のためのシステムといえるか疑わしい。結論として，直接訴訟の拡大が望まれる（第6章第4節を参照されたい）。

(ロ) 外部者追求型株主代表訴訟

第2部　取締役の分割責任

　米国の株主代表訴訟においては，会社に対する第三者の責任を追及する株主代表訴訟が1885年以降，拡大していった(3)。日本では例外的に商法294条の2第4項で認められているにすぎない。

　第三者への株主代表訴訟はかつて，松田博士が株主債権説をもって主張した結論と同じとなるが，日本でも，取締役にのみ請求を集中させるのではなくて，より多くの加害者を被告とするべきである。

　現行法の枠内でこれを実行するには，まず社会に対して，第三者へ損害賠償請求を提起するように要求し，これを拒否すれば，拒否した(代表)取締役に対して訴訟不提訴に基づく損害賠償請求(株主代表訴訟)を行う。もし会社が第三者への損害賠償請求をしたならば，旧取締役への株主代表訴訟と併合させることにより審理を進める。

　これに対して，株主が監査法人等の第三者へ直接損害賠償請求を行うことは，民法上の不法行為に基づく請求ということになる。

(ハ)　多重的株主代表訴訟

　米国で認められている多重的代表訴訟又は二重代表訴訟(親会社株主が子会社取締役の責任を追求する代表訴訟)を日本でも許容するべきである。

　日本興業銀行の株主(原告)が同行の取締役及び監査役ら86名(死亡した取締役の相続人2名を含む)を相手取り，料亭の経営者に対する乱脈融資に関連する損失97億円余，日本債券信用銀行への奉加帳方式の出資による損失170億円などの賠償を求めていた株主代表訴訟で原告の訴えを却下する判決を言い渡した。すなわち「商法267条1項が株主代表訴訟を提起しうる者として『6月前ヨリ引続キ株式ヲ有スル株主』と規定しているのは，株主代表訴訟の原告適格を定めたものであり，右『株主』とは，文理上は被告である取締役が属する会社の株主であると解されるところ，この点につき株式移転によって原告が株主たる資格を喪失した場合に株主代表訴訟の当事者適格が維持される旨定めた特別の規定はなく，また，法律の文理に反して原告の当事者適格の維持を認めると解釈すべき特段の理由もない。したがって，原告らは，もはや『6月前ヨリ引続キ(興銀の)株式ヲ有スル株主』ではなく，本件株主代表訴訟の原告適格を喪失したと解される。」と判示した(4)。

　まことに，悪しき法実証主義以外の何ものでもなく，法の解釈，又は法

第 1 章　取締役の責任

の運用を全く理解していない。すなわち山田泰弘氏の説明する次のような米国の判例法の発展を参考にすべきである[5]。

① 代表訴訟制度は，それが認められなければ正義が機能不全となる場合には認められる。

② 初期の段階のアメリカ判例法は，この代表訴訟の精神に基づき，持株会社の自由な利用が違法行為の是正の障害となることを排除するという実質的な理由から，法人格を否認することにより多重的代表訴訟を認めた。

③ 後に，多重的代表訴訟制度が定着する段階において，多重的代表訴訟を親会社が有する子会社の代表訴訟提起権を親会社株主が派生的に利用する訴訟であるという理論構成に基づいて，親会社における支配関係の存在と，親会社および子会社に対する提訴請求とその不当拒絶を根拠に親会社株主の提訴権限を肯定した。

④ 20世紀初頭に，持株会社形態が，合併を代替するものとして発展し，連結会計も生成し，多重的代表訴訟を認めるべき結合企業観が導かれた。

以上によれば，日本でも，持ち株会社制度，連結会計制度が生成されているのであり，米国に遅れること約100年ということになるが，多重的代表訴訟を積極的に検討すべきである。上記判旨のような無内容な形式論はもはや許されない。

(1)　家近正直他『コーポレート・ガバナンス』（学際図書出版，1999年）5～10頁，吉田直『競争的コーポレート・ガバナンスと会社法』（中央経済社，2001年）。
(2)　黒沼悦郎『アメリカ訴訟取引法』(弘文堂，1999年)102頁以下。David L. Ratner, Securities Regulation, pp.251～290（6 th ed.1998　WEST GROUP）
(3)　山田泰弘『株主代表訴訟の法理』(信山社，2000年) 27頁。
(4)　資料版商事法務205号109～120頁。
(5)　山田・前掲注(3)282，283，304頁。

第2章　取締役間の分割化

第1節　割合的因果関係論

1　過失行為についての推定規定（商法266条1項）

判決において取締役の責任を決定するときに，266条1項の連帯責任と明文で規定されているものを，明文に反して当該取締役固有の責任としての分割責任と扱えるかが問題となる。現在までの民法学，裁判例に基づくと，割合的因果関係論（因果関係，共同不法行為），割合的責任論（過失，損害の金銭的評価）の2つの視点から損害額の減額・分割について検討することが妥当といえる。

商法266条1項は「その行為を為したる取締役は会社に対して連帯して，……賠償の責に任ず」と規定する。損害を発生させる原因行為の全部に関与した各取締役は，分割責任ではなく，全損害につき連帯して責任を負う。この意味では当然のことを規定する確認規定ということになる。

しかし，現実には取締役が原因行為全部に関与することはむしろ少ない。各取締役は損害発生の一部に関与することが多いといえる。取締役会の承認を得ていない不祥事も多く，この場合には，いつどのように関与したかを特定しなければならない。取締役の中でも「代表取締役—意思決定・執行・監督，業務担当取締役—実行・指示命令，平取締役—取締役会における決定・監視，非常勤取締役—監視機能」とその機能が一応区分され，一般的にはその関与の程度が類型化されている。さらに，原因行為と損害発生が長期にわたるときには，各取締役の一部への関与は明白となる。

このような場合には，民法の理論・判例で扱われている複数の者による不法行為を参考にして，商法266条1項の違法行為に基づく責任については，民法719条(共同不法行為)の規定を類推して，一種の共同不法行為に基づく責任であると解することが妥当といえる。民法719条1項は「数人が共同の不法行為に因りて他人に損害を加えたるときは各自連帯にて其の賠償の責に任す」（前段），「共同行為者中のいずれか其の損害を加えたるかを知ること能はさるときまた同じ」（後段）と規定する。これについて，内田貴

教授は，719条1項とはいずれも事実的因果関係のない損害について賠償責任を負わせるものと位置づけ，さらに次のように分類する[1]。

(イ) 加害行為一体型（前段）

　　複数の加害者が加害行為を行っているが，各人が別々の不法行為を行っているのではなく，全体として一つの加害行為がなされていると評価される場合，加害行為の一体性は，共謀があった場合に典型的であるが，それだけに限らず，社会通念上一体と評価される場合を含む。

(ロ) 加害者不明型（後段）

　　加害行為を行った複数の主体のうち，誰かが加害者であることは明らかだが，それが誰であるか分からないケース。

(ハ) 損害一体型（後段類推適用）

　　企業ＡＢＣが別々に有害な廃液を川に流し，その結果下流で農作物に被害が生じた場合のように，加害行為は別々になされているが，被害に一体性があって（どれが誰の加害行為の結果か分からない），個々の加害行為が損害との関係でどこまで事実的因果関係があるか分からないケース（全損害について因果関係があるかもしれず，一部についてのみかもしれず，ゼロかもしれない）

(ニ) 独立不法行為競合型（競合的不法行為）

　　独立の不法行為がたまたま競合したにすぎない場合，加害行為も別だし，損害も，加害行為と事実的因果関係のある損害を確定できる。

　上記の内(イ)については，損害の発生をめざして共謀した場合（共謀型），ある者の行為が他の者の行為とあいまって損害が発生すること，あるいは発生する危険性があることを認識しつつ，あえてその行為をする場合（認識容認型），及び教唆・幇助した場合（教唆・幇助型）である[2]。この場合には，部分的関与を証明しても全体についての責任から逃れられない。

　しかるに，(ロ)(ハ)(ニ)については，意思的関与が存在しない場合であり，社会観念上全体として1個の行為と評価しうる共同行為性があればよい，又は損害が同一であればよい[3]。この場合には，一応連帯責任が推定されるが，被告は自己の寄与度を立証して，割合的因果関係を立証すれば，上記推定は覆り，減責を求められる[4]。

　取締役の行為については，上記(イ)については損害の発生について故意の

場合，上記(ロ)(ハ)(ニ)の場合は，過失の場合と置き換えると分かりやすいといえる。なぜならば，西淀川大気汚染訴訟判決(5)，川崎大気汚染訴訟判決(6)などでは，719条1項前段については「強い関連共同性のある場合」又は「緊密な一体性のある場合」とし，同項後段については「弱い関連共同性のある場合」又は「加害行為の一部負担のある場合」としているが，商法266条1項の解釈基準として使用するには，あまりに漠然としている。より明確な基準となりうる，故意行為(主観的関連共同性の明確な場合)，過失行為(主観的関連性が明確でない場合)に区分することが妥当である(7)。

取締役の故意行為については，連帯責任を維持することが政策的にも，公平の観点からも妥当といえる。これに対して，過失行為については，266条1項の連帯とは，取締役の被告全員(各人)が全損害を発生させたとの推定をする「法律上の事実推定」を意味するものと解釈し，被告取締役が自己の固有の責任(分割責任)を立証して，これを明らかにすれば，判決でも分割責任と決定できるものと解する。

例えばA取締役とB取締役が在任中のときに発生した損害については，原因行為の一部に関与した場合，又はA，Bが取締役会に出席して議事録に異議を止めない場合には，事実的因果関係はあることになる(但し，閉鎖会社において，取締役会は開催されることなく，取締役会議事録のみを作成して，諸事項を登記することがある。このような場合には，事実的因果関係の不存在を理由に免責はされる)。

しかし，取締役の中には，社長・副社長・常務・平取締役などの地位・責任・担当が異なる者がいて，当該損害発生に対して，関与の度合いが大きく異なり，これを一律に扱うことは公平ではない。そこで過失行為については，行為が損害発生に与えた影響の程度(因果関係の割合)又は寄与度に応じた分割責任を認めるべきこととなる。

特に取締役の行為のうち，平取締役の監視義務違反は過失による不作為による義務違反といえる。それ故，(イ)に入れるのは妥当でない。つまり，例えば数名で傷害したときに，積極的に見張りをしたときは(イ)に該当するかもしれないが，傷害の計画に参加したものの，開始するのに気がつかず止める機会を失ったというのは(イ)に該当しない。すなわち，取締役の監視義務違反は上記3類型に無条件に入るものではなく，どちらかといえば(ハ)

に近いといえる。

　㈼㈸は，一項後段が適用されるが，これは推定規定とされているので，因果関係を推定するだけであり，被告の側より覆すことが可能となる。割合的因果関係を肯定すれば，寄与度減額を立証すればよい。また，上記推定は事実的因果関係についてなされるにすぎないから，上記推定の有無にかかわらず，さらに過失における寄与度減責，帰責性の原理による減額を認めてよいこととなる[8]。

　結論として，商法266条の連帯責任の明文については，過失行為については法律上の事実推定規定と位置付けることが可能である。すなわち，原告が被告取締役の行為への関与及び過失を主張し，表見証明又は一応の立証をすれば，全員が全損害発生への責任（連帯責任と同じ）があると推定される。しかし，被告が自己の固有の負担部分を主張立証し，これを明らかにすれば，分割責任が認められる。ちなみに，取締役の責任を部分連帯とすることも可能であるが，最も責任の重い取締役は，全額を負担し，その後極めて多数の他の取締役に求償せざるを得ず，公平性・迅速性の観点から妥当でない。仮に全行為に関与し事実的因果関係が存在するとしても，後記割合的責任論で分割化することが妥当である。

2　理　　由

その理由は概ね次のとおりである。

　㈩　公害訴訟，製造物責任訴訟，医療過誤訴訟等の被告は企業等が中心であり，相互に求償も可能である。これに対して，代表訴訟の被告は全員が取締役という個人であり，資産を有していない者も存在するので，求償が事実上不可能となり，他人の負担部分まで負う結果となることは公平に反する。

　㈺　連帯責任とは被害者救済を最大の目的としている。複数の被告のうち資力のない者がいる場合の危険を被害者には負担させないことである。しかし，株主代表訴訟では株主に賠償金が入るわけではないので，これを過度に強調する必要はない。むしろ，株主代表訴訟の損害補填機能より違法行為是正機能を重視すべきである。

　㈸　分割責任を進めている交通事故，公害等の分野は，被害者救済を目

的として加害者の加入する保険制度が充実している分野である。取締役の責任賠償保険の加入も近時促進されているので，同じように扱ってよいといえる。

　㈢　人体被害の被害者救済は安易に連帯責任の例外を拡大すべきでない。しかし，取締役の責任は財産損害の回復にすぎず，また投資家(株主)のリスク負担も考慮してよいはずであり，より例外を拡大してもよい。

　㈣　分割責任を採用するならば取締役被告のうち，自己の責任を低いと主張する者は，他の取締役の行為，特に責任の重い取締役の行為を明らかにする必要に迫られ，自ずと事案解明と訴訟促進が計られる。逆に，被告全員の連帯責任にするならば，結果の妥当性が計られないため，被告全員の抵抗が強くなったり，証拠が提出されなかったりするので，裁判所が判決しずらいので訴訟が遅延する。

　㈥　求償関係を生じないので，すべての関係者の中で紛争の一回的解決が計られる。

(1)　内田貴『民法Ⅱ　債権各論』(東京大学出版会，1998年) 491頁。
(2)　潮見佳男『不法行為法』(信山社，1999年) 418頁。
(3)　潮見・前掲注(2) 419〜420頁。
(4)　大塚直「原因競合における割合的責任論に関する基礎的考察—競合的不法行為を中心として—」星野英一先生古稀『日本民法学の形成と課題(下)』(有斐閣，1996年) 889頁。ドイツ民法のその旨の規定の導入ミスも含めて潮見・前掲(2) 419〜443頁。なお，因果関係そのものの推定をする米国の判決について志谷匡史『マーケットメカニズムと取締役の経営責任』(商事法務研究所，1995年) 31頁，153頁。
(5)　大阪地判平成3年3月29日 (判例時報1383号74頁)。
(6)　横浜地判平成6年1月25日 (判例時報1481号93頁)。
(7)　民法719条1項は各人の行為と全体の損害の因果関係が不明なときの救済規定であり，一部の因果関係の確定を前提としている。その上で，同条の前段と後段を分けるのに故意と過失の区分を用いる方法は，因果関係の認定を飛ばしていきなり故意・過失の認定をするわけではない。但し，因果関係と過失の認定がほとんど重なってしまう点について，水野謙『因果関係概念の意義と限界—不法行為帰責論の再構成のために』(有斐閣，2000年) 336頁。特に過失の客観化，行為義務化との関係について，潮見佳男『民事過失の帰責構造』(信山社，1995年) 102〜106頁。
(8)　寄与度概念の不透明性，因果関係と過失にまたがる点について，能見善久「共同不法行為責任の基礎的考察(8)」(法学協会雑誌102巻12号，1985年) 20頁以下，窪田充見『過失相殺の法理』(有斐閣，1998年) 122頁以下。

第2節　割合的責任論（賠償範囲論）

1　過失の程度に基づく分割化

(イ)　平井宜雄教授は，通説の相当因果関係論を批判し，この概念に変えて，事実的因果関係・保護範囲・損害の金銭的評価という3つの概念を中核とした理論をたてられ，「過失不法行為の賠償範囲の決定基準は，過失の存否を判断する基準である行為義務（損害回避義務とその前提をなす予見可能性に裏付けられた予見義務）の及ぶ範囲（これを行為義務の及ぶ射程距離という意味で"義務射程"と呼ぶ。アメリカ不法行為における scope duty の概念がほぼこれに対応する）によって定められると解すべきである。」と言われた[1]。筆者も上記説を正当と考えるが，特に取締役の責任を考察するには妥当といえる。なぜならば，取締役の過失行為については，とりあえず，広く事実的因果関係をとらえることが可能となる。これにより，関与した取締役全員を容易にとらえて，過失の程度の審理に入ることができ，効率化できる。

上記説によると，過失とは，作為・不作為についての行為義務の存否という規範的判断の問題であるとする。過失とは行為義務に反する行為が存在することにつき。特に取締役の中で，代表取締役と，監視義務しか有しない平取締役ではその義務射程は明確に異なってくる。このような考え方に立つと，取締役責任の分割化の中核は過失の程度ということになる。また取締役の責任を連帯責任にした場合の内部の求償関係は，過失の割合により決定されているので，責任の分割化の場合には，これを中心に判断されるのは当然といえる。

内田貴教授も，上記平井説に従いつつ，保護範囲に入るとされる損害についても「加害者の帰責性」の程度に応じてこれを減ずる要素がある場合には，賠償額を縮減しうるとし，「過失相殺の法理が実は深いところでより大きな法原理に連なっていて，その原理が援用されている」という[2]。以下，過去の判例等を引用して，取締役の任務懈怠に対する会社側の過失及び被用者への求償権の信義則による制限等を責任分割化の根拠として論ずる。

(ロ)　株主代表訴訟においては，商法266条1項5号の法令又は定款に違

反する行為のうち，善管注意義務違反又は忠実義務違反が問題となる。この場合には，過失責任といわれている（本書では全員が故意ではなく過失として想定する）。取締役について，自己の固有の損害責任を配分するには，その過失の程度に応じて決定することが妥当である。換言すれば，損害発生の結果回避についての不注意の程度の強弱によるといえる。直接関与した場合，原因行為の担当であった場合，監督する地位にあった場合等には責任は重くなり，間接に関与した場合，取締役会で署名のみをした場合，取締役会で反対の意見を述べたが議事録に異議を止めなかった場合等には責任は軽くなる。

　会社が取締役に対して，任務懈怠を理由として，商法266条1項5号違反に基づき損害賠償請求をするとき，取締役は会社に対して過失相殺を主張できると考えられる。すなわち取締役は自分以外の会社側の過失をとり上げ，過失相殺により損害額を減少させることができる。判例(3)では，会社が元の代表取締役に対して，従業員への退職金過払の責任を追求した事案において，過失相殺の法理の類推により，損害額の4割を減じたものがある。会社の過失としては，被告取締役を補佐すべき職員の職務懈怠，他の取締役の責任等をとり上げ，これらを会社の組織上の欠陥と指摘している。このような考え方によれば，他の取締役及び従業員等のすべての責任と過失相殺できることとなる。その結果賠償請求される取締役固有の分割された負担部分のみが認められる。

　㈥　上記の法理を別の角度から補強する考え方もある。すなわち，会社の被用者が第三者に損害を与え，会社が第三者に対して使用者責任により賠償金を支払ったときに，会社が被用者に求償する場合には，その請求額は信義則上減額されるというのが判例の立場である。上記信義則による減額の意味について多数の学説があるが，過失相殺説も有力といえる(4)。使用者の事情として企業施設の不充分，規律の乱れ，指揮監督の方法，労働条件等のあらゆるものを考慮して，公平な分担を決めるものである。この法理においては，被用者が取締役の場合であっても同じであると解されている(5)。上記の場合も求償請求される被用者又は取締役の責任以外に会社の過失（他の取締役や従業員の過失）を考慮するわけである。

　上記過失相殺を肯定する意見として，法人の内部の機関に請求するとき，

法人の母体（ボディ）自体の体質，つまり債権者側の事情を考慮すべきであるというものがある[6]。これに対して，否定する意見として，取締役は連帯責任を負うのであり，他の取締役の過失と相殺してしまっては，この連帯責任の制度を完全に崩すものであるとの有力説がある[7]。筆者としては，商法266条の連帯責任の制度をぎりぎりまで限定解釈することによりこの問題を解決すべきと考える。すなわち，会社と取締役との間の和解においては，連帯の免除をして取締役の固有の責任，分割責任のみを負わせることが現実的であり，これについては総株主の同意を要しない。このときには，他の取締役や従業員の過失をすべて考慮してその責任が決められる。これに対して，取締役が和解に応じないときは，取締役は訴訟において被告とされることとなる。被告とされた取締役は，被告全員の分については，連帯責任（推定規定）を負うこととなる。商法266条の連帯責任とは，和解を拒否した取締役に対する裁判規範としての意味を有し，一種の制裁規定と考えることができる。しかし，その場合でも被告とされた取締役は，被告とされない取締役の過失を主張できる。上記の解釈でも訴訟に至るまで責任を拒否してきた取締役について，被告間に不真正連帯責任を負わせるという意義は残るといえる（連帯責任の推定を崩せば分割責任となる）。

　(二)　取締役の過失を会社の過失ととらえる別の判例も存する[8]。会社の経理部長が横領等により会社に損害を与えた件につき，会社が任意監査を依頼し，これを受任していた外部の監査法人が重大な不正行為を看過ごした任務懈怠があったものとして，監査法人に対して債務不履行を理由として損害賠償責任を負わせる判示がされた。この際，会社の取締役は不正行為の防止について，監督上大きな過失があったものとされ，その過失は会社自身の過失とみて，会社の請求に対して過失相殺により損害額から8割が減額された。これは監査法人の分割責任，固有の責任を認めたことに等しい。すなわち，会社が仮に取締役と監査法人の双方の責任を同時に請求したときには，不真正連帯債務とはならず，8割と2割の分割責任となるからである。会社が取締役にのみ責任を追求するときには，取締役は損害額から監査法人に対する債権を控除すべきことを主張できる。対第三者債権控除方式を裏づけるものとなる。これに対し，商法特例法11条における会計監査人と取締役との連帯責任の規定が例外的創設規定であることも明

らかとなったといえる。

　また会社が取締役の責任を追及した事案において，会社は，元代表取締役が在任中，取締役会の設定した資金運用限度額を超える無謀な株式投資を行ったことから被った損害の一部である15億余円の損害の賠償を求めたところ，判決は，本件の株式取引が取締役会の設定した資金運用限度額を大幅に上回るほか，信用取引やオプション取引といった危険性の高い取引，さらには仕手戦参画とされるものを含んでおり取締役としての忠実義務ないし善管注意義務に違反するのは明らかであるが，本件取引による損害発生については，他の取締役の監視義務違反も関係しており，他の取締役の責任を不問に付したまま元代表取締役のみの責任を追求することは損害の公平な分担という観点から相当でないとし，その他元代表取締役の功労なども考慮して，過失相殺，損益相殺の見地から，損害の4割を減額した[9]。

　さらに，X会社との実質的支配者Aが代表取締役Yを指揮監督してきたところ，Yが取引先にX振出名義の融通手形を出し，これを自らの負担で決済せざるをえなくなり損害を受けた事案で，XがYへ損害賠償したところ，裁判所は「取締役の善管注意義務は，株主が取締役に対して会社の経営を委ね，会社の所有と経営が分離されている法制の下で，……取締役が会社との間で委任関係に立っていることに由来するものであるから，取締役に善管注意義務違反が認められる場合であっても，それによる損害につき会社にも応分の負担をさせることを相当とする事由が存在するときは，民法418条が規定する過失相殺の法理の類推により，損害賠償額の算定に当たって右事由を斟酌するのが相当である。本件において，Xの実質的な支配者であり，Yの職務の執行を実質的に指揮監督し得る立場にあったAに関する前記のような諸事情は，本件損害につき，Xにも応分の負担をさせることを相当とする事由に当たるというべきである。」とした[10]。

　㊄　河合伸一最高裁判事は，「取締役の行為が商法266条1項5号に該当するものではあるが，それは会社の歴代の経営者がしてきたことを継承するものであるとか，会社の組織や管理体制に牢固たる欠陥があるなど，いわば会社の体質にも起因するところがある場合には，損害賠償制度の根本理念である公平の原則，あるいは債権法を支配する信義則に照らし，過失相殺の規定を類推適用することが許されてよい」とし，かつ，損益相殺も

許容する[11]。

2　損害の金銭的評価（民訴法192条）

上記のように割合的因果関係及び過失責任に基づく，取締役の責任の分割化がなされると，全損害について，概ね各取締役の負担の割合がどの程度かを決めることが可能となる。しかし，各取締役の行為について厳格な金銭評価はなしえるのかが問題となる。代表権の有無，監視義務違反の程度などの類型化を設けるとしても相当に困難な面がある。

結局厳密な金銭的評価は不可能であるとしても，損害額の裁量的認定を許す民訴法192条の適用により決定しうるといえる。平井教授は，上記192条の制定前から，損害の金銭的評価は，事実の確定でもなく，規範的判断でもなく，裁判官の創造的・裁量的判断であるとされていた。立証責任の観点は容れる余地がない，又は，損害額の証明度は軽減されるべきであるという[12]。このような考え方によれば取締役の責任の分割化に基づく損害の算定が一見厳格なものではなくとも，問題はないのである。

(1) 平井宜雄『債権各論Ⅱ　不法行為』（弘文堂，1994年）123頁，平井宜雄『損害賠償法の理論』（東京大学出版会，1973年）。
(2) 内田貴『民法Ⅱ　債権各論』（東京大学出版会，1998年）413頁。
(3) 東京地判平成2年9月28日（判例時報1386号）。
(4) 島田禮介『最判解説昭和51年度』272頁。
(5) 小野剛「法人役員の不法行為責任」（裁判実務大系16巻）622頁。
(6) 河本一郎ほか「【座談会】取締役の責任」（民商法雑誌109巻6号，河合伸一発言）979頁。
(7) 近藤光男「取締役の会社に対する責任と過失相殺の法理の類推適用の有無」（私法判例リマークス1992(下)）118頁。
(8) 東京地判平成3年3月19日（判例時報1381号116頁），龍田節「有限会社の任意監査人の責任」（商事法務1249号）53頁。
(9) 福岡地判平成8年1月30日（判例タイムズ944号247頁以下），山下友信「取締役の会社に対する責任と過失相殺の法理の類推適用」（ジュリスト1145号）107頁以下，齋藤真紀「取締役の責任と過失相殺の法理の類推適用」（商事法務1571号）32頁以下。
(10) 吉川吉樹「取締役の会社に対する責任における過失相殺の法理の類推適用」（ジュリスト1210号，2001年）211頁。森光雄「取締役の会社に対する責任と過失相殺の類推適用」（法学新報107号11-12，2001年）563頁。
(11) 最判平成12年7月7日（金融・商事判例1096号8頁）。
(12) 平井・前掲注(1)『債権各論Ⅱ』129頁以下。

第2部 取締役の分割責任

第3節 判例の検討

1 日本航空電子工業株主代表訴訟

(イ) 事案の概要

会社がココム規制品を関税法・外為法に違反し，イランに向けて不法輸出した。

　a取引は昭和59年3月から昭和61年9月まで行われ，これについては平成4年3月に米国で罰金を課せられた。b取引は昭和61年1月から平成元年4月まで行われ，平成4年4月に日本で罰金を課せられた。

　Y_3は従業員としてこの2つの違法取引を実行し，昭和61年6月に取締役に就任した。Y_2は昭和60年6月に常務となったが，b取引を昭和61年12月から知った。Y_1は昭和61年副社長として入社し，昭和62年6月に社長となったが，昭和62年9月にb取引の存在を知った。

　Y_1らはb取引について，早期に取引を完了するように指示した（以上につき図のとおりだが，二重線はY_1らが知っている状況を示す）。

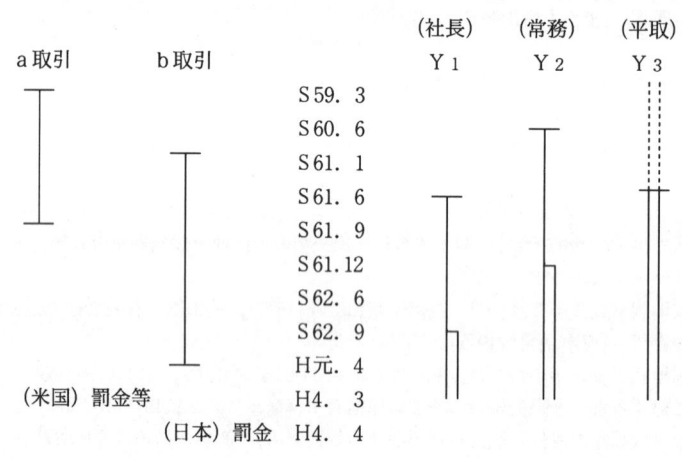

```
                                    （社長） （常務） （平取）
         a取引    b取引              Y₁     Y₂     Y₃
                           S 59. 3
          |                S 60. 6           |
          |        |       S 61. 1           |
          |        |       S 61. 6           |      |
          |        |       S 61. 9           |      |
          |        |       S 61.12           |      |
          |        |       S 62. 6    |      |      |
          |        |       S 62. 9    |      |      |
                   |       H元. 4    |      |      |
       (米国)罰金等  |       H 4. 3    |      |      |
                (日本)罰金  H 4. 4
```

(ロ) 判決要旨

　原告株主はY_1（社長），Y_2（専務），Y_3（取締役）に下記損害を請求した結果，下記のとおりの損害額が容認された。

① 日本における罰金（b取引）

　Y₁，Y₂，Y₃　500万円全額の連帯債務

② 米国における罰金・制裁金（a取引）

　Y₃　9億9,212万円（24億8,030万円の4割）

③ 売上高の減少に伴う利益の喪失

　因果関係が不明として否定

④ 棚卸資産の廃棄損失等

　㋐　Y₃　1億8,200万円

　　　Y₁，Y₂　3,640万円（2割）（三者連帯債務）

　㋑　Y₃　2億5,040万円（6億2,600万円の4割）

上記のように，Y₁Y₂に比較してY₃に過大な責任を負わせた結果については批判が強い(2)。

㈢　Y₁Y₂の責任

　Y₁，Y₂がa取引については終了後に，b取引については終了前にこれを知ったという理由で判決は，①の責任を認めるが，②の責任を否定した。

　しかし，Y₁，Y₂には違法なa，b取引の早期発見義務があったのであり，またb取引認識後の早期終結義務があり，これを懈怠した過失があったのである。Y₁，Y₂が重要な地位にあり関与を否定できない以上，行為と損害との間の因果関係も肯定しうるので，Y₁，Y₂の責任を肯定した上で過失と損害額については①も含め寄与率を低くみるべきであった。

　それ故，Y₁，Y₂の③④に対する責任も同じ結果となる。

㈣　Y₃の責任の減額理由

　Y₃はY₁と同じ時期に取締役に就任しているが，その前に長期にわたり従業員として，この違法行為に深く関与してきた。その事実をもってY₃は違法行為と損害の発生について，故意といえるだろうか。

　従業員として上司の指示に従い，同僚と共に継続してきた行為，また一種の特殊行政法規違反について，典型的な故意行為とみることは妥当ではない。

　Y₁，Y₂と同様に，Y₃が取締役になったときの早期終結義務の懈怠ととらえれば，過失行為といえる。

2 大和銀行株主代表訴訟

(イ) 事案の概要

大和銀行NY支店において行員1名（井口俊英）が昭和59年から平成7年までの間，無断かつ簿外で米国財務省証券の取引（無断取引）を行い，下記の①②の損害を与えたとのことで，49名の取締役（発覚当時平成7年の重要役員は下記Y_1〜Y_7である）が被告とされた。このうち，上記行員を監督した取締役たるNY支店長は，Y_2，Y_6，Y_8であった。原告は，上記無断取引から生じた約11億ドルの損害を請求すると共に，井口が米国の法令に違反し，罰金を課せられたことを防止し得なかった義務違反を追求して代表訴訟を提起した[3]。

Y_1　頭取

Y_2，Y_3　副頭取

Y_4　会長（前頭取）

Y_5　総務人事担当取締役

Y_6　国際部長兼取締役（元NY支店長）

Y_7　企画部経理証券担当取締役

(ロ) 判例要旨

下記のとおり，11名の賠償義務が認められた。

① 無断取引（損害約11億ドル）

Y_2　5億3,000万ドル（NY支店長就任時の損害5億7,000万ドルを控除した分）

② 罰金（3億4,000万ドル）・弁護士報酬（1,000万ドル）

下記について（部分）連帯債務としている。

Y_2	7割	2億4,500万ドル
Y_6	〃	〃
Y_8	4割5分	1億5,750万ドル
Y_1	3割	1億500万ドル
Y_3	〃	〃
Y_4	〃	〃
Y_7	〃	〃
Y_8	〃	〃

Y$_9$	2割	7,000万ドル
Y$_{10}$	〃	〃
Y$_{27}$	〃	〃

(ハ) 無断取引についての責任

無断取引についてY$_2$は業務担当取締役として責任が最も重いが，Y$_6$，Y$_8$にも責任はあるはずであるので，Y$_2$のみの責任を認めることは，正当ではない。また，内部統制システムの構築義務を懈怠した過失は，多数の取締役の義務違反の複合の結果である。監視義務違反を含めればほとんどの被告は原因行為の一部を構成し，損害との間に事実的因果関係は存在する。ましてや，②の損害は，①を原因として発生したものであり，②の責任を認められた10名の被告に①の責任がないとはいえない[4]。

(ニ) 罰金・制裁金損害についての11名の連帯責任

判決では，寄与度に応じた因果関係の割合的認定を行うとした。上記11名のみが特別に選別されること，その金額が高額すぎることは不当である。すなわち，上記11名以外の多くの被告（及び被告となっていない取締役）と損害との事実的因果関係を肯定した上で，各被告の過失に基づく分割責任とするべきである。

3 ネオ・ダイキョー自動車学院株主代表訴訟

(イ) 事案の概要

株式会社ネオ・ダイキョー自動車学院が，同社の代表取締役Y$_1$又は取締役Y$_2$（Y$_1$の親族を含む常勤取締役），Y$_3$（非常勤取締役）に対し，Y$_1$が，同社とその親会社株式会社ネオ・ディの双方を代表して，同社がネオ・ディから，ネオ・ディ所有の建物及びその敷地を時価より不当に高額で購入したことが，取締役の利益相反行為（商法266条1項4号）及び法令・定款違反行為（同項5号）に該当し，同社に損害を及ぼしたとして，商法266条1項4号及び5号に基づき，会社のため損害賠償を求めた[5]。

(ロ) 判決要旨

一審では，Y$_1$Y$_2$（商法266条1項4号，5号）Y$_3$（同5号監視義務違反）に1億9,000万円の連帯賠償義務を認めた。二審ではY$_3$への容認判決を取り消した[6]。

最高裁は，4号について，無過失責任説を初めて明らかにし，かつ4号と5号の責任の存在も認めた[7]。

(ハ) 非常勤取締役（Y_3）の責任

Y_3は終始中立に行動していたとする一審の事実認定によれば，責任を認めるとすれば寄与度は低いのであり，低額の分割責任とすべきであった。二審では「仮にY_3に監視義務違反があるとしても，右義務違反と自動車学院の損害との間に相当因果関係はないと言うことができる。」と言うが，事実的因果関係はあるが過失なし又は監視義務違反なしと言うべきである。若干の過失があれば，過失割合に応じた賠償義務を認めるのが順当といえる。

4 東京都観光汽船株主代表訴訟

(イ) 事案の概要

東京都観光汽船株式会社（A）とケイアンドモリタニ（B）の間には資本関係はなかったが，Y_1は両者の代表取締役を兼任し，その他の主要株主も共通であった。

AはBのために，運転資金の無担保貸付けや連帯保証を繰り返し行った。しかし，Bは破産宣告を受け，Aは約3億円以上の損失を蒙った。原告は，Y_1及び後任代表取締役Y_2に対して，Bに対する融資・債務保証及び同社の経費の負担，Bの債権者への訴訟上の和解に基づく和解金の支払等が取締役の忠実義務に違反しているとし，他の取締役Y_3〜Y_5は監視義務違反があると代表訴訟を提起した[8]。

(ロ) 判決要旨

一審から最高裁まで，主として，Y_1の善管注意義務違反，忠実義務違反，Y_2〜Y_5の取締役としての監視義務違反により，連帯して，約1億数千万円の損害賠償を認めた[9]。

(ハ) 監視義務違反

代表取締役Y_1の義務違反と比較して，Y_2〜Y_5の監視義務違反は責任が低いはずであるから，Y_2〜Y_5については，部分連帯か，分割責任にするべきであった。しかし，Y_2〜Y_5がその主張をしたか否かは判決からは不明である。

5　蛇の目ミシン株主代表訴訟
(イ)　事案の概要

蛇の目ミシン工業株式会社は設立まもなく取引停止処分を受けたことから，埼玉銀行の支援により再建されたため，同行から蛇の目へ役員が派遣され，同行は蛇の目の約3割の株式を保有する大株主であった。昭和63年から平成3年まで蛇の目の社長・会長をつとめた被告森田は，埼玉銀行の元副頭取であった。提訴時被告であった小谷光浩は破産宣告をうけたため，被告は破産管財人に変更された。小谷は仕手グループ「光進」らを主催し，昭和61年から蛇の目ミシン工業株式会社の株式の買占めを行った。小谷は，当時取引のあった飛鳥建設の経理部長安田に依頼し，飛鳥建設は蛇の目株3,100万株を購入し益出しつつ，光進に自ら買取り資金を融資してこれを約450億円で売却した。被告安田は株式会社ナナトミの代表取締役を兼務していたところ，昭和61年，飛鳥建設を退社し，高級リゾートクラブ「ナナトミ」を発足させ，蛇の目株を大量に買い占めることとなった。小谷は昭和62年に蛇の目を脅かして取締役となり，被告安田は，平成元年以降専務・副社長となった。

原告らの請求は，①小谷による300億円の恐喝被害，②光進のミヒロファイナンス（地産グループのノンバンクで，買占め資金の借入先）に対する債務の肩代わりによる340億円の損害，③東亜ファイナンス（埼玉銀行のノンバンクで，多額の資金を光進グループに提供）対する担保提供による250億円の損害，④ジェー・シー・エル（蛇の目関連会社）が小谷の債務を肩代わりしたことに伴う日本リースに対する担保提供による235億円の損害，の総額1,125億円について，それぞれの被告の責任の限度で連帯して賠償するよう請求した[(10)]。

(ロ)　判決要旨

小谷光浩は蛇の目の株式を大量に買い占め，取締役に就任しながら，買い占めた大量の蛇の目株を暴力団に売却する等と激しく脅迫し，大株主としての地位を利用して自己の利益を図り，自らの債務を蛇の目ミシン工業の関連会社などに肩代わりさせるなどの目的のために，蛇の目ミシンまたはその関連会社に債務保証ないし担保提供をさせた。

これにより，蛇の目ミシンに対し，合計939億円の損害を与えたと認められる。小谷以外の取締役の責任については，大株主としての権利を利用して会社の経営に混乱を生じさせると脅迫し，その威力を背景に会社の損害の下に自己の利益を図ろうとした小谷の不当な要求に対し，蛇の目ミシンが企業として存立していくためのやむを得ない選択として要求に応じたと評価するのが相当である。小谷の要求は企業の存立基盤を脅かしつつ執拗に繰り返された悪質なものであり，これに直面した被告ら取締役について，その当時おかれていた状況の下で，通常の企業経営者として，本件の解決方法以外のより適切な方法を選択すべきことを法的な注意義務として要求することができたとまではいえないと考えられるからである[11]。

(ハ) 小谷以外の取締役の責任

被告安田については，株の買占めについて共犯というべき者で，損害の発生の予測もできたし，結果の回避措置もとりえたので，その過失は大きい。

またその他の取締役も埼玉銀行をバックとしており，株の買占め後に高値で買取りを要求されるいわゆる「グリーンメイル」に対処するには，司法当局，又は警察の協力の下に充分撃退できる（過失なしとは言えないはずである）。「むしろ大きな脅迫であればあるほど，屈してもやむを得ないとも受け取れる。小谷被告以外の取締役にも，わずかな額でも賠償責任を認めるべきだった。」との意見もある[12]。

上記判決では，「事後的にみて他のより適切な対応方法が可能であったと推測することができる」とまで言っている以上，取締役の過失について，より詳細に分析評価すべきであった。判決中の第二「事案の概要」，第三「裁判所の認定した事案」は，極めて詳細であるのに対して，第四「裁判所の判断」，特に，小谷以外の被告の責任については，ほとんど理由のない結論のみである。小谷以外の取締役についての分割責任について，双方当事者からの主張・立証責任について詳細に考察する資料が少なく，検討する義務はないと考えているのであろうか。

しかし，原告がすべての損害について連帯責任をもとめているのに対して，一部の損害について分割責任とすることは，処分権主義・弁論主義に反するわけではなく，資料が乏しければ適宜釈明権を行使して審理を充実

させるのが裁判所の責務といえる。

6　結　　論
　上記の判決及び審理には，共通した大きな欠陥が存する。
　㈠　巨額な損害額を減額するのに，一見すると，寄与度に基づく割合的因果関係論を用いて合理性をもたせようとしているが，結果としては，少人数の被告に過大な損害額を集中させてしまっている。結果の妥当性については各方面から批判されている[(3)]。
　㈡　因果関係の認定について
　判決は被告の損害発生に対する関与について，その原因行為に直接関与したあるいは認識していたとの表現で故意的行為を判定するのと同じ手法を用いている。しかし取締役就任時に今後損害を発生させる意思をもつ行為は故意だが，損害発生を防止すべき義務を怠ったのであれば，過失である。また，日本航空電子工業事件，大和銀行事件のような例では，原則として取締役の過失行為と認定することが妥当であり，在任中は，基本的には民法のいわゆる事実的因果関係があるものとし，例外的に行為と損害との関係がないこと，又は事実的因果関係における寄与度を明らかにして分割責任とすることは被告の立証責任（但し，証拠提出責任を指す。第4部参照）とするべきである。寄与度は被告とされない取締役全部をも対象として評価すれば，相当に減額できる。
　さらに，過失の程度による減額も可能とする。
　㈢　分割責任の主張
　被告側は，全員が協力して責任を全面否定すると，少なくとも一審では，被告側からは部分連帯や分割責任の主張・立証はでてこなくなる（日本サンライズ一審，その他）。その結果，監視義務違反にすぎない軽い責任の取締役にも巨額の賠償判決が下ることになる。裁判所としては，事実的因果関係についての審理が熟したときには心証を開示し（又はその以前でも），各被告の責任の程度を主張・立証させるよう訴訟指揮すべきであり，これを怠れば釈明義務違反となることもあり得る。

(1)　東京地判平成8年6月20日（判例時報1572号27頁）。
(2)　上村達男「日本航空電子工業代表訴訟判決の法的検討(上)(下)」（商事法務1433，1434

号），川村正幸「株主代表訴訟において関税法・外為法違反行為につき取締役の善管注意義務・忠実義務違反が認められた事例—日本航空電子工業株主代表訴訟第一審判決」（金融・商事判例1010号）42頁以下。
(3)　大阪地判平成12年9月20日（商事法務1573号4頁以下）。Y_1〜Y_{27}の引用は岩原紳作「大和銀行代表訴訟事件一審判決と代表訴訟制度改正問題(上)(下)」（商事法務1576，1577号）。
(4)　同趣旨の意見として前掲注(1)1577号9頁。逆に判決が被告に厳しすぎるとの意見として，中村直人「大和銀行事件判決と代表訴訟制度の在り方」（ジュリスト1191号）16頁以下。
(5)　神戸地判平成7年11月17日（金融・商事判例1106号15頁）。
(6)　大阪高判平成10年1月20日（金融・商事判例1106号9頁）。
(7)　最判平成12年10月20日（金融・商事判例1106号3頁）。
(8)　名古屋地判平成12年2月18日。
(9)　名古屋高判平成12年4月4日，最判平成12年9月28日（金融・商事判例1105号16頁）。
(10)　資料版商事法務205号124頁。
(11)　前掲注(1)159頁。
(12)　上村達夫「株主代表訴訟」（朝日新聞平成13年3月30日朝刊）。
(13)　上村達男「公開株式会社法の構想について(下)」（商事法務1559号）22頁。

第3章　取締役と第三者との間の責任の分割化

第1節　対第三者債権控除説

　商法266条の解釈において，「会社が蒙った損害」とは，会社が取締役以外の第三者への財産的請求権を有する場合には，これを金銭評価して回収できる債権を有するものと考え，不足分のみを会社の損害とみなす（対第三者債権控除説）が妥当であるか検討を加える。

　複数の取締役全員にとっては不真性連帯債務を負うことになるが，会社や株主が訴訟や和解で連帯の免除をすることは可能である。商法266条5項の総株主の同意を要する取締役の責任の免除とは，連帯の免除を含まない。取締役が分割責任として自己の固有部分について全額を負担する場合には，上記5項の適用はない。

野村証券損失補填代表訴訟事件⑴に適用することによりこの本質にせまることができる。

　証券取引法の権威である上村教授は，上記事件の第一審判決前の論文⑵において，損失保証や損失補償が国民経済の破滅にまで及びかねない市場阻害行為であり，強度の反公益性をもっていると批判した上で，証券会社は補填先の企業に対して補填した金銭，その他の有価証券等につき，補填先企業に対して返還請求をなすべきであり，これを懈怠した場合には，やはり取締役の責任が問題となると結論づけられた。正に上記事件につき正鵠を射る見解といわねばならない。

　これに筆者の見解を合わせると野村証券は補填先の東京放送に対して債権を有するのであり，そうであれば，この債権額については商法266条の会社の損害から控除されることとなる。但し，全額が控除されるのではなく，補填先の東京放送からすれば，野村証券に対して不法行為に基づく損害賠償請求権（損失保証・利回り保証の違法勧誘行為等）等を有しており，野村証券の返還請求権と相殺できるが，逆に，東京放送の投資に関する過失も存在する。仮にこの過失が損害賠償の半分と評価されれば，結論としては，野村証券の返還請求権は半額だけ認められる。野村証券にとって返還請求を認められない半額すなわち違法な営業に基づく既払の賠償金とは，取締役の違法な営業活動に起因なものとして，会社の損害となり取締役の負担となるべきものである

⑴　東京地判平成5年9月16日（判例タイムズ827号39頁），東京高判平成7年9月26日（資料版商事法務139号）。
⑵　上村達男「損失保証・損失補填の法律問題」（商事法務1257号）9頁。

第2節　商法266条の全体構造

前記のような解釈は，商法266条の全体構造の解釈からも裏付けられる。商法266条1項においては，取締役の責任原因と負担すべき賠償額が下記のとおり規定されている。
　　1号　違法配当（違法配当額）
　　2号　株主の権利行使に関する利益供与（供与利益額）

85

3号　取締役への貸付（未弁済額）
4号　利益相反取引（会社の蒙りたる損害額）
5号　法令定款違反（会社の蒙りたる損害額）

取締役の賠償責任又は弁償責任の額に関する表現が上記のとおり4種類あることに注目しなければならない。1号，2号，3号にあっては，いずれも「会社の蒙りたる損害額」とはなっていない。これらは，下記のとおりいづれも会社自身が金銭受領者に対して明確な返還請求権を有している場合である。

1号　違法配当は無効であり，会社は株主に対して違法配当額を返還請求しうる。

2号　会社は，供与された利益を受領者に返還請求しうる（商法294条の2第3項）。

3号　会社が取締役に金銭を貸し付けたときには，弁済期がくれば当然にその取締役に対して返還請求権を有する。但し，金銭貸付は会社に及ぼす危険性が高いので，取締役会の承認（商法265条）の有無を問わず，弁済期における未弁済額についての賠償責任を取締役に課している。

上記1号，2号，3号にあっては，下記のとおりの意味を有する。

会社は前記金銭受領者及び責任のある取締役に対して不真正連帯責任を追求しうるとされているが，本来は第一次責任者は金銭受領者であり，取締役は第二次責任者にすぎない[1]。すなわち，会社は原則として金銭受領者に対して返還請求権を行使すべきであり，これを懈怠すること自体，取締役の責任を生じる。

また，責任ある取締役は，会社に弁済または賠償した場合には原則として，全額について金銭受領者に求償できる（例外として商法266条の2，悪意の株主への求償のみ認める）。このように，本来取締役の責任は固有の責任というより立替払いをする者，又は第一次責任者に資産のない場合の補充的責任にすぎない。しかし，法により特別に会社の返還請求の行使の有無や第一次責任者の資力の有無と無関係に責任を発生させたといえる。確認規定ではなく創設規定である。

違法配当額（1号），供与利益額（2号），未弁済額（3号）はいずれも会

社が返還請求できる明確な最低額を規定したにすぎないといえる。つまり，1号，2号においては，自動的に法令違反があり，3号において，取締役会の承認がなければ同じく法令違反となる。そのような場合に，上記の規定額以上の損害が発生した場合には，5号の法令定款違反による取締役の賠償責任が発生する。

上記の場合には，法令定款違反（5号）についての「会社の蒙りたる損害」とは，会社の表面上の全損害から違法配当額（1号），供与利益額（2号），未弁済額（3号）を控除した金額となる。換言すれば，会社の有する違法配当請求権，供与利益返還請求権，未弁済額請求権等の債権額は，1号乃至3号においては特別に創設的に取締役の無条件の責任額とされたが，5号の解釈にあたっては損害額に入らないこととなる。すなわち，1号，2号，3号においては，会社の損害と規定せず，会社の返還請求権を意味する表現となっているのも以上の趣旨による。結論としては，商法266条1項においては，5号が一般条項であり，1，2，3号はこれの例外たる創設規定となる。すなわち，本来，取締役は法令違反の場合には5号において，会社が第三者に返還請求権を有する場合には，その債権額についての責任を負う必要がないが，1号乃至3号にあっては特に定型的な危険な行為に限り，取締役に特別に重い責任を課したものと解する。旧法の規定が5号類似のものであり，これに1号乃至3号が追加されたことからも特別の責任規定であることが裏付けられる。

さらに4号（利益相反取引）について検討する。3号においては，取締役会の承認の有無にかかわらず，取締役は未弁済額について責任を負う。4号においては，取締役会の承認を得たにもかかわらず，対価の不当，取引上の債務不履行等の事由によって，会社に損害を与えた場合についての責任であり，これに対して取締役会の承認を得なければ5号違反となるというのが通説の立場である。前者の場合には取引行為は有効であり，後者の場合には当事者間では無効，第三者に対しては相対的無効（悪意の第三者にのみ無効を主張できる）となる。

前者の場合には会社の有する債権を行使した上で，それ以上に損害があるとき又は損害を回復することができないときに，取締役の負担すべき会社の損害といえる。後者についても当事者及び悪意の第三者の間で原状回

復等の処理をして，それにより回復できない損害を取締役が負担すべきこととなる。結局，会社が回復可能な債権を有している場合には，これを損害とはみないのである。「会社の蒙った損害」とは，以上のように解釈できるのであり，5号と同じ構造のものと解釈できる。

(1) 『新版注釈会社法(6)』近藤光男執筆部分267頁，同・関俊彦執筆部分249頁。

第3節 第三者に対する債権

1 法令違反行為の原状回復請求

　取締役の違法行為により会社が損害を蒙ったときには，不当な利益を得た第三者から利得を返還させることが必要であるが，取締役や第三者の行為に法令違反や公序良俗違反があるときでも，会社は原状回復請求又は返還請求をなしうるかが問題となる。なぜなら，民法708条の不法原因給付に該当するときには，会社の返還請求等は認められないからである。しかし，原則として法律に違反した場合には原状回復させるべきであり，その例外(返還を認めない程の強度の不法)は特別の場合に限定すべきである。つまり，悪いことをしたときには直ちに正すべしという簡単な理屈である。会社が総会屋に利益供与したときでも，会社は総会屋に返還請求できるという商法294条の2第3項は，民法708条と異なる完全なる創設規定でもなく，法律違反がある場合でも返還請求の範囲を拡大してきた民法の解釈論を承継したものとして，最も進んだ考え方を採用したものと評価できる。損失保証・利回り保証の約束についても，上記と全く同じといえる。法に違反するが故に，履行請求もできないし，履行したものは原状回復させるべきである。この点に関する重要な先例となるはずであった野村證券損失補填事件の一審判決は残念ながら何らの答えを出さなかった。上村教授は，株式会社法の根幹を揺るがすものであり，司法の存在が問われると強く批判された[1]。すなわち，上記事件の本質は，事前の損失保証，利回り保証約束に基づく違法勧誘行為と約束の履行であったにもかかわらず，上記判決は社会的にもありえないことが明白な事後の損失補填のみを論じ，事前の損失保証約束という核心に至らなかったからである。そして，上村教授は，改正前証券取引法の解釈としては，事前の損失保証約束は単なる取締

法規違反として行政処分の対象とするにすぎず，私法上有効であるといわれていたので，それを前提とすると，有効な契約に基づく義務の履行たる損失保証は，取締役の善管注意義務違反とはならない可能性があったこと，私法上の効力を無効と解しても，返還請求権が発生し，会社の損害が発生しないことになると示唆された。しかし，その後，証券被害に関する大和証券損失保証事件(2)においては，損失保証約束は公序良俗違反で無効であり，かつ不法原因給付として，損害賠償又は不当利得の返還を請求できないとの判決も出た。

　上記問題点を解決するために，民法の学説の発展と多くの判例を基にし(3)，筆者としては次のようにまとめてみる。

　　取締法規違反——違法性は軽微であり，行政処分による制裁を主とする。私法上の効力は有り，履行請求できるし，返還請求もできない。

　　強行法規違反——違法性は高く，刑罰法規もあること多い。私法上の効力はなく，履行請求は認められないが，不法原因給付にならず返還請求を認める。公序違反ともいわれる。経済秩序を維持するための法律違反はこれに該当する。受領者に比して支払者の違法性が著しく高い場合には返還請求を認めない立場もあり，時には例外的にこの考え方をとる必要もある。

　　公序良俗違反——違法性は高く，刑罰法規あること多い。私法上の効力はなく履行請求も認められず，不法原因給付となり返還請求も認められない。良俗違反を中心とする。行為の性質が当然に醜悪なものや倫理的道徳的に避難されるものである。賭博で負けた者への請求や貸付金要求であり，妾契約のように支払者が強者で受領者が弱者の場合も多い。

　上記のうち，社会的に法律違反といわれるものは，強行法規違反を大原則とするべきであり，取締法規違反や公序良俗違反は例外とし，特に理由が明確な場合に限定すべきである。すなわち，法律とは一定の政策的目的をもっており，この目的を達成するためには，返還請求を認める必要があるからである。金銭を受領した者に対して，返還をさせることが最も効率的制裁（私人による民事訴訟等の活用，強行法規違反受領者制裁方式）であるからである。かつ，法に違反した者には利益を享受させないということによ

り，事前抑制の効果が発揮されるからである。これに対して，返還請求を望む者への助力を拒む形で，支払いをした方に対する制裁をもって政策目的を達成しようとすること(強行法規違反支払者制裁方式)は，効果的でないし，往々にして弱者をいじめる結果となる。支払者に返還請求権を認めても原状回復にすぎないのであり，不当な利得が発生するわけではないから結果の妥当性もある。違法な利益の享受者や悪徳業者等に対する返還請求権を認めない代わりに，業者に対する刑事罰をもって対処しようというのは，警察国家的思想に基づく古い考え方といわねばならない。高度に資本主義化した日本において，いわゆる消費者被害は膨大に発生しており，消費者の返還請求権を否定し，悪徳業者を擁護する結果となる解釈論はますます激しい違法な取引活動を増長することとなり，経済活動の健全化に反するといえる。

　以上によれば，野村證券の東京放送への支払は，事前の損失保証契約に基づく履行として，強行法規(改正前証取法50条，58条違反)に違反したものであり，返還請求できる。但し，前述のとおり，野村證券が事前の損失保証約束等の不当勧誘行為，投資一任契約等により，東京放送に対して損害を与えて，これを賠償しなければならなかったことが，元々問題とするべき取締役の善管注意義務違反である。日本サンライズ事件の場合にも，光世投資顧問株式会社は，改正証取法58条，投資顧問業法22条，23条等の強行法規に違反する，あるいは民法90条違反の暴利行為であり，不法の原因は主として受領者たる投資顧問の側に存するので，日本サンライズは返還請求をなしうることとなる。

2　第三者と会社との間の過失相殺

　会社が第三者に対して，損害賠償請求権等の債権を有しているとしても，第三者は会社の請求に対して過失相殺をもって対抗できることが多い。日本サンライズ事件では，投資顧問会社は，日本サンライズの請求に対して会社の取締役の対応等に過失があり，これにより損害が拡大したことを主張立証すれば，過失相殺が認められる。会社の請求額のうち過失相殺により減額される部分が，取締役の固有の責任として負担されるべき会社の損害となる。

野村証券損失補塡事件では，東京放送は元々野村証券に対して野村証券による損失保証による勧誘，特別利益提供による勧誘，営業持金の不当性等を理由として損害賠償請求権を有していたと考えられる。しかしその請求権も東京放送の過失と相殺できる。相殺できずに野村証券が賠償すべき部分が取締役の負担すべきものとなる。

3　不真正連帯責任の範囲

商法266条において，取締役は連帯して会社に対して責任を負うとの規定は，複数の取締役間での連帯責任を意味するものであり，原則として，取締役と第三者との間の連帯責任を意味するものではない。すなわち，取締役と第三者が共同して会社に損害を与えたようにみられる行為であっても，取締役は取引行為において会社の機関として行動しているのであり，法的主体は第三者と会社でしかなく，法的効果もその間でのみ発生する。それ故，第三者と取締役は原則として共同不法行為に準じた不真正連帯債務の関係とはならない。この原則を修正するには特に法律が必要となる。商法特例法11条において会計監査人が，取締役・監査役と連帯責任を負うと規定されたのは，例外を認めた創設規定といえる。但し，前記第2章で論じた，責任の分割化又は軽減化については，会計監査人にも適用されるべきである[4]。

但し，上記の例外としては，取締役の行為が横領のような明らかに個人的犯罪（機関としての取引行為ではない）となるものについては，共犯たる第三者と共同不法行為者となる。商法266条1項1号乃至3号については，第三者との不真正連帯債務となると解釈されている[5]。同号が，前記のとおり確認規定ではなく，創設的規定であり，個人的犯罪や共同不法行為の事例に近いことから，この扱いに準じて例外的に不真正連帯責任を負わせた趣旨といえる。それ故，商法266条1項5号においても取締役の違法性の高い行為について，対第三者債権控除説の修正が必要となるか否かも検討しなければならない。これについては，ハザマ株主代表訴訟の贈賄供与，野村證券事件において事後の損失補塡と仮定した場合等につき後に論ずる。

(1)　上村達男「野村證券損失補塡代表訴訟判決の法的検討」（商事法務1335号）2頁。
(2)　東京地判平成6年3月8日（判例タイムズ838号94頁）。

(3) 椿寿夫＝伊藤進編『公序良俗違反の研究』（日本評論社，1995年），清水俊彦「投資勧誘と不法行為」（判例タイムズ853号）23頁，同（再論）（判例タイムズ877号）4頁，取締役の法違反について，不法原因給付の観点から論じるものはほとんどない。例えば，近藤光男『取締役の損害賠償責任』（中央経済社，1996年）6～14頁。
(4) 弥永真生『会計監査人の責任の限定』（有斐閣，2000年）。
(5) 『新版注釈会社法(6)』近藤光男執筆部分277～267頁。

第4章 和解の法的位置づけ

第1節 和解無制限肯定説

　取締役の賠償責任について，訴訟上又は訴訟外の和解をなしうるかが問題とされてきた。特に取締役に対する賠償責任を連帯責任とする以上，分割責任とすることや，損害額を一部免除することは，商法266条5項の総株主の同意を要すると考えられてきたからである。これに対して筆者のように判決においても分割責任を容認する考え方によれば，和解における分割責任も当然に許容されることとなる。しかし，判決における分割責任の容認を前提にしないでも，和解自体の分割責任化は正当化できることを論ずる。また改正商法268条5項で訴訟上の和解には，266条5項を適用せず，総株主の同意を不要としたが，確認規定にすぎず，訴訟外の和解でも総株主の同意を不要と考える。さらに，各取締役の分割責任の額を下回る和解はなしうるかの問題も残されている。結論としては，現行法上においては，会社又は株主が訴訟外の和解や訴訟上の和解を制限なくなしうると解する（和解無制限肯定説）。まず，取締役各自の固有の責任を和解で合意して決定する際に，会社の第三者への債権の確定，被告以外の会社関係の責任者（他の取締役，従業員，会計監査人，顧問弁護士等）の責任額の確定，被告取締役内部の責任割合の確定等を経る。このような損害額の確定は相当に漠然としており，逆に和解に親しむといえる。その結果として出される和解案に基づく損害額はよほど非常識なものでない限り，通常は批判に耐えうるものといえる。上記過程により出された和解金額に相当性，合理性があれば，取締役に対する免除は含まれていないので，商法266条5項の総株

主の同意を要しない。連帯の免除も上記5項に違反するものではない。このような考え方は実体法レベルにおいて和解を有効なものとする解釈論といえる。

筆者の見解によれば、会社又は株主が取締役と和解したとき、分割責任額を基準としても、その金額が妥当性に欠ける場合でも、取締役の賠償は一部支払として有効であり、追加支払について、手続法的には以下のとおり処理される。

① 会社が訴訟外で取締役と和解し、残額を免除したとき、既判力は生じていないので株主は株主代表訴訟において、商法266条5項に違反するものとして、残額を請求できる。但し、後述のとおり総合的に分割責任が果たされているとみなされる場合には、原則としてその和解は尊重される。

② 株主が訴訟外で取締役と和解し、取締役から会社に賠償金を支払わせ、残額を免除したときには、会社は訴訟にて、他の株主は代表訴訟にて上記5項に違反するものとして残額を請求できる。上記①と同様である。

③ 会社又は株主が取締役と訴訟上の和解をしたときには、既判力及び反射効が生じるので、代表訴訟の後訴を提起しえず、商法268条の3の詐害再審によりその和解金額の妥当性、詐害目的の有無を審査することとなる。但し、分割責任額を充足する和解は会社の目的を達成するものであり、会社を詐害する目的を有しない。

④ 以上の結論は、代表訴訟係属中に会社又は原告株主以外の株主が取締役と和解する場合も同じと考えられる。

第2節　債権者代位権との比較

和解無制限肯定説を根拠づけたり、特に訴訟外の和解の有効性を理由づけるには債権者代位権との比較によると容易といえる。株主代表訴訟は債権者代位権に基づく訴訟（民法423条）と同じく法定訴訟担当とされていることから債権者代位権の解釈論に依存しているといえる。確かに債権者代位訴訟の構造をめぐる学説の発展の中から、代位債権者・債務者・第三債

務者以外の他の債権者各々への手続的配慮が不可欠となってきたことが明らかにされている[1]。そして，この観点を尊重するとしても，債権者代位権[2]と株主代表訴訟の決定的な差異は，前者においては債権者は第三債務者から直接に金銭を受領できるので，他の者の利益を奪うことにより自己が利得する結果となるのに対して，後者においては，元々会社に金銭を受領させることしかできないので，会社や他の株主の利益を奪うこともなく，会社の利益の過少化について商法266条5項の強力な制限がある。これを前提として，正確に前者と後者を比較すべきである。まず，前者においては，必ずしも裁判上行使する必要はないとされ，裁判外においても行使しうる（民法423条2項のみ例外）。同様に後者においても株主は代表訴訟提起前において，和解することは許されることとなる。この点は同一の結論である。差異をつける理由はない。

しかし，次の点は異なる。前者においては，裁判上の代位(非訟事件手続法76条2項)，裁判外の代位のいずれも，債務者への告知後においては，債権者の受領権保護のため債務者の管理処分権が奪われるものであるが，後者においては，会社が和解して金銭を受領することは株主の目的の一部が達成できるのであり，会社から管理処分権を奪う必要はなく，全額についてのチェックは商法266条5項によればよい。また，前者においては，債務者保護のため代位債権者が債務の一部を免除なしえないとされているが，後者においては，一部免除があっても一部払いをさせることが重要であり，その後上記5項のチェックを受ければよい。さらに前者においては，成果は総債権者の共同担保となり本来平等分配されるはずであるが，代位債権者は債務者への債権と相殺することにより優先弁済を受ける結果（欠陥）となり，他の債権者の不利益は極めて大きいにもかかわらず，手続保証は充分でない。これに対して，後者では，代表訴訟継続中といえども他の株主が和解をしても会社に金銭が入るだけであり，商法266条5項がある以上原告株主の利益を侵害するわけでもなく，利益の衝突はない。なお，被告取締役が訴訟において連帯責任を追求されている場合に会社（または他の株主）が，被告取締役と訴訟外の分割責任を前提とする和解をした場合にも，金額が妥当であれば，免責されると解する。

(1) 池田辰夫『債権者代位訴訟の構造』(信山社，1995年) 28頁以下，新堂幸司『民事

訴訟法』(弘文堂, 1990年) 194頁。
(2) 以下債権者代位権の説明につき『注釈民法(10)』(下森定執筆部分) 763〜775頁。

第3節　他説の検討

1　上記責任分割軽減化方式を中心にすえるならば、さらに他の要素を付加することは、商法266条5項に違反しないと解される。すなわち、取締役からの早期の確実な支払が確保されるとか、金銭給付以外のメリットがある等会社に有利な要素があるときはこれを考慮できる(牧野一実質的不利益・免除説)[1]。また、取締役の有する資産に着目して、支払原資たる破産配当見込額を上限とする考え方(高橋一実質額説・破産配当見込額説)[2]も採用できる。いずれも、早期に現実の支払を確保・確定する目的をもつものであり、一括して、実質的利益説と呼ぶのが妥当といえる。

これに対して、取締役の責任は判決によって初めて確定するもので、その前に判決見込額を推定して和解することは、商法266条5項に抵触しないとの考え方(牧野一未確定説・判決見込額説)[3]については、筆者のように判決における分割責任を認める立場からは、妥当といえる。

2　訴訟上の和解をめぐり手続保障を厳格化することにより和解の有効性を担保しようとする考え方もあるが、改正前においては、商法266条5項以外の要件を要求されていない。訴訟上の和解には必ず裁判所の関与があるので、和解を有効とする説(伊藤一訴訟行為説)[4]もあるが裁判所が事件の内容に踏み込むとは限らないので難があり、訴訟外の和解を無効とすることとなり、妥当とはいえない。但し、筆者の見解でも訴訟外の和解と異なり訴訟上の和解の場合には、後訴の代表訴訟はなしえず、訴害再審(268条の3)に限定されるという制約は生じる。

原告または被告が他の株主に対して代表訴訟の提起の通知をした場合には、通知を受けた株主には和解の効力が及ぶとの解釈論(前田一修正限定的肯定説・訴訟ノウティス説)[5]があり、さらに上記通知と裁判所の許可の一方または双方を必要とする立法論(高橋一和解ノウティス立法論)[6]もある。しかし、債権者代位訴訟においても代位債権者以外の債権者に反射効がある

のに⁽⁷⁾，これに対する通知を要求されていないので，整合性に欠けることとなる。

　これらの考え方は，米国のクラスアクションの趣旨を生かそうとしているものであるが，日本では全くクラスアクションの制度を採用していないばかりか，そもそも日本の代表訴訟は，株主自身の損害を回復するための直接請求権を前提とするクラスアクションと異なり会社の権利から派生する訴訟（代位訴訟）として位置づけられていることから考えれば，不必要な手続といえる。また，現実に全株主の通知は運用上極めて困難といえる。前記立法論は，商法266条5項を削除ないし緩和した上で他の株主の通知と裁判所の許可にかからしめるというものであるが，日本においては，クラスアクション的手続を全く採用せず，その代りに株主保護のため商法266条5五項を規定したものであるので，同項を合理的に運用さえできれば，必ずしも法改正も必要ないと考える。

　3　前記株主へのノウティスを過剰な手続保障とみて，訴訟上の和解をする権限を有する主体たる会社に対する通知のみで十分であるとの説もある（池田・中川―対会社・和解ノウティス説）⁽⁹⁾。商法268条3項では既判力を生じさせるために訴訟告知のみを要求されているのであり，和解といえどもこれ以上の要件は規定されていない。しかし，会社への和解成立の通知は会社に賠償金を受領させるための当たり前の手続として必要である。一部支払であれ，全部支払であれ，必ず会社に受領させなければならない。会社が受領拒絶するときには，供託すればよいだけである。

　上記のような議論が続いてきたため，今回改正により会社からの取締役への訴訟および株主代表訴訟が提起されたときには，会社は公告または株主への通知をするよう義務づけられた（改正商法268条4項）。

(1)　遠藤ほか・前掲第2部第1章第1節注(4)66頁。
(2)　高橋宏志「株主代表訴訟と訴訟上の和解」（商事法務1368号）74，78頁。
(3)　遠藤ほか・前掲第2部第1章第1節注(4)65頁。
(4)　伊藤眞「コーポレート・ガバナンスと民事訴訟」（商事法務1364号）22頁，同・前掲第2部第1章第1節注(2)（別冊商事法務173号）161〜164頁。
(5)　前田雅弘「株主代表訴訟と和解」（法学論叢134巻5・6号）247，258頁。
(6)　高橋・前掲注(2)79頁，双方を必要とするもの高橋・前掲注(2)79頁。

(7) 池田辰夫＝中川雅博「株主代表訴訟における和解」(ジュリスト1062号) 66, 71頁。

第5章　取締役の責任を認めた判決及び和解

平成13年7月までの主要な代表訴訟の判決及び和解は下記のとおりである[1]。

① 日本航空電子工業（関税法・外為法違反による50億円の損害賠償請求）——<u>部分連帯責任</u>
　東京地判平成8年6月20日　一部容認（被告1名は12億4,752万円，他2名は4,140万円を部分連帯して支払う）
　東京高判平成9年10月22日　和解成立（1億円）

② 東京都観光汽船（違法な融資・債務保証による約三億円の損害賠償請求）——<u>連帯責任</u>
　東京地判平成7年10月26日　一部容認（約1億7,000万円）
　東京高判平成8年12月11日　原判決変更（約1億円）
　最判平成12年9月28日　棄却

③ 大林組（談合による課徴金・指名停止・贈賄に伴う2億2,902万円の損害賠償請求）——<u>連帯責任</u>
　大阪地判平成11年1月27日　和解成立（被告10名が和解金として連帯して2,000万円）

④ コスモ証券（「飛ばし」行為による698億6,500万円の損害賠償請求）——<u>連帯責任</u>
　大阪地判平成12年4月7日　和解成立（被告24名〔3名は被告1名死亡に伴う訴訟承継人〕が連帯して和解金1億3,000万円を支払うことで和解成立）

⑤ 髙島屋（利益供与による1億6,000万円の損害賠償請求）——<u>連帯責任</u>
　大阪地判平成9年4月21日　和解成立（会社関係者被告9名，1億7,000万円）

⑥ 川口組（故代表取締役の退職慰労金名目で違法に支出した2,500万円の損害賠償請求）——<u>連帯責任</u>

第2部　取締役の分割責任

　名古屋高判平成10年9月29日　原判決変更（一部容認，1,960万円余）
⑦　味の素（総会屋対策費として支出した1億2,000万円の損害賠償請求）
　――連帯責任
　東京地判平成10年10月30日　和解成立（被告10名が和解金として連帯して1億2,000万円）
⑧　第一勧業銀行（総会社に対する融資等による22億円の損害賠償請求（直接融資事件［12億円］と迂回融資事件［10億円］に分けて提訴）
　――分割責任
　東京地判平成12年2月25日　和解成立（直接融資事件）
　（被告1名が3,000万円，被告3名が各自2,500万円，被告1名が2,200万円，合計1億2,700万円を支払うことで和解成立。被告1名については訴え取下げ）
⑨　野村證券（総会屋への違法な支出等による4億3,800万円の損害賠償請求）――部分連帯責任
　東京地判平成10年10月27日　和解成立
　（会社関係者被告3名が利益供与額および損失補填額を含む損害賠償債務として3億8,000万円を連帯して他3名は2億円を部分連帯して支払うことで和解）
⑩　日立製作所（独禁法違反により納付した課徴金等約2億3,200万円の損害賠償請求）――分割責任
　東京地判平成11年12月21日　和解成立
　（被告副社長1名が和解金として1億円，被告会長・社長は社会的責任のみ認める）

　以上によれば，連帯・部分連帯・分割責任と分かれているが，連帯については，賠償額が比較的低額なものも見られる。この現象は，訴訟の長期化・証明の困難性を避けるための和解もありうる。原則として，分割責任とすることが妥当であり，多数の被告を相手とした上で，損害額の合計を高額化することが要請される。そのためには次のとおり訴訟運営を迅速・適正にしなければならない。

(1)　「主要な株主代表訴訟事件一覧」（資料版商事法務194号）194～199頁より抜粋して補充した。

第6章　株主代表訴訟の意義と機能

第1節　経営判断の原則

以上の筆者の見解によれば，米国で発展した経営判断の原則，及び日本の判例で採用されている取締役の裁量権の尊重の法理をどのように位置づけるかが重要な論点となる。

1　有責判断の尊重原理

日本において取締役の裁量権の逸脱の有無を審査することは，取締役の善管注意義務違反及び忠実義務違反の有無を審査することと全く同じ機能を果たす。一つの結論を出しておいて，言葉の言い換え，表現の変更をするにすぎない[1]。すなわち，米国の経営判断の原則というデュープ・ロセスの手続を尊重すべきとの考え方を，実体判断にいきなり持ちこんだ決定的誤りを犯している。すなわち米国においては，株主が提訴要求した場合に，取締役会が訴えを提起すべきでないと決定したとき，中立性と独立性等の要件が満たされる限りかかる決定は経営判断の原則によって保護される。次に，株主の提訴要求自体無益であるとして代表訴訟を提起することに成功しても，特別訴訟委員会という中立性の保障された組織による訴訟終結決定がなされたとき，これは経営判断として尊重され，株主代表訴訟の訴訟終結をもたらすなどの機能を営んでいる[2]。しかし，日本では全くそのような手続保障はなく，事件処理に当たる経営陣に従来の取締役が入っていることもある。それ故，事件に関して取締役の責任はない，又は第三者への請求権はないという消極的決定については，経営判断は尊重することはできないので，この点ではいわゆる経営判断の原則は採用すべきではない。しかるに，経営陣が取締役及び第三者への請求に関して積極的に解決に向けて努力するときには，十分にその経営判断は尊重されるべきである。つまり，有責との判断についてはその結果を尊重すべしとの原理は働くべきである。早期の自主的解決，責任原因・損害算定の根拠の開示，経営方法の改善等は，違法行為是正の目的に合致するからである。

2 責任履行の手続

取締役の善管注意義務違反の発生という事件に対して，その事後処理に関して新しい経営陣（場合によっては従来の取締役も含むことも想定する）が，善良な管理者の注意をもってかつ会社に対して忠実に業務を執行すべきであり，その際，取締役に対して賠償義務を履行させる場合には以下のとおり取締役の経営上の判断は尊重されるべきであるとの結論となる。

① 事件の調査，資料の収集

会社内部においては，業務の記録を検討すれば，迅速に真実が解明できる余地がある。このとき，調査を行うことについては事件に関与した取締役の辞任・解任を進めたり，さらに第三者の中立的な弁護士・公認会計士等を入れたり，又は株主を参加させたりすることはよりその手続が信頼性を高めることとなり，結論も尊重される可能性は高い。

② 損害額と負担額の確定

前述したように，会社が第三者に対して債権を有している場合には，次のとおりの決定を必要とする。㈦第三者との交渉，債権回収の見通しの確定，訴訟を通じての損害額の確定と返還請求。㈣上記㈦を除いた損害額について，事件に対して責任のある取締役の範囲，違法性・過失の程度，支払能力の程度，支払方法の確定，履行の確保，履行状況の確認・報告。㈧上記㈦及び㈣については，積極的に取締役が事件処理，損害の回復，原状回復措置等を採ることが評価され，さらにその手続が適正であれば内容の妥当性は尊重されるべきということとなる。㈤上記調査及び処分については，提訴要求から1ヵ月（改正前）では到底なしえない。本来何を根拠に1カ月としたか疑問である。改正法はこれを60日としたが，充分ではない。よって，株主代表訴訟提起後においても会社は自主的に有責判断に向けて調査，処分，和解等をなしうるし，そのような方法は妥当といえる。

⑴ 小林＝原「株主代表訴訟の法構造と機能」（判例評論436号）172頁。
⑵ 小林＝原・前掲注⑴。手塚裕之「米国株主代表訴訟の現代的動向と日本における代表訴訟㈠」（商事法務1334号）42頁。

第2節　和解の活用

1　以上によれば，新経営陣としては，第三者及び取締役に対して訴訟前の和解，訴訟提起，訴訟中の和解等のあらゆる手段を講じて，違法行為の是正，損害の補填及び原状回復に努めるべきである。その際に，会社経営上の判断により社会常識上許容される範囲であれば，前記のとおりの過失相殺等の法理を取り入れ，責任額を分散しつつ和解により迅速に解決し，本来の会社の経営に邁進すべきである。これに対して，学説や実務家の中でも取締役との和解については，消極的意見も存在してきたが，そのような意見は妥当といえないどころか害ともいえる。

2　会社と第三者との和解については，商法266条5項の免除制限の如き規定はない。但し，和解金額が妥当性に欠けるときには取締役の善管注意義務違反となる。この点については，調査手続の妥当性，証拠の検討，相手方の支払能力等ばかりでなく，今後の会社経営，取引に関する総合判断が尊重されるべきである。

3　取締役については，事件に直接に関与した取締役ばかりでなく，その事件の誘引となった過去の取締役の責任も問題として，全員について，分割責任を前提とした処理をすべきである。責任ある取締役すべてを把握できれば，逆に1人当たりの支払額は小さくすることが可能であり，少数の取締役に不公平な負担を強いることが避けられ，求償請求の問題も発生しない。

4　上記の和解については，株主が事実上参加することも積極的に認めるべきである。又，株主からの訴訟前又は訴訟中の賠償請求に対して，会社は積極的に協力して和解することも妥当といえる。

第3節　賠償責任の類型化

以上の筆者の見解を次に具体的に様々なタイプに分けて考察する。その

際，違法行為を行った取締役グループ（甲）と原状回復につとめる取締役グループ（乙）の責任を分けて検討することが必要である。また，会社が第三者への債権を有しているのか，有していても返還請求できるのか，現実に回収する前に会社の損害から控除してもよいのかという問題も合わせて検討する。

1 被害者型

日本サンライズ事件のように会社が被害を受け，第三者に損害賠償請求権を有している場合である。約1億3,000万円の損害は甲の過失による投資の失敗から生じたものであり，約1億7,000万円は，乙が原状回復請求義務を負う債権となる。乙は交渉，又は訴訟等で回収努力をすべきだが，現実に努力をしこれを公表すれば，回収できなくとも乙は免責されると考えるべきである。1億7,000万円の債権の回収は未確定であっても，甲の責任額を算定するときに，事実調査に基づき証拠判断の上，第三者の責任と乙の義務を観念上想定できる。この乙の判断に合理性があれば取り合えず経営判断として尊重される。甲の責任を確定するのに，第三者への請求訴訟の結果を待っていられないからである。また，第三者が資産を有さないときには債権は不良債権化するが，甲が騙された軽率さについては，その分について責任を負うのであり，甲が行為時に加害者への請求について不良債権化するか否かの判断をする余地はないのでこの点については免責される。

2 加害者型

会社（甲）が第三者に対して詐欺行為又は暴利行為等で損害を与えて，会社が第三者に損害賠償義務を履行する場合である。乙が支払をすることをもって，会社に損害を与えるとは単純には考えられない。なぜならば，仮に会社が1億円詐取して，後に1億円を返還すれば会社に損害は発生していないからである。無駄になった広告費や人件費など浪費された分が会社の損害であり，甲の責任となる。また，上記の例でいえば，第三者の損害が1億円以上となっていればその超過分は会社の損害となる。野村証券や山一証券が自ら違法行為を認めて顧客に受領した金員を返還したことも

あった[1]。乙の判断は上記損害算定に大きな過誤のない限りまことに適正であり，支払を履行した乙に責任は何ら発生しない。

3 故意・共同不法行為型

取締役甲が第三者と共謀して会社から資産を横領した場合等である。この場合には，甲と第三者の違法性は著しく高く，故意・共同不法行為となり，会社は甲と第三者に対して全額について不真正連帯債務の支払を請求できる。よって，甲の責任を算定するときに，会社の損害から第三者への債権を控除できない。すなわち，会社が第三者に返還請求権を有している点では，総会屋へ利益供与した場合（商法294条の2第3項）も全く同じ構造である。会社は第三者に返還請求権を有するが，故意・共同不法行為であるが故に，取締役と第三者は不真正連帯債務を負う。取締役が贈賄をしたハザマ株主代表訴訟事件においても基本的には同じ構造となるはずである。会社は賄賂受領者に対して返還請求債権を有すると共に，取締役と上記受領者に対して不真正連帯債務を請求できる。しかし，上記事件の判示の理由においては筆者の見解と重要な点で異なる。すなわち上記判示では贈賄の場合には公序良俗違反で不法原因給付となり，会社は返還請求できないから，供与した贈賄の全額が会社の損害となるという[2]。この論理では会社が返還請求権を有すれば会社の損害とはならないということになり，筆者の対第三者債権控除方式を裏づける一般論としては極めて重要である。しかし，前述したとおり，強行法規違反は原則として原状回復させるべしという受領者制裁方式をとることが正しい。横領，背任，利益供与，贈賄，裏口入学等はすべて，経済活動の秩序違反，公序違反として原状回復させるべきである。百歩退いても，少なくとも会社から取締役甲の共犯者（第三者）への請求は認めるべきである。すなわち，第三者に比較して著しく甲に積極性があり，かつ違法性が高い場合には，甲からの返還請求を退けることになっても，会社自体（乙の行為）の返還請求は認めてしかるべきである。このようにして，故意・共同不法行為型の場合には対第三者債権控除方式を適用できないのである。

故意・共同不法行為型の場合には，取締役乙は，取締役甲及び第三者に責任を追及する義務を有する。いずれの資産に対しても追求する必要があ

る。野村証券損失補填事件について、前述したように、損失保証約束による違法勧誘という暴利行為に基づく損害賠償義務の履行とみると、取締役甲の行為に関して加害者型である。甲の違法行為について、責任のない乙が賠償支払を履行するということとなる。しかし、他方、故意・共同不法行為型ともみることができる。すなわち、取締役甲が事前の損失保証契約の履行、又は事後の損失補填として支払をしたのならば、現在では刑事罰にも値する著しい違法行為とされている。当時においても市場機能を著しく阻害する強行法規違反であったことが明らかにされている。いずれの場合も会社は返還請求権を有するが、共同不法行為型となり取締役甲は全額につき責任を負う。すなわち取締役乙は支払った全額について、第三者に返還請求権を行使しない限り、免責されないという極めて厳しい結果となる。

　以上の検討を経た結果、次に前記の故意・共同不法行為型としたものの中でも、法令違反の違法性が横領や背任と同じように高いといえるのか否か、金銭の受領者の方が著しく積極的で違法性の高い場合でも、取締役甲に全額の責任を負わせるのが妥当か否かも検討しなければならない。すなわち、第一に取締役がもっぱら自己の利益を計るために横領・背任等の違法行為とした場合には、純粋の故意・共同不法行為型といえる。しかし、第二に、取締役が自己の利益を計ることなく、会社のために会社の方針（明示又は黙示）に沿って行為した場合には責任軽減を考慮することが妥当といえる。判例では、取締役が自社の株式を買い占めた仕手集団に対抗する目的で、政治団体代表に自己株式取得の裏工作を依頼する際、簿外資金から10億円強を交付した行為を業務上横領の刑事罰に該当しないとした[3]。この事件では取締役に脅迫やマスコミを利用した個人攻撃もなされた。贈賄についても、収賄者が欺罔や誇張をまぜ、積極的に働きかける場合も想定できる。また、利回り保証契約や事後の損失補填であっても、大企業の顧客が長期的投資を餌に実行をせまる場合もありうる。結局、取締役個人が自己の利益を取得していない場合には、法令違反の違法性の程度、第三者への債権の回収可能性、取締役より著しく高い第三者の違法性等を掛酌して、責任軽減することが妥当といえる。総会屋への利益供与の場合では、上記のように総会屋が脅迫行為をするのが常であり、取締役の責任軽

減要素と考えられるが⁽⁴⁾，会社から総会屋に対する返還請求は，総会屋の無資力を想定せざるを得ず，商法266条1項2号は回収の実効性が乏しいことを前提とした創設規定と考えるべきである⁽⁵⁾。また，違法配当に対する取締役の責任も，横領に比較すれば違法性は低いが，会社が現実に多数の株主に返還請求することも困難であることを考慮したといえる。

4 不良債権化型

取締役甲が会社として第三者に貸付を継続したが，過失により不良債権化し回収できなかった場合である。当初第三者から欺罔され，資産のないものに貸し付けたときには，被害者型で処理すべきである。本来の不良債権化型の場合，第三者への債権の内，回収不能と見込まれる分は甲の責任となり，回収可能と評価できる分は乙の義務として，甲の責任から控除してよい。回収不能の分について不良債権として，乙が償却していくこと自体は何ら法令違反でもなく，会社の損害を発生させる行為でもない。住宅金融専門会社の不良債権問題における母体銀行，住専，農協系金融機関の役員の責任についても同様である。バブルの発生と崩壊について，正確に予測できなかったことについての過失があったとはいえないが，平成3年頃から明らかに回収不能と予測されるにもかかわらず，直ちに措置を講ぜず，貸付を継続したことについては責任が発生する。母体銀行は，農協系金融機関の貸付について保証をしていない限り，これに対して補填する場合には，取締役の善管注意義務違反となる可能性が強い。

5 行政指導型

日本においては，明治以来の官僚支配，戦時体制を引きずる国家統制主義，あるいはマルクス主義の影響を受けた福祉国家思想等に基づく強固な行政規制が存続してきた。民間企業は，違法・不当な行政指導に従わざるを得なかった。厚生行政の許認可は特に厳しかったため，薬害訴訟では常に国は共同被告とされてきた。住専問題でも大蔵省の指導責任は厳しく問われている。それ故，株主より責任を追求される会社の取締役が，具体的に行政指導や公務員の行為の違法性を公表し，その責任を明らかにすれば，責任軽減の理由とするべきである。

(1) 日本経済新聞平成5年9月3日夕刊。販売方法に不適切な面があったので，野村証券が230億円，山一証券が100億円の賠償支払を実行する。
(2) 東京地判平成6年12月22日（判例時報1518号3頁以下）。
(3) 東京地判平成6年6月7日（判例時報1536号122頁）。
(4) 取締役に対する刑事罰適用に対して否定的意見も有力であり，横領等のように違法性が高いのか疑問である。河上和雄「経営者支配の弊害と刑事制裁」（商事法務1364号）29頁。
(5) 『新版注釈会社法(6)』近藤執筆部分267頁。

第4節　米国における直接訴訟と派生訴訟

1　筆者の取締役責任分割軽減化の考え方を，米国の法制史を踏まえて検討し，日米比較法の見地からその妥当性を検証する。米国においては株主自身の損害を直接に回復する道，すなわち，株主が損害金を直接受領する方法としての直接訴訟又は個人訴訟（direct or individual actions）及びクラスアクション（少額ずつを多数人が受領する集団訴訟）の制度が初めに発展した。その後，会社の権利から派生する訴訟（derivative actions）が発展した。米国では，原則として直接訴訟と派生訴訟と区別され，通常この用語が使用される(1)。但し，この2つの類型はいずれもときに代表訴訟（representative actions）又はクラスアクションと呼ばれる。派生訴訟の場合は，会社及び他の同じ利害関係をもつ株主を代表し，直接訴訟の場合は他の株主を代表するからである(2)。しかし，直接訴訟のクラスアクションでは多数原告が直接に損害金を受領できる点で手続の具体的重要性があるのに対して，派生訴訟においてクラスアクションと呼ばれるのは，単にその手続を借りて他の株主の地位を抽象的に保護しているにすぎない(3)。換言すれば，クラスアクションの制度が発展していたので，派生訴訟においてもクラスアクションの手続を利用することとなっただけのことであり，沿革的には自然なことといえる。これに対して，日本ではクラスアクションの制度を全く採用していないので，株主代表訴訟を法定訴訟担当の一つとして，他の類型との差異（特に債権者代位訴訟）を明らかにし，手続の合理化を図ることが常道といえる。結論としていえば，日本でも米国と全く同じように直接訴訟（日本の債権者代位訴訟の機能）か，派生訴訟かの区別が最も重要

である。松田博士は，日本の代表訴訟を債権者代位権に準じて考えたが，この場合には代位債権者が直接金銭を受領できることになってしまうことを無視しているから問題である。また，竹内教授が原告以外の他の株主の代表性(クラスアクションの性格)を強調されたが[4]，例えば破産管財人は破産者の立場に立ちつつ(担当者のための法定訴訟担当)，多数の破産債権者をも代表するもの(職務上の当事者)であり[5]，代表性とは必ずしも代表訴訟に特有のものでもない。設立無効，決議無効等の判決効の第三者への拡張があるとき(商法109条1項)も同様である。すなわち，債権者代位権をも含めて判決効を受ける第三者に対する手続保護の問題であり，代表訴訟の場合に，特に保護を厚くすべき理由はない。

　結局，日本の株主代表訴訟の特質は，原告株主が会社の権利を行使するものとしては担当者のための訴訟担当であり，他の株主を代表するものとして職務上の当事者であるが，強制執行に至るまで原告自身が金銭等を直接受領できないという点で，法定訴訟担当としては唯一のものであるということになる。

　2　以上に対して，日本においては，株主自身が直接損害金を受領する方法は商法266条の3を除いてはない。すなわち，日本の株主の訴訟は，米国に比べて，株主自身の損害填補をほとんど否定し，当初から派生訴訟の手段しかとらず，株主にとってみれば主として違法行為是正機能を充足させるに止まった。そこで，米国における直接訴訟(クラスアクション)の制度の実態にせまることにより，逆に派生訴訟を浮彫りにする必要もある。

　北澤正啓教授は，株主代表訴訟の研究の先駆者として，既に昭和25年の労作において米国の株主代表訴訟の全貌を紹介され，現在議論されているほとんどの問題点を提起された。そして，株主の個人訴訟を紹介され，派生訴訟においてさえ被害株主が直接救済されることに若干触れられているが，クラスアクションによる直接請求の発展には，踏み込んでおられない[6]。池田辰夫教授の労作においては，さらに進み，クラスアクションから派生訴訟に至った段階では，原告が他の株主を代表しているとの正確づけは弱まり，明確にクラスアクションとは別なものであるとの意見もあることの紹介もされているが，結論としてクラスアクションと同様の手続，

他の株主への提訴の働きかけ，他の株主への通知，代表の適切性等の手続的保障を主張される[7]。しかし，クラスアクションとは，株主が直接に損害金を受領できる制度として発展してきたものであり，この最も核心部分を採用しないで，何故に，クラスアクションの形式的手続のみを重視するのか疑問を抱かざるをえない。日本ではクラスアクション的手続が，日本法全体の中に整合的に位置づけられていないばかりか，残念ながら修正された形であれ採用されていない。それ故に株主全体の保護を充分に担保するために，商法266条5項が成立したとみるのが，自然である。

また米国においては，後述するように直接訴訟（クラスアクション）及び派生訴訟において，部外者責任追及型のタイプが認められてきた[8]。紛争当事者すべてに訴訟を起こせるのは当たり前のことともいえる。しかし，日本においては，第三者に対して訴訟を提起できるのは，最近の改正条文たる294条4項（株主の権利の行使に関する利益供与に関して，受領者に対して返還請求を行う株主代表訴訟）を除いて，認められてこなかった。本来会社は，第三者に対して，請求権があれば，まずこれを行使し，しかる後に取締役に対して，未回収分を請求するのが本筋である。日本では，取締役に対して，第三者の負担すべき額の立替払いを強いるような制度になりかねない。それ故，前述のとおり日本では，第三者との精算を会社が自主的になしうるような形での解釈論及び運用をしなければならなくなるのである。

3　米国においては，直接訴訟（クラスアクション）により，株主が直接に損害を取得することを目的として提訴するのが株主の強い希望であり，沿革的には直接訴訟（クラスアクション）の攻撃に対して，被告取締役から派生訴訟をすべしとの抗弁が出され，それが拡大してきたものである。この点について，次に具体例を混ぜて検討する。

① Sutter v. General Petroleum Corp.[9]　会社の外部者である第三者（被告）が，原告を騙して会社を作らせ，さらに詐欺をしたのでこの会社は事業に失敗し，原告株主は株価の下落と時間の浪費を損害として被告を直接訴訟で訴えた。被告は派生訴訟であるとの抗弁をしたが，加州最高裁はこれを退けた。

② Fideles Corp. v. Litton Industries, Inc.⁽¹⁰⁾　Fideles と Litton の両会社は契約を結び、Fideles が Litton の株を買い、Litton は Fideles のすべての資産を譲り受けることとしたが、Litton はその後契約に違反して対価を支払わなかった。その際、Litton は Fideles の株主を騙し手続を実行させたので、Fideles の株主は個人として損害を受けたものとしてクラスアクションを起こし、Fideles も共に Litton を訴えた。株主個人が損害を受けたものとして、クラスアクションも認められた。

③ Pearlman v. Feldmann⁽¹¹⁾　株主が会社の権利を行使する派生訴訟を提起した場合でも、株主個人が直接に損害金を受領できるとの判例であり、これはケースブックにも載っている有名なものである⁽¹²⁾。鉄鋼会社の支配株主（社長）が鉄鋼不足の状況の中で自分の株を鉄鋼ユーザーに売却したが、このとき会社の重要な販売網をも一緒に売却してしまった。少数株主たち（仮に10％）は元の支配株主と取締役を被告として派生訴訟を提起したが、通常の場合と異なり支配株主の承継者に利益を与える必要はないので、自分たちの損害を直接請求できると主張したところ、元の支配株主の得た市場価格を超えた売却値の儲け分のうちの一部（10％）を直接受領することが認められた。割合的損害回復（pro rata recovery）という⁽¹³⁾。

④　米国では、株主が直接訴訟又はクラスアクションで請求することを望むので、派生訴訟との限界はぎりぎりまで追求されている。一般的に株主が会社により直接に損害を受けたとき、又は株主の個人的権利が侵害されたときには直接訴訟が認められる。株価下落という間接的侵害のとき、又は会社に対する義務違反という場合には派生訴訟とされている。その限界は相当に微妙であるとされている⁽¹⁴⁾。

⑤　米国では原告弁護士の技術と努力によりできる限り直接訴訟を追求してきた歴史がある。その例としては1934年証券取引法10条ｂ項とＳＥＣ規則10ｂ－5において証券売買の相場操縦的、詐欺的策略、重要事実の不開示、不真実説明等を違法行為として禁止しているが、この法令の違反について、取締役に対して直接訴訟をしてきたというものである⁽¹⁵⁾。現に判例でも株主の直接訴訟を認めるだけでなく、取締役が会社にも損害を与えるものとして派生訴訟としても認めている。また、封助者や教唆者にもその対象を広げている⁽¹⁶⁾。その他の証券取引に関する法令（Securities Exchange Act, SEC Proxy Rule あるいは州法）の違反についても，膨大な直接訴訟やクラスアクションが提起されている。

⑥　以上のように米国においては紛争当事者をすべて巻き込んで一挙に解決にもっていくことは日本より優れている。また直接訴訟の流れは決して止まっていないので，株主自身の損害回復の追求意欲が依然として根底にあることを認めねばならない。逆に言えば，派生訴訟に関しては直接に損害金を受け取れないので，違法行為の是正のため間接的手段であるが，やむを得ないものとして使用されているといえる。それ故，損害額にはこだわらずに和解になる例が極めて多いのも必然的現象といわざるをえないし，和解は有効な社会的目的を達成しているとされている[17]。

4　日本では，遅ればせながら直接訴訟の拡大の方向性が考えられないではない。株主が直接に取締役に対して損害賠償請求をするには，商法266条の3を利用することである。株主総会の特別決議を経ないで第三者に対する新株の有利（低価格）発行をした取締役（任務懈怠）と前株主を割り当てられた労組（不法行為）は株価低下について有責とされた[18]。全く同様の事案として取締役が支配を目的とした場合にやはり株主の株価低下の直接損害を認めた[19]。これについては，多数説は持分比率の低下という損害について代表訴訟によるべしという。しかし，前記米国の沿革のとおり，日本では直接訴訟をできる限り拡大する時期といえる。代表取締役が自己の実質経営する会社に会社所有の土地を不当に安い賃料で賃貸したため，株主の配当請求権が侵害されたとして株主が代表取締役に対して求めた損害賠償が認容された判例もある[20]。原告が代表訴訟を提起しても，被告の妨害により原告が現実に損害を回復することは不可能との予測により，請求を認容した画期的判決といえる。

(1)　H.G.Henn & J.R.Alexander: Law of Corporations(West 1983), at 1035～1053.
(2)　Supra, note (1). at 1054.
(3)　連邦民訴規則の条文の説明については小林＝原「株主代表訴訟の法構造と機能」（判例評論436号）166～167頁。
(4)　松田博士の考え方も含め，竹内昭夫「株主の代表訴訟」（法学協会百周年記念論文集3巻，1983年）167～172頁。なお同157～166頁における representative とクラスアクションの説明に対しては本文のとおり意義がある。

(5) 新堂幸司『新民事訴訟法』192〜203頁。
(6) 北澤正啓「アメリカ会社法における株主の代表訴訟」(法学協会雑誌68巻6号) 660, 666頁 (1950年)。
(7) 池田辰夫「株主の代表訴訟の法構造」(阪大法学149・150号) 243, 248頁 (1989年)。
(8) Supra, note (1). at 1050
(9) 28 Cal.2d 525,170 P.2d 898 (1946).
(10) 293 F. Supp 164(1968)
(11) 219 F.2d 173(2 d Cir. 1955).Richard A.Booth, A note on individual recovery in derivative suits, 16 Pepperdine Law Review (May '89), at 1025-1044
(12) Robert w. Hamilton, Cases and Materials on Corporations, (West 1994), at 1087
(13) Supra, note (1). at 1097によれば, Perlmanは第一類型, 善意と悪意の株主のうち, 前者の直接請求を認める北澤・前掲注(6)666頁は第二類型, 第三類型は会社が破産状態の時, と分けている。
(14) Supra, note (1). at 1048〜1050, Harold MarshJr. and R. Roy Finkle, Marsh's California Corporation Law (Volume 2),at 1266
(15) Tim Oliver Brandi ,The strike suit : a common problem of the dervative suit and the shareholder class action. 98 Dickinson Law Review (Spring '94) at 355-400. なお, 近藤光男「不公平な証券取引規制に関する一考察―証券取引法157条と規則10b-15の比較」(『現代企業と有価証券の法理』有斐閣, 1994年) 176〜178頁参照。
(16) Supra, note (1). at 829
(17) 前掲第2部第1章第1節注(2)(別冊商事法務173号)58頁。Supra, note (1). at 1099
(18) 東京地判平成4年9月1日 (判例時報1463号154頁)。
(19) 東京地判平成4年8月5日 (判例時報1440号129頁)。
(20) 福岡地判昭和62年10月28日 (判例時報1287号148頁)。

第5節 株主代表訴訟の法構造 (解釈論と立法的改革)

1 一方の極である古典的立場は, 株主は会社の所有権者であり, 取締役は株主から経営の権限を委託されていると考える[1]。取締役の権限濫用によって発生する会社の損害は株主自体の損害とみて, 株主全員のために, クラスアクションにより直接損害を請求できる考え方につながる。しかし, 米国の歴史において示されたものは, 直接訴訟 (クラスアクション) の範囲が限定され, 派生訴訟の範囲の拡大であった。米国における派生訴訟の手続がクラスアクションとほぼ同一であるのは, 沿革的にクラスアクション

の形を利用してきただけで，直接損害金を受領できないという点でクラスアクションとは根本的に異なる制度である。日本においても，この沿革を無視できず，クラスアクションの全面的採用も現実的でなく，株主への通知，代表の適切性などの解釈論，あるいは立法案も，クラスアクションの形式のみを利用する妥協案にすぎない。上記手続保障は訴訟担当制度全体を含めて議論を進めるべきであろう。

2 他方の極である新しい立場といえる株主債権者説によると，株主と会社との間の関係が契約であるとの理解に立ち，市場の力により，経営者はその権限を株主の利益となるように行使するという[2]。この立場によると，そもそも取締役がその権限を濫用することはありえず，仮にこれを濫用するとしても，資本市場の存在により株主は保護されるとする。このような考え方は，経営判断の原則を採用し，かつ取締役の裁量権を相当に拡大していく方向に連なり，延いては株主代表訴訟の廃止にまで至るものともいえる。

3 上記のいずれの立場も極端であり，日本法は特に妥協的形態をとったのであり，これを前提に，筆者は，中間の立場で株主代表訴訟の適切な運用について考察してきた。但し，上記二つの極が示すように，代表訴訟の法構造は極めて矛盾に満ちており，派生訴訟に関しては，沿革的妥協の産物であることは，率直に認めねばならないであろう。また，会社の損害というものが，株主の直接の損害でもなく，多数株主にとってはこれについて損害とは考えないと主張することもあり，さらには市場原理では損害とはいえないこともあり，一つの虚構の上に成立している点も明らかとなった。結局，所有と経営が撤廃的に分離される中で，わづかに残された重要なものとして，社会的価値が強調されているものが，派生訴訟としての株主代表訴訟である。それ故，健全な資産主義を維持するために，少数株主の行使する違法行為是正機能を最大限尊重しなければならないこととなる。

これに伴い，筆者は，会社の損害については軽視する結果となる取締役の責任分割化，分散化を解釈論として提示したわけであるが，この考え方

の延長線上に,株主代表訴訟の合理的発展を目指して,平成13年改正商法をさらに進め,次の立法案を示す。

　① 商法266条の連帯責任を分割責任とする。
　② 会社の損害算定については,裁判所の裁量で決定できることを明文で規定する(3)。すなわち,被告取締役の違法性・過失の程度,被告取締役以外の者の責任の有無,特に会社の第三者への請求権の有無・回収可能性の有無,原告が株主総会その他で被告取締役に違法行為の中止を求めたか否か,等を総合的に判断できるようにする。
　③ 商法294条の2第4項において採用された外部者責任追求型の代表訴訟を拡大する。

(1) 並木和夫『会社法・証券取引法の研究』(中央経済社,72頁以下) 79頁。
(2) 並木・前掲注(1)74頁以下,79頁。
(3) 新民訴法192条,大気汚染防止法25条の2について浜上則雄『現代共同不法行為の研究』(信山社,1993年) 188頁。

第6節　強制執行と賠償金受領方法

株主代表訴訟は法定訴訟担当であるとすれば,本来原告株主は訴訟から強制執行に至るまですべて,手続を担当できることが一貫する。しかし,判決主文において取締役は会社に対して金銭を支払えとの形をとるので,原告たる株主が強制執行をする権限を有するかが問題となっている。これについては,株主に会社への支払を求める債権の執行債権者適格を認めるのが有力である(1)。強制執行がこのような形でなされるのならば,和解においても同様である。和解調書において,会社に支払えと記載していても,会社のために原告が強制執行することも可能である。これをさらに進め,直接に原告代理人弁護士に支払えという和解条項も有効である(2)。この場合には,弁護士は破産管財人,遺言執行者,後見人等に準ずる立場(破産債権者,被相続人,禁治産等のための職務上の当事者)になる(3)。原告株主及び被告取締役の意思に基づき執行権限・受領権限を授与されたことによる任意的訴訟担当といえる。株主及び会社のために弁護士自身が担当者となると考えるべきである。弁護士は損害金を会社に交付する義務を負う。弁護士以外の訴訟代理禁止の原則から,弁護士のみが担当しうるのであり,

弊害はない。上記の点について，日本サンライズ事件の和解に対して，原告が被告から直接損害金を受領できないことを理由とした批判もあるが[4]，強制執行手続や弁護士の訴訟担当適格を視野に入れない短絡的意見にすぎない。さらに，日本サンライズ事件について，会社が和解に参加していないこと，金額が大幅に下がっていること，弁護士報酬を天引きしたこと等を批判しているが，いずれも見当違いのものである。和解金額が適正であったことは本書で縷々記述した。会社が和解に参加していないのは，被告3名が和解成立時までいずれも継続して取締役であったからである。事件に対して責任のない取締役に経営陣が交替していれば，これらが和解に参加する意味は高まる。しかし，日本サンライズ事件の場合には，経営陣が交替していないので，会社が形式上参加しても何の意味もない。そして支払の履行については不安が残っていたので，弁護士の直接受領方式をとったのである。また，弁護士報酬については商法268条の2においては，当事者間で決めることは禁止されていないどころか，むしろ当たり前のことである。合意できるにもかかわらず裁判所に決定してもらうことを原則とするが如き解釈はどこからくるのか理解に苦しむ。合意の基に報酬を天引きすることは，通常の弁護士実務である。このような明らかに誤った法的理解を基に日本サンライズ事件の和解について多くの問題点を含んでいるなどと批判することは，和解自体を敵視しているものといわざるを得ず，株主代表訴訟の運用の硬直化をもたらすものといわねばならない。

(1) 霜島甲一「株主代表訴訟における強制執行の可否・方法」（ジュリスト1062号）76頁。中野貞一郎「株主代表訴訟の判決の強制執行」（ジュリスト1064号）67頁。
(2) 遠藤他・前掲第2部第1章第1注(4)60，67頁。
(3) 新堂幸司『新民事訴訟法』195頁。
(4) 新谷勝「株主代表訴訟と訴訟上の和解」（判例タイムズ883号）47頁。

第7節 法の運用について

以上によれば，株主代表訴訟の制度は極めて欠陥の多いものであることが判明した。また，商法266条の構造自体にも問題が多いことを明らかにした。そこで，法律家はどのようにこれらの法を運用すべきか，その運用をいかに株主や取締役に指導すべきかが本書の結論となる。

所有と経営が徹底的に分離された中で，会社の運営の健全化のためには，株主代表訴訟がほとんど唯一の手段となっている。取締役の責任は一会社の運営のためだけでなく，資本主義の機構そのものの円滑なる運営のための要となっている。資本主義とは暴れ馬であり，取締役はこれを乗りこなす騎手である。バブルの発生と崩壊は経済政策の失敗であるが，その過程の中で証券取引法，独禁法，金融関係法等を法律家と企業家が適切に運用すれば，社会的混乱はより少なくて済んだはずである。証券会社による損失保証等の違法勧誘に伴う証券被害，金融機関の押込み的貸付等を伴う変額保険・ワラント等の被害も膨大に発生してしまった。

　経済政策が大きくゆらいだときこそ様々な法令を遵守することにより行きすぎを防止する努力をすべきであった。いわゆる従前取締法規といわれてきたものは経済秩序を維持するためであり，原則として強行法規として遵守されねばならない。一例を挙げれば，証券取引や商品取引の信用取引において委託証拠金を納める制度があり，これは過当投機の防止，業者の債権確保，投資者保護に極めて重要であり，延いては適正な市場の価格形成にも絶対に遵守しなければならないものである。このような強行法規というべき重要な法令を裁判所は単に取締法規違反として有効であるとし，業者から顧客への支払請求を是認してきた。そのため，業者の法令違反は後を絶たず，何回となく繰り返し最高裁まで争われた[1]。業者からの請求を否定すれば，たちどころにこのような法令違反はなくなるはずである。法を守るべき裁判所の遵法精神の欠如は問題といえる。このような違法を是認するから，次に例えば，証券会社は違法な証券担保金融の実行にまで暴走してしまった。すなわち，証券会社は系列ノンバンクを作り，ここから資金のない者に証券購入代金全額を貸し付け，証券を買わせこれを担保とすることまで行った。司法はこのような暴走を止める義務がある。証券市場の健全化への一里塚であった野村証券損失補填事件の判決は正に証取法の存在を軽視し，業者や国民に対し法は守らなくてもよいと公言したに等しい。司法の社会的役割をもっと認識してもらいたい。

　他方会社の取締役は違法と推定される行為や善管義務に違反すると思われる行為に関与したときにはなるべく早い時期に調査し，これを公表し，自分も含め責任者と責任額を明らかにして処理すべきである。早ければ早

いほど，怪我は少なく治療も容易である。第三者，行政当局，政治家等の不当な指示や違法行為は公表すべきである。迅速なる公表と処理は罪一等を減ずることになるのは当然である。株主代表訴訟や株主からの追求を恐れては住専処理の失敗のように事態を悪化させるだけである。損害額についても退職金の返上の程度から考えていくべきである。

　株主側代理人弁護士は，特定の取締役に責任が過度に集中することを避けるべきである。損害額が減じることがあっても，判決であれ和解であれ違法行為の是正という目的が達成すればよい。取締役がともかく支払に応じれば，原則として和解後に代表訴訟はするべきではない。これに対して，株主と取締役との通謀による安易な和解は他の株主の権利を害するとの抽象論は重視するべきではない。ともかく違法行為の反省や是正が先である。

　あらゆる法制度には欠陥がつきまとうものである。特に制定法主義の国では社会情勢，経済状況の変化に迅速に対応できないことも多い。それ故，法律家は社会問題の解決に向けて柔軟かつ果敢に法を運用していくべきである。

(1) 青竹正一「委託証拠金を預託しなかった場合の未清算金の請求」(『消費者取引判例百選』別冊ジュリスト135号) 38頁。但し，顧客に比べ業者の方に積極性が強いのが常態であり，このような場合には，現在では業者の請求を否定するのがむしろ通説ともいえる。堀口亘『最新証券取引法』337頁，田中＝堀口『全訂コンメンタール証券取引法』318頁。

第3部　分割責任の思想と法理

第1章　日本における分割責任の展開

第1節　要旨（個人主義の徹底）

　割合的因果関係論，割合的責任論が様々な事例で議論されてきたが，判例では，「寄与度」という，曖昧ではあるが分かりやすい概念をもって結論を下してきた。しかし，理論面においては，混迷を極めているといわれており，さらに，実務的処理においては恣意的になされているのではないかとの批判もありうる。

　以下においては，従前の成果を紹介すると共に，すべての事例を統合しうる思想，原理は何か，教義学的説明としては何が分かりやすいか，結論の妥当性はあるか，を検討した。

　結論としては以下のとおりまとめられる。

　第一は，近代個人主義に基づく法理である。「故意・過失に基づく契約違反・不法行為」がなければ，責任は問われないが，逆に故意・過失により損害を発生させると，故意ならば損害の全部を，過失であれば過失の程度に応じて損害の一部について責任を負う。

　特に，過失が重要であり，これは損害発生についての予見義務と回避義務である。スピード違反をして，かつブレーキを踏むのが遅れた場合など，損害発生について予見可能性がある場合（注意すれば気付いて防止できる場合）と言われている。損害発生について不注意があった，法令違反行為があった，適切な処置をとらなかったということである。

第二は社会的責任ともいうべきものである。損害発生に具体的な予見可能性がない場合（注意しても防止できない場合）でも，法的責任を負担することがある。例えば，子供を隣人に預けたところ事故になり，傷害・死亡したとき，あるいは好意同乗の事故の場合には，過失相殺が準用され，賠償金が減額される。信頼しえない人に依頼したこと，極めて抽象的な危険発生の恐れを予見しなかったこと，危険へ接近したことなどが問われる。すなわち，法的過失ではなく，いわば社会的責任（社会においてできる限り注意して行動した方がよいという規範）が問われている。

　また，事情変更の原則により，インフレ・デフレの結果，家賃の増減，金利のカット等の処置が認められる。予測しえない事態についても，関係者はそれぞれ責任を分割して負担する。

　経済学的に言えば，自由市場におけるすべての個人は合理的判断をする者とみなされている。将来の予測については，一定の情報に基づき的確になし得るとの前提に立っている。しかし，大きなインフレ・デフレにより予測しえなかった損害が発生した場合には，過失があったわけではないが，損害を公平に負担させることが必要となる。一種の市場の失敗については，等しくすべての人々が予測に失敗した責任をとり，その程度に応じて社会的責任を負うべきであるという分割責任に基づくものといえる。

　以上によれば，近代個人主義，自由主義は，狭い過失という概念に止まらず，個人の社会に対して負う責任という意味での分割責任にまで発展してきた。この社会的な責任というべき分割責任が法的責任にまで高まれば高まるほど，個人を中心とする社会システムは完成に近づき，逆に国家や組織自体の役割も必要最小限に限定化され，明確化されることとなる。

第2節　加害行為と自然力の競合の中での分割責任

　水害が起こったときには，国の責任を認めるにも，住民の側も損害の一部の負担をすべきかが問題である。水害や土石流などの自然力が働いて事故が発生したときに，国家賠償法上の国の責任などは，不可抗力として，または堤防などについて瑕疵がないものとして，免責されるのかが問題となった。古くは，自然力の寄与の程度が小さければ被告の工作物等の瑕疵

があるとされた（東京地判昭和15年1月28日新聞4676号6頁）が，自然力の寄与の程度が大きければ，不可抗力として，あるいは瑕疵がないとして責任は否定された（松山地西条支判昭和31年12月21日訟務月報2巻2号31頁）[1]。

しかし，大きな被害が発生したときに，all or nothing の結論では被害者が敗訴したときには，悲惨な結果となる。そこで，割合的責任論，割合的因果関係論，割合的賠償範囲論が登場してきた。

飛騨川バス転落事故第一審判決では，賠償の範囲を「事故発生の諸原因のうち，不可抗力と目すべき原因が寄与している部分を除いたものに制限する」（名古屋地判昭和48年8月30日判例時報700号3頁）とした。その後，事実的因果関係論のレベルで，割合的因果関係論を採用したとみられる判例があらわれた（加治川水害訴訟第一審判決：新潟地判昭和50年7月12日判例時報783号3頁）（平佐川水害訴訟第一審判決：鹿児島地判昭和53年8月31日判例時報927号221頁）（平戸市道崩壊損害賠償訴訟：長崎地佐世保支判昭和61年3月31日判例タイムズ592号38頁）[2]。このような判決では，自然力を控除した加害行為者の責任割合のみを認めるものとして，分割責任を明確に打ち出したものであり，極めて合理的といえる。

立法においても，鉱業法113条には，「損害の発生に関して被害者の責に帰すべき事由があったときは，裁判所は，損害賠償の責任及び範囲を定めるについて，これをしんしゃくすることができる。天災その他の不可抗力が競合したときも同様とする」との規定がある（同趣旨の規定として，水洗炭業に関する法律19条，大気汚染防止法25条ノ3，水質汚濁防止法20条ノ2）[3]。

しかし，事故や災害の発生と加害行為の間には，事実的因果関係はあるので，相当因果関係論を使わないとすると，何を基準に割合的に因果関係や責任を分割できるのかが問題となる。

営造物，道路，工作物の設置や管理の瑕疵について，その結果の重大性をも含めて自然力を予測して回避する義務が強ければ責任は大きくなり，その義務が弱ければ，責任は小さくなるというべきである。それ故，義務射程の範囲として損害割合が決められるべきといえる。それにより，加害者の行為を合理的に，科学的に律する指標が与えられる。

割合的因果関係論や割合的責任論を機械的にあてはめると，例えば，全損害が2億円として，寄与度を，［加害者の責任：自然力＝5：5］とする

と,認容額は1億円となり,自然力の寄与度をすべて被害者側へ負担させることとなり,不当な結果となる。この場合に政策的に自然力の寄与度を折半して,1億5,000万円の賠償金を認めることも妥当といえる。しかし,その政策判断の理由は,①公平と衡平の思想に基づくものか,②5：5と決めたこと自体に,証明不可能なことを決めたとの前提に立って,割合的心証論を採用して折半するか,③損害額決定は裁判官の裁量によるからか,④加害者の注意義務(行為義務)と被害者の注意義務(現場での居住,現場への接近)の比較の中での,社会行動としての過失相殺とみなすべきか。難しい課題は残るが,分割責任の思想に基づくことは間違いない。

(1) 大塚・前掲第2部第2章第1節注(4)860頁。
(2) 同上。
(3) 窪田充見『過失相殺の法理』(有斐閣,1994年)96～97頁。

第3節　加害者間での分割責任

1　共同不法行為と競合的不法行為

複数の加害者がいる場合には,各加害者が責任を分割して負担するべきであるという法理である。内田貴教授の説明が最も分かりやすいもので,下記のとおりである(但し,順序を変えてある)[(1)]。

　a．加害行為一体型(民法719条1項前段)

　　医師3名が共同して手術をして医療過誤を起こした場合などである。

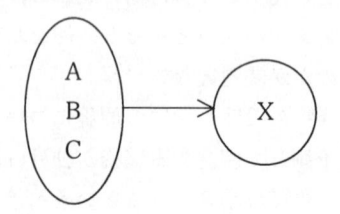

$$\begin{pmatrix} A \\ B \\ C \end{pmatrix} \longrightarrow X$$

　　複数の加害者が加害行為を行っているが,各人が別々の不法行為を行っているのではなく,全体として一つの加害行為がなされていると

評価される場合，加害行為の一体性は，共謀があった場合に典型的であるが，それだけに限らず，社会通念上一体と評価される場合を含む。

b．加害者不明型（民法719条1項後段）

　自衛隊員数名が演習中に同時に発砲して誤って人を殺したが，死因は一発の弾丸であった。

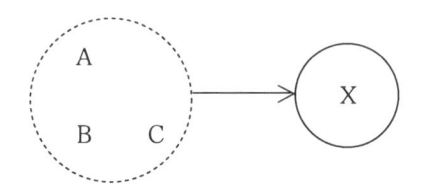

　加害行為を行った複数の主体のうち，誰かが加害者であることは明らかだが，それが誰であるか分からないケース。

c．損害一体型（民法719条1項後段類推適用）

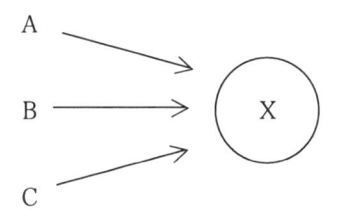

　企業ＡＢＣが別々に有害な廃液を川に流し，その結果下流で農作物に被害が生じた場合のように，加害行為は別々になされているが，被害に一体性があって（どれが誰の加害行為の結果か分からない），個々の加害行為が損害との関係でどこまで事実的因果関係があるか分からないケース（全損害について因果関係があるかもしれず，一部についてのみかもしれず，ゼロかもしれない）。

d．競合的不法行為（独立不法行為競合型）

第3部　分割責任の思想と法理

　　XはAの車両により重症を負い，Bの手術ミスにより死亡した。

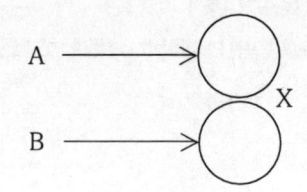

```
A ─────→  ○
              ○ X
B ─────→  ○
```

　独立の不法行為がたまたま競合したに過ぎない場合，加害行為も別だし，損害も，加害行為と事実的因果関係のある損害を確定できる。
　上記aについてはA，B，Cが一体であり，連帯責任を維持すべきである。しかし，b，cについてはA，B，Cが一体ではなく，バラバラになりうる。つまり，民法719条1項後段は，連帯責任の推定規定であり，被告が事実的因果関係，過失の程度を立証すれば分割責任（比例的責任）にできる。推定を覆すことにより，連帯責任を排除できることになる。
　これに対して，dでは，上図のとおり，Xが2つに分かれており（a，b，cではXは一つ），各加害行為A，Bも分かれており，独立の不法行為が競合したにすぎない場合であり，各損害と各加害行為に一定の範囲で事実的因果関係があることも理論上は確定できるものである。始めから，dであると分かるわけではないが，調査や証拠調べによりdと判明すれば，b，cより容易に，事実的因果関係，過失，義務射程により，分割責任としうる。

2　取締役間の分割責任（故意を除く過失行為の分割責任）

　企業統治関係改正商法266条7項は，「悪意又は重過失のときには」一部免除を許さず連帯責任となり，「善意かつ無重過失のとき」，取締役の責任の一部免除を許容する。

悪　　意	善　　意	
故　　意	過　　失	無過失
	重過失 | 単なる過失 | 軽過失	

```
←――――――――→ ←――――――→
悪意又は重過失        善意かつ無重過失
（商法266条の3）     （改正商法266条7項）

←――――――――→ ←――――――→
故意又は重過失        善意かつ無過失
                      （民法192条善意取得）
```

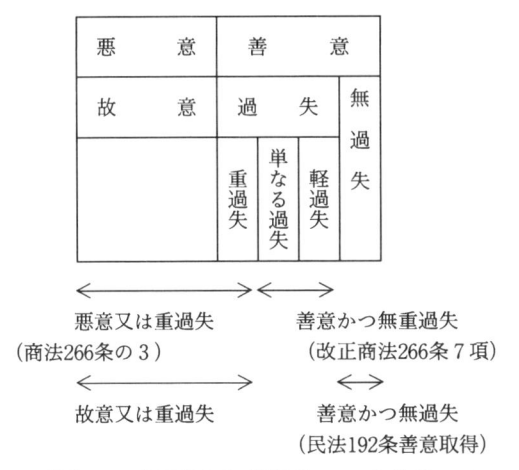

　講学上は，過失は，「重過失と軽過失」の2分法によっている。しかし，実務感覚からいえば，重過失と軽過失とは，まれに例外的に使用されるのみなので，「重過失，単なる過失，軽過失」の3分法が実態を正確に表せるといえる。換言すれば，故意か過失かの認定はしやすいが，重過失か軽過失かの認定は困難である。3分法により「単なる過失」を原則として，重過失，軽過失は極く例外的に使用すればよい。取締役の責任に重過失概念をもちこむべきではなかった。また3分法の方が2分法より取締役の免除できる過失の幅が広がる。

　米国のPSLRA（私的証券訴訟改革案）は，"knowing violations"のときには（日本語訳は故意）連帯責任であり，recklessness（未必の故意または無謀）及び過失のときには割合的責任（分割責任）にしうると説明されている[2]。

　少なくとも取締役の責任を問う分野では，重過失を含め，過失責任全般の分割責任を進めるべきである。さらに，分かりやすくするためにも，上記1のとおり故意と過失に分けて論ずるべきであり，以下も同様に論ずる。

　すなわち，上記1のaの加害行為一体型（民法719条1項前段）は，共謀，共同行為の認識などの意思的関与が存在し，主観的関連共同性，意思的共同不法行為といわれるものである。原則として，複数の取締役全員の故意行為といえる。

　平井教授の説によれば，故意不法行為は過失不法行為と性質を異にし，責任を負わせる根拠も異にする。故意の場合には相当因果関係に基づく予

見可能性を要求すべきではない。その保護範囲は過失のように義務射程により制限する必要はなく，故意行為と事実的因果関係に立つ損害は原則としてすべて賠償されるべきこととなる。

これに対して，上記１のｂ，ｃ，ｄは原則として過失行為の場合といえる。ただし，主謀者の故意行為と，これを制止しえなかった任務懈怠者の過失行為が混合することもある。結論としては，１のｂ，ｃ，ｄの過失行為については，分割責任としうる。

取締役の法令定款違反行為について，故意行為に対しては連帯責任を維持し，全損害に対して賠償責任を負わせ，過失行為に対しては分割責任にとどめるということは，上記民法理論からも裏付けられるのである。今後は，取締役の責任が問題とされるケースは，まず過失行為がほとんどであろうから，さらに注意義務を詳細に，具体的に，かつ継続的に積み上げていく必要がある。

(1) 内田・前掲第２部第１章第２節注(6)491頁。
(2) ロバート・W・ハミルトン著・山本光太郎訳『アメリカ会社法』434頁（木鐸社，1999年），Robert W. Hamilton:The Low of corporations（5 th ed. 2000) West Nutshell Series. at 566

第４節　被害者側への責任の分割

加害者と被害者との間で，互いに損害を分担しあうことである。英米法では，古くは原告（被害者）に過失があったときには，寄与過失（contributory negligence）の法理により，被告（加害者）は免責され，原告は全面的に敗訴した。

しかし，その後原告に過失がある場合には，損害を原告にも負担させる比較過失（comparative negligence）の法理へと発展し，原告は一部勝訴するようになった。日本の過失相殺と同じである。米国では，この比較過失が登場したことにより，加害者間での責任の分担をする法理である「責任の分割」（apportionment of liability）へと発展した。proportionate liabilityは分割責任，比例的責任，割合的責任と訳される。

1　被害者の過失に基づく過失相殺

　被害者の過失が明らかなときには、被害者が損害の一部を負担する。例えば、交通事故で、被害者が道路に飛び出したとき、信号のない所を渡ったときなどである。窪田充見教授は、過失相殺制度を基礎づける従来の学説を下記のとおり紹介する[1]。

① 所有者危険負担の原理と被害者への帰責
② 損害の公平な分担
③ 損害の金銭的評価の問題とする視点からのアプローチ
④ 義務的構成
⑤ 加害者の責任縮減の問題とする見解

　しかし、筆者は加害者と被害者の双方の過失のぶつかり合いとみる。行為義務違反の衝突とみると分かりやすいと考える。結果の重大性と、これに対する予見義務、回避義務を基準に、責任を分割するものと考えるべきである。

2　被害者側の事情に基づく過失相殺（準用）

　1に対して、被害者本人の過失行為がないときにも、下記の被害者側に事情がある場合には、より広く被害者側の原因により被害が拡大したものとみて、過失相殺が準用される。

① 事理弁識能力を欠く者
　　幼児、高齢者、精神病者
　　保護者の監督義務を考慮することが妥当といえる。
② 好意関係
　　好意同乗、隣人関係
③ 被害者の素因
　　病的素因（肉体的、精神的素因）、加齢的素因

　上記②③においては、被害者側に過失という帰責性がないために、保護者の義務を考慮しうる①に比較して、より相殺率は下がることとなる。しかし、②においては、信頼すべきでない人への信頼、危険への接近など、③においては、自己防衛の義務、他人への開示などの社会的責任が問われているといえる。

3 取締役の株主に対する過失相殺（準用）

取締役からみて，株主の過失または事情（危険への接近，被害の拡大への寄与）をも考慮するということである。株主代表訴訟における株主は投資をする者である。株式購入をする選択肢を行使し，かつ，株主総会を通じて取締役を監督する立場にある。元来，経済的リスクを背負うことから始まり，リスク回避の道も与えられている。それ故，突発的に，何らの過失なく人身被害を受ける被害者とは全く異なる。

それ故，取締役の責任の連帯責任を分割化すること，取締役のうちの無資力者の危険を負うこと，すべての過去の取締役を被告にしえないこと，また事案に応じて賠償額を減額することも甘受するべきである。

(1) 窪田・前掲第2節注(3)169～186頁。

第5節 契約（取引）当事者間での分割

1 関係的契約当事者間での責任分割

契約当事者の間でも，継続的関係にある場合には，損害を分担して負担する場合が多くなる。内田貴教授は，「契約の再生」「契約の時代」を著し，日本における，戦前から現代へ向かっての契約法の展開を，関係的契約論の立場から見事に描いている[1]。

古典的契約像は，「契約自由の原則」や「私的自治の原則」の下に，「当事者が全く自由に契約内容を決定でき，契約条件は完全に当事者の自治に委ねられているという観念」を基礎にしているが，これはあくまで，個人主義的な自由主義，個人の意思を極端に重んじる意思主義の思想にすぎず，19世紀から，現実の社会や取引における契約の実態はそのようなものではなく，倫理観，信義の観念，共同体的制約，法令等により，制約されたり修正されたりしてきたという。現代に近づくにつれ，規制の増大，契約義務の拡大，法化現象，不法行為法理との競合，生ける法の重視，新たな非典型契約の増加等が発生し，ますます私的自治は形骸化しつつある。

それ故，裁判所は裁量権を拡大しつつ，一般条項や規範的概念（正当事由など），取引慣行，その他の不確定概念を多用しながら，契約関係の規制，当事者の利害の調整をするようになった。信義誠実の原則（信義則）は

次のように多用され,「帝王条項」たる地位をますます揺るぎないものにしているとみる。
① 契約締結交渉を不当に破棄した場合に損害賠償を肯定するもの
② 一定の契約締結に際して,正確で充分な情報を提供したり助言したりする義務を課すもの。
③ 契約条件を事後的に改訂するための交渉義務,すなわち再交渉義務を信義則上肯定するもの。
④ 厳密な意味での契約締結後に限らないが,広い意味で契約関係に入った相手方の損害の発生や拡大を防ぐために,一方当事者に信義則上一定の作為義務を課すもの。
⑤ 契約の更新拒絶や解約,あるいは解除に際して,あくまで契約の継続を尊重し,正当な理由なしに契約関係を解消することを認めないもの。
⑥ 報酬の支払や貸金の返済,あるいは損害賠償の支払等,金銭の支払が問題となるときに,信義則を理由にこれを減額することにより,当事者の利害を調整する中間的解決を与えるもの。

古典的契約モデルの特徴は,「現在化」(契約締結時を基準とする),「単発性」(社会関係からの切断)であるが,関係的契約法理は,社会との関係の中で,契約プロセスの動態を重視し,「継続性原理」と「柔軟性原理」を特徴とする。

しかし,解釈学的正当化については,「関係的契約法理も,自由競争を前提とする経済合理性で説明することは相当程度可能である」といわれるが,結論としては,「納得」「(取引)共同体の道徳的直観」に基づく,経済システムとの棲分けによる生活世界に共有された内在的規範に基づくのであることを強調される。

以上が,内田教授の考え方の正確な紹介と思うが,上記「納得」「共同体の道徳的直観」には,筆者としての意見を加えたい。日本社会は,米国に比べ,人々の直観,意識,考え方,道徳,行動規範というものは,良く言えば安定しているし,悪く言えば保守的,固定的である。その理由は,政治体制としての天皇制,法と社会における言論の自由の制約,多くの組織における非民主的運営等にある。

現代に至り，多くの点で改善されたとはいえ，最も日本で問題なのは，大きな経済変動，著しい技術の進歩，急速なグローバリゼーションの中にあって，人々の考え，行動規範が取り残されつつあることである。共同体社会の中で，社会変動と共に先に走っていく者を支援する人々の関係を作っていく必要がある。その中で紛争が発生しても，社会変動に合わせた前向きな解決を示さなければならないはずである。

筆者は，市場経済に基づく経済合理性を基準に，これについての逸脱（市場の失敗），投機への規制，経済変動への是正等をどのようにコントロールするかを課題とすべきであり，すべての人々がこれらについて義務と責任を負うべきであり，行動規範やスタンダードを求め続けなければならないと考える。すなわち，経済と生活を守るためのスタンダードを求めるためには，応答的法モデル，システム論的自省法理論，コミュニケーション的合理性理論も有効である。義務射程を常に検討しながら行動するのと同様に，契約当事者間での責任の分担，分割を行う法理を軸に考察すれば，必ずしも「直勧」「納得」をもち出す必要はないと考える。このように考えると，取締役，株主，会社との間は，正に関係的契約法理が適用される分野といえる。

2　サービス契約・専門家責任における過大な損害の分割

関係的契約法理が適用されるうちでも，特に，予想外の過大な損害が発生する場合があり，一方的にすべて押しつけると著しく不公平となるので，双方が応分の負担をなすべきこととなる[2]。コンピューターソフト開発契約の開発技術者，建築設計士，公認会計士，弁護士，司法書士などが，大企業から依頼され，契約目的を履行したときに，契約違反や不法行為に基づく行為により，多額または巨額な金額の損害が発生することがある。その損害全額をその専門家のみに押しつけるのは社会常識には合わず，双方が応分の負担をすると考えるべきだろう。しかし，その根拠は何であろうか。

両当事者は継続的関係に立ち，協働作業を行い，双方ともに損害を抑止し，損害を軽減すべき義務を負うからである。専門家の行為と事故発生，全損害との間に事実的因果関係があるとしても，双方に過失がある場合が

多く，専門家の過失に基づく義務射程の範囲は狭くなるし，また，過失相殺の問題としうる。

さらに，専門家の方に過失が多いとしても，専門家の報酬はわずかであり，顧客たる大企業は莫大な利益をあげる。互酬性，対価性のバランスからして，損害負担もバランスよく分割しなければならない。

但し，この点，専門家が市民を顧客とする場合は異なる。患者を相手にする医師，市民を相手とする弁護士，零細企業を相手とするソフト開発会社の場合には，そもそも報酬に比して相手が過大な利益をあげるわけでもないので，過失相殺はありえても，それ以上の特別な責任分割を必要としない。取締役の責任は，前者の大企業に対する関係に等しいもので，サービス契約，専門家責任の法理と同じように考えられる。

3 事情変更の原則に基づく債権者・債務者間の損害負担の分割

関係的契約法理のうちの一つではあるが，非常に特殊なものとして，「事情変更の原則」がある。契約当事者が予期しえなかったインフレ，デフレ等が発生したときに，その損失についての責任を応分に負担するという意味での責任の分割である。契約法理，不法行為法理では，当事者の過失，すなわち予見義務と回避義務の違反が責められるのに対して，予見可能性がないという意味では無過失であるが，応分の負担をするという非常に常識的な考え方である。法の歴史の浅い日本では，なかなか発展してこなかった法理であるが，諸外国では実績もあり，さらにこれからは大いに利用が期待されるものである[3]。

ドイツにおいて，第一次大戦後の激しいインフレーションにおいて，事情変更の原則により契約の改訂が認められた。日本において，バブル崩壊後の大きなデフレーションにこの原則は適用されないのか。

事情変更の原則とは，我妻栄博士によると，次のものである。

① 当事者の予見せず，また予見しえない著しい事情の変更を生じたこと。

② その変更が当事者の責に帰すべからざる事由によって生じたものであること。

③ 契約の文言通りの拘束力を認めては信義の原則に反した結果となる

こと
④　その効果は，解除権，修正権である。
ユニドロワ契約原則でも下記のとおりこれを認めている[4]。
第6・2・2条（ハードシップの定義）
　ある出来事が生じたため，当事者の履行費用が増加し，または当事者の受領する履行の価値が減少して，契約の均衡に重大な変更がもたらされ，かつ，次に掲げる要件が満たされる場合には，ハードシップが存在するものとする。
　(a)　その出来事が生じたとき，または不利益をこうむった当事者がそれを知るに至ったときが，契約締結後であること。
　(b)　その出来事は，契約締結時に，不利益をこうむった当事者により合理的に考慮されうるものではなかったこと。
　(c)　その出来事は，不利益をこうむった当事者の支配を超えたものであること。
　(d)　その出来事のリスクが，不利益をこうむった当事者により引き受けられていなかったこと。
第6・2・3条（ハードシップの効果）
(1)　ハードシップとされる場合には，不利益をこうむった当事者は，再交渉を要請することができる。
(2)　再交渉を要請しても，それだけでは，不利益をこうむった当事者が履行を留保する権利を有することにはならない。
(3)　合理的期間内に合意に達しえないときは，いずれの当事者も裁判所へ訴えを提起しうる。
(4)　裁判所は，ハードシップがあると認めたときは，以下のことを，それが合理的であれば，命ずることができる。
　(a)　裁判所の定める期日および条件により，契約を解消すること。
　(b)　契約の均衡を回復させるという観点から契約を改訂すること。
　事情の変更とは，戦争の勃発，大災害の発生，法令の変更も含む。神戸大震災などはその例である。
　日本では，インフレにおいて，土地売買契約締結後に長期間が経ち，価格が高騰したため，代金の増額が認められた例がある。
　これに対して，最近の建物サブリース契約が紛争となり，100件以上の訴訟になった。銀行が融資をして土地所有者の土地に抵当権を設定し，不動産業者が建物を一括借受して，テナントへサブリースをするが，その際，

家主に賃料を保証した。しかし，賃料が下落したり空室が出てきたため，不動産業者は家主に賃料の減額を請求した。

借家法の条文は，事情変更の原則の例示であり，家主への減額請求を認容するのは正当といえる。不動産業者と家主とは共に，予期せぬ事態に責任を分担したといえる。しかし，問題は，家主は金融機関への支払が一部できなくなることである。金融機関に利息や元本の一部を放棄させるなど応分の負担をさせなければ，理屈が通らないこととなる。一般的に，バブル期の貸付については，事情変更の原則を適用して関係者の責任を分割する方法で，契約の改訂，解除を進めるべきであろう。

民事再生法は，バブル期の貸付を整理する上で，迅速な処理を含め極めて社会的価値は大きいが，何ら責任のない一般取引業者の無担保債権をほとんどカットしてしまう点に大きな問題が存する。バブル期の貸付についての責任を負担させるには，金融機関に不動産価格の別除権のみを認め，これを超える貸付金はすべてカットする（一般債権化しない）ことが正しい。すなわち，倒産原因とは無関係の取引業者の責任を問う理由はなく，再生者及び，倒産原因に事実的因果関係のある貸付業者は，予見可能性はなかったものであるが，これらの者には，分割して責任を負わせることが正当といえる。取締役の責任においても，インフレ，デフレにより会社が大きな損害をうけたときに，仮に景気変動についてのプロとしての過失があると考えても，株主を含む会社を運営する者すべてに責任を分散させるべきであろう。

(1) 内田貴『契約の再生』（弘文堂，1990年），同『契約の時代』（岩波書店，2000年）。
(2) 山川一陽＝根田正樹『専門家責任の理論と実際—法律・会計専門家の責任と保険』（新日本法規出版，1994年），川井健『専門家の責任』（日本評論社，1993年）。
(3) 潮見佳男『契約責任の体系』（有斐閣，2000年）70，92頁。久保宏之『経済変動と契約理論』（成文堂，1992年）。
(4) 内田・前掲注(1)263，264頁。

4　違法行為（架空取引）における責任分割

取引自体が公序良俗に反していたり，法令違反であったり，正常な経済活動でなかったりする場合がある。裁判所は，汚れた手をした者には救助をしないで，申立を却下すべきであるという原則（クリーン・ハンズの原則）

がある。関係者すべての申立を却下することになる。しかし，全く裁判所を利用できないとすると，暴力団に依頼したり，闇の決着をつけることになりかねないので，裁判所は，なるべくクリーン・ハンズの原則を使わずに他の理由を使って，棄却をしようとする。その典型的な例として，また日本の取引社会に横行してきた例として，架空取引における紛争の解決方法，責任の分担のさせ方をみてみる。

(イ) 判　例

現在まで以下のとおり多数の判決が出されている。これはいわゆる氷山の一角にすぎず，架空取引が日本の経済社会にいかに広がってきたかを表すものである。大商社三井物産の幹部（高任和夫氏）の書かれた小説『架空取引』（講談社，1997年）も相当に売れたほど，多くの人に関心を持たれている。

＜判例一覧（判決日時順）＞

※（　）介入取引……下記(ロ)

○　環状取引……下記(ハ)，イトマン事件下記(ニ)

(1)　大阪地判昭和47年3月27日判例時報684号76頁，野口恵三「判例に学ぶNo.19」ＮＢＬ37号40頁

東洋綿花対Ｂ社員2名，福井商事

(2)　那覇地判昭和50年7月9日判例時報864号104頁

阪和興業対南部産業

(3)　福岡高裁那覇支部判昭和52年1月21日判例時報864号96頁

(4)　新潟地判昭和53年8月25日判例タイムズ372号104頁，NBL185号50頁，柏木昇・別冊ジュリスト129号202頁

岡田対トーメン

(5)　東京高判昭和53年11月24日判例時報918号75頁

東急トレーディング対田原昭栄機工

①　東京地判昭和54年4月16日判例時報945号110頁

日石丸紅対東京キグナス石油販売

(6)　東京高判昭和54年4月17日判時930号72頁

中栄　対　武州商事

(7)　東京地判昭和56年4月6日判例時報1014号79頁（控訴）

　　　　日医リース対司生堂薬局
(8)　東京地判昭和56年7月30日判例タイムズ465号130頁
　　　　日重商事対日産樹脂
(9)　神戸地判昭和59年9月18日判例時報1167号87頁
　　　　兼松江商対トーメン
②　大阪地判昭和59年9月27日判例時報1174号105頁
　　　　大丸興業対兼松江商
(10)　東京地判昭和60年9月25日判例時報1177号121頁, 川村正幸・金融・商事749号44頁
　　　　石川商店対共同印刷
③　東京地判平成元年1月30日判例タイムズ714号201頁
　　　　イトマン
④　東京地判平成2年5月22日判例時報1388号58頁, 長尾治助・判例時報1397号184頁
　　　　イトマン
⑤　東京地判平成2年8月28日金融・商事873号36頁
　　　　イトマン
⑥　東京地判平成4年7月30日判例時報1477号65頁
　　　　イトマン（消滅時効2年）
⑦　東京地判平成5年3月22日判例タイムズ845号260頁
　　　　大興物産対日鉄商事
⑧　東京地判平成8年7月1日判例時報1598号122頁
　　　　ティッセン日本対兼松（消滅時効2年）
⑨　大阪地判平成8年9月2日判例時報1599号114頁
　　　　小林織物対澤村
　(ロ)　介入取引・つけ売買
　上記の判例を分かりやすく図解で説明すると次頁の図のとおりになる。介入取引とは, A（メーカー, 卸し）がCに物品を売却する際, Cに資金力がないときに, AとCは, Bに介入してもらい, A→B→Cと売買の流れ（但し, A→Cの直送）をつくり, BはCから物品受領書を受けると, 例えば, BはAに1ヵ月サイトの手形を交付し, Cからは3ヵ月サイトの手形

を受け取り，Cに対する与信機能を果たすものである。しかし，AからCへの物品の流れがなく，カラ売りのことがある。そこで，BはCから物品受領書を受領することにより，Cは物品不受領の抗弁をできないし，売買の無効も言えないとされてきた。しかし，双方に過失があることもあり，下記判例(1)及び(9)では過失相殺されている。今後はBの側の注意義務は高まると考えられる。

```
┌─ 売買の流れ    A→B→C→D
└─ 訴  訟    原告⇨被告
           (但し，B・Cが中間者でない表示もある)
```

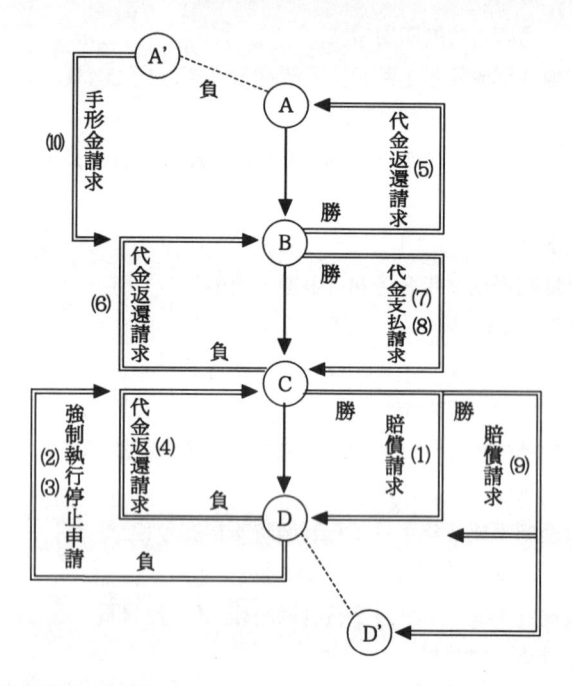

(1)　昭和47年3月27日
　　Bの社員のカラ売詐欺
　　Dの社員より納品書と白地受領証を発行させる。
　　B社員の不法行為（詐欺）とD社員の過失
　　（Dの使用者責任）を認定した。
　　Cの過失3割（直接Dに確認すべし）

(2) (3) 昭和50年7月9日・昭和52年1月21日
　　ＣＤ間の公正証書成立
　　ＡとＤのカラ売りの共謀
　　Ｄの強制執行停止申請
　　ＤはＣに預かり証発行
　　Ｄの契約解除の主張は信義則違反
(4) 昭和53年8月25日
　　ＤがＣ商社の介入を依頼
　　Ｄの代金一部支払後，Ｂ倒産
　　引渡未了，ＤはＣに物品受領書交付
　　未納入不告知
　　債務不履行解除は信義則違反
　　解除できない。
(5) 昭和53年11月24日
　　ＡＢの売買契約
　　Ｂは所有権留保でＣに売却
　　Ａは約定場所Ｃと異なるＤ工場に納入
　　Ｃの検収引渡証明書をＡ経由でＢへ交付
　　Ｃ保証人振出手形不渡
　　債務不履行解除
(6) 昭和54年4月17日
　　Ａの未納入のまま倒産
　　ＣはＢに受領証の交付・手形交付
　　納入済と告知する。
　　売買契約解除は信義則違反
(7) 昭和56年4月6日
　　Ｃ商品の受領済を言明し，物品受領証をＢに交付
　　ＣはＢへ手形交付→不渡
　　Ｃ契約解除は信義則違反
(8) 昭和56年7月30日
　　ＣはＢに物品受領書交付（形式の整備）

Aから直接Cが引渡を受ける約定（暗黙）
(9)　昭和59年9月18日

Bの社員のカラ売詐欺（不法行為），C支払後B倒産

DとD'（倉庫業者）は在庫確認しないまま

Cに物品受領証を交付

DとD'はCに5分の2を支払う義務あり

　（過失割合　B2＋CDD'各1＝5）

(10)　昭和60年9月25日

AB間の架空取引

B物品受領証をAに交付したので

Bは支払を拒否しえない。

但し，AのA'への隠れた取立委任裏書は

信託法12条違反で無効

(ハ)　環状取引

　環状取引とは，A→B→C→D→Aと物が転売されていくが，物が直送される方式をとるため，結局，書類上の処理だけで済ませてしまうもので，Aにとっても，何の利益にもならないので，違法ともいえるものである。似たものに，キャッチボール取引がある。BはCから物品受領書を受領していれば，Cへの代金支払請求をしうるとしている。しかし，Bにも落度があると，⑨のようにBの一部敗訴となる。

①　昭和54年4月16日

石油，手形金請求，引渡省略合意，環状の売買すべて成立→引渡履行されたものとみなす。

CはBへ物品受領書を交付済

解除できない

②　昭和59年9月27日

衣料品・解除できない。

同時履行言えない。

認識して受領の意志表示

Aの受領書交付，この受領書が請求書，納品書，出荷案内書に添付された。

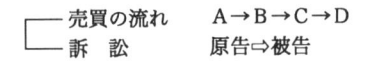

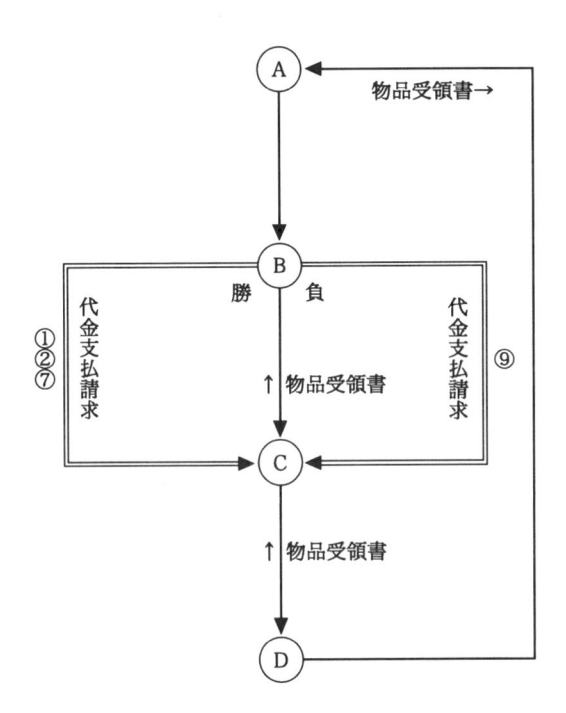

第1章　日本における分割責任の展開

```
┌── 売買の流れ　　A→B→C→D
└── 訴　訟　　　　原告⇨被告
```

```
           A ←─────────────┐
           │      物品受領書→  │
           ↓                  │
    ┌──────B──────┐           │
    │     勝  負    │           │
   代           代 │           │
   金           金 ⑨           │
   ①支          支 │           │
   ②払    ↑    払 │           │
   ⑦請  物品受領書 請           │
    求           求 │           │
    │      ↓      │           │
    └─────→C←─────┘           │
           │                  │
           ↑ 物品受領書          │
           ↓                  │
           D ─────────────────┘
```

⑦　平成5年3月22日

中古仮設材

BからCへ請求書・納品書・受領書を送付し，CはBへ受領書を送る。

見積書もあり。

解除は信義則違反

⑨　平成8年9月2日

繊維

CからBへの受取書一部あり。

一部受取書なし。

引渡なしを理由として，履行遅滞・解除を認める。

㈡　環状取引・イトマン事件

図の矢印は，売主から買主への(架空の)物の流れを示している。Pは請

第3部　分割責任の思想と法理

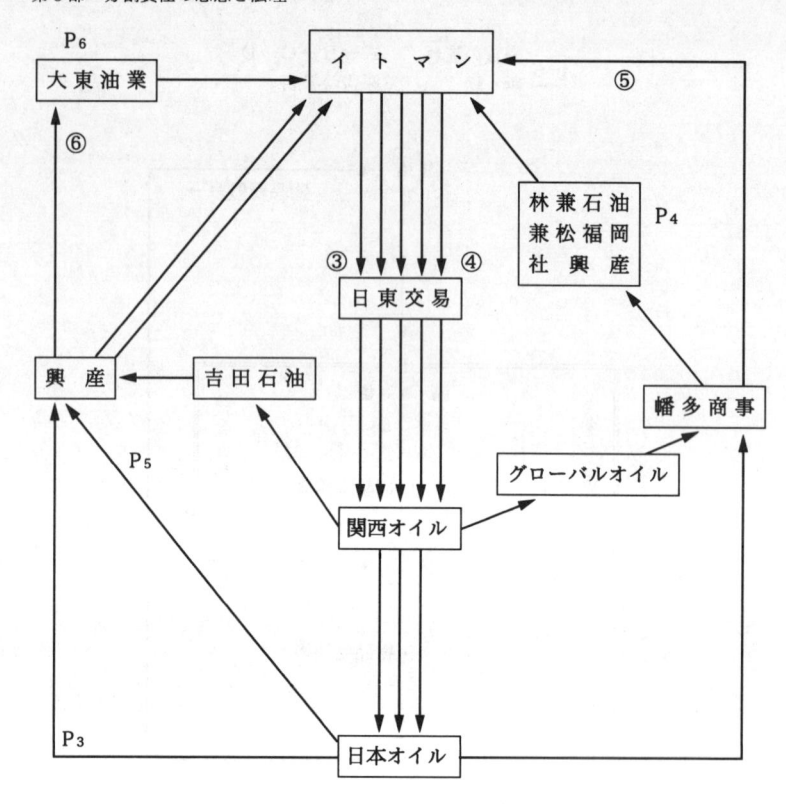

```
     P6
   大東油業 ────────→ イ ト マ ン ←──────────────┐
        │         ↑  ↑  ↑  ↑              ⑤  │
     ⑥  │       ③ │  │  │ │④               │
        │         │  │  │ │            ┌─────────┐
        │         │  │  │ │            │林兼石油 │ P4
        │         │  │  │ │            │兼松福岡 │
        │       ┌─────────┐            │社興産   │
        │       │日東交易 │            └─────────┘
        │       └─────────┘                 ↑
        │         │ │ │ │                   │
   ┌─────┐ ┌─────────┐                     │
   │興産 │←│吉田石油 │                   ┌────────┐
   └─────┘ └─────────┘                   │幡多商事│
        ↑                                  └────────┘
        │       │ │ │ │          ┌──────────────┐
        │       │ │ │ │          │グローバルオイル│
     P5 │       ↓ ↓ ↓ ↓          └──────────────┘
        │       ┌─────────┐        ↗
        │       │関西オイル│───────
        │       └─────────┘
        │         │ │ │
        │         │ │ │
        │         ↓ ↓ ↓
     P3 │       ┌─────────┐
        └───────│日本オイル│───────────────────┘
                └─────────┘
```

求原告。

　なお，イトマン事件はすべてイトマンが債務を支払わねばならないか，という形で訴訟となっている。

　③　平成元年1月30日

　ある業者がイトマンの取引口座を利用させてもらうために，円環状の取引を行った事例

　但し，目的物が本当に存在したかについては不明（目的物の不存在と言うことを主張はしているものの，結果として環状取引であるからわざわざ特定がなされず不存在なのか，そもそもそのような物自体がないのか，という風には一応区別が出来る。本件ではどちらの意味かは不明）。

　(a)　売買契約が成立し，請求書，納品書，物品受領証が交付されている。
　　　原告他は，代金決済履行済み。

(b) 目的物が存在しない以上，売買は当然に無効か。

　　イトマンは，本件売買契約は物流の存在を前提としている以上目的物が存在しない本件の売買契約は無効だと主張（原始的無効だ，ということであろう）。これに対して判決は，中間業者は目的物の引渡は関わり合いのないことであるとの認識に立って取引をしている以上，目的物が引き渡されなくとも売買契約に基づく債務の履行を求められることを事前に承諾していたものであると判断されるから，そうであるのなら後日（売買目的物の不存在→物流の不存在）を理由に売買の無効を言うことは信義誠実の原則に反する，とした。

(c) 虚偽表示により無効か。

　　判決は契約当事者が契約の当時目的物の不存在を知っていたとは認定できない以上，虚偽表示の主張は失当である，とした。

④ 平成2年8月28日

事例としては③とほとんど同じ。

(a) 売買契約が成立し，請求書，納品書，物品受領証が交付されている。原告他は，代金決済履行済み。

(b) 目的物不存在による無効

　　物の流れのないことを前提とした契約であるから，無効ではないと判示。

(c) 公序良俗違反ではないのか。

　　イトマンは税を免れるため，あるいは不法な暴利を確保するために行う行為は公序良俗違反であると主張（さらに，円環を形成している以上，一つでも公序良俗違反なら全体として無効と主張）。これに対して，判決はそのような証拠はない，とした。

(d) 目的物の引渡がないことを理由に解除できないか。

　　判決は目的物の引渡権利義務自体が円環を成立させた時点で消滅する，と判示したうえで，解除を否定する。

　　その理由としては，売主と買主が一致する以上事実上無意味であるということの他に，そもそも中間当事者は目的物の引渡自体を重要視していないはずだから，とする。

(e) 同時履行の抗弁をもって対抗できないか。

本件は本来の意味での売買契約ではないが，契約当事者に目的物の引渡義務が発生しないという(売買)契約であって，契約事由の原則から各当事者がこれを良しとして任意になした契約である以上その欲した通りの法的効果が生じる。よって，同時履行という権利の発生する余地はない，と判示した。

なお，仮に抗弁権があるにしても引渡義務が形骸的なものである以上，その抗弁権の主張は信義則上許されない，とも言っている。

⑤　平成2年5月22日

環状取引だが，最初から円環になることを予測はしていなかった事例

(a) 売買契約が成立し，請求書，納品書，物品受領証が交付されている。原告他は，代金決済履行済み。

(b) 目的物の引渡がないのに，代金の支払が必要か。

判決は，円環を成立させた時点で目的物引渡義務は混同によって消滅するに到るから，全当事者間で目的物を引き渡したのと同視しうる状態になった，として代金の支払義務を認めた。

(c) 無効主張

目的物については，(灯油自体を特定物として分離等しておく必要はなく，という意味だろう) 精製所に白灯油が全くなかったとは言うことが出来ず，目的物がなかったとは言えないとし，そのため虚偽表示とも言えない，としている。

④等が目的物がなくとも，というふうにしていたのに対し本件で目的物がなかったとは言えない，としている点が特徴。

⑥　平成4年7月30日

最初は通常の取引のつもりであったが，結果として取引が円環を形成したため，事後的に全当事者がオーダー整理の合意を行った事例

(a) 売買契約が成立し，請求書，納品書，物品受領証が交付されている。原告他は，代金決済履行済み。

(b) このオーダー整理の合意の性質，そしてこの合意によって発生した債権の性質をどのように考えるか。

売買契約とは異なる一種の無名契約である，との主張もなされたが，判決はこの主張を退けて，オーダー整理の合意とは売買契約が成立し

ていることを前提として，その引渡を省略する合意である，とした。
(c) この判例は，当初から円環状型の取引を意図していたわけではない点が特徴。
(ホ) 不正滞留型取引（札幌地裁平成8年第769号売掛代金請求事件）

この事案は，上記介入取引，環状取引とも異なる型である。AとBは架空取引について悪意者，その中間者は善意であり，AからBへの直送方式の中で，Bは架空仕入，架空売上を計上するが，Bはすぐ赤計上して売上を取り消し，請求書を止め，その後売先が決まってから再度売上を黒計上するという方法をとっていた。このような企業会計原則に反するような会計処理をしなければ，なしえないものである。

下記判例では，原告XはBに当たる者であり，被告Yは図の白丸（善意者）に当たる。それ故，判決ではXに故意に等しい著しい過失を認め責任を分割させ，大幅に請求を減額してわずかの金額を認容した。

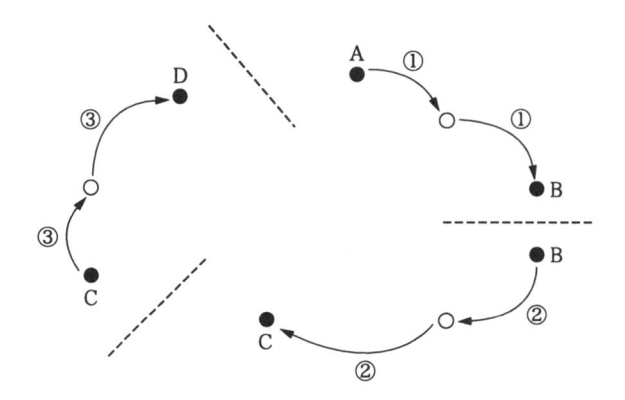

「被告会社の支店物資部長である乙は，昭和62年頃，原告会社の担当者である事業資材本部長甲に対し，原告（以下Xという）と被告（以下Yという）の間で，お互いに商品の引渡をすることなく土木資材の売買を行い，双方の取引額を増やすことを提案した。甲も，これを承諾した。以後，本件取引合意に基づく取引（以下「本件取引」という）が継続して行われた。

XとYとは，昭和62年頃，Y物資部長乙の指示により，お互いに商品の引渡をすることなく土木資材の売買を行う旨の本件取引合意をし，平成3年頃からは，第三者からの取引も含めて売買することになり，右合意に基

づく乙の指示により成立した平成7年2月から同年7月までの間の売買により，次のとおり，XのYに対する合計32億8,362万7,640円の売買代金債権が発生した，と認めることができる。

　なお，第三者に売買された取引について，第三者が売買を拒否した事例は従前にはなく，そのような場合にYが買い受ける旨の合意（買戻特約）があった，とまでは認められない。また，Yが買い受けるがその請求の時期を留保していた売買については，相当期間の経過により，請求できる，と解すべきである。

　本件取引は，昭和63年頃から，乙の指示に基づき買掛金および売掛金として扱われ，その決済は，反対債権により相殺処理され，差額を手形で支払われてきたこと，本件取引は平成7年前半まで継続していることや乙の物資部部長との肩書に照らせば，Aには本件売買をする権限があった，と認められるし，契約書や納品書等の書類の作成がなかったからといって，本件売買の成立を否定することはできない。

　前記認定の事実に照らせば，本件売買が通謀仮装取引と認めることはできないし，本件取引が会計規則等に違反するところがあっても，本件売買の法的効力を妨げる事由にはならない。

　本件取引は，商品の授受を予定していない取引であるから，本件売買において，目的たる商品が引き渡されていないことをもって，本件売買に基づく権利行使（遅延損害金の請求も含めて）が許されないとする理由はない。

　本件取引は，その一部差額が手形で支払われることはあったが，もともとXとYとの間の取引額の決済は相殺を予定しており，現実に経済的出捐をして支払をすることは予定していなかった，と認められる。本件売買も，当然に乙の指示により発生する反対債権による相殺が予定されていた，と推認できる。

　とすれば，乙が本件売買の買主や売買時期の指定，さらに反対債権の指示ができなくなって，本件取引が破綻した本件のような場合において，上記説示のような性質をもつ本件取引に関して法的には成立したと認められる売買代金債権の権利行使をその額面額どおり是認するのは，当事者双方の本件取引についての予想に反し，公平の原則に反することになるから，信義則上，本件売買の代金債権の行使は，本件売買によってXが被った損

害を考慮して，一定の限度に制限される，と解するのが相当である。

　Yの主張は，上記の範囲で理由があるから，本件取引が予定していた相殺をした後の債権額について，信義則及び公平の原則から，その行使金額を制限すべきである。

　さらに，前記のとおり，Xの売買代金債権残21億6,548万8,232円のうち，現実に履行を求めることのできる範囲を検討するに，前記で認定した事実関係によれば，Xの上記売買代金に対応する仕入取引のうち，Xが手形で実際に支払をした金額（相殺により決済した部分について，Xが実際に経済的出損をした，あるいは，これと同視すべきである，と認めるべき特段の事情はうかがえない）は，次のとおり，1億2,325万906円と認められるから，XがYに実際の出損を求め得る金額は，1％の利益分も考慮し，1億2,500万円とするのが妥当である。

　前記で認定した事実関係によれば，Yの使用人であったAは，Yの事業である本件取引を行うに際し，Xに指示した仕入取引に対応する売買取引を指示して仕入取引の決済をすべき義務があったにもかかわらず，第三者に対する売買取引を完成させることができなかった不法行為があった，と認められる。

　したがって，Yは，乙の上記不法行為によって，Xに生じた損害を賠償する使用者責任がある，と認めることができる。

　そこで，Xに生じた損害を検討するに，名目的には，Xの指示により成立していれば取得できた売買代金債権相当額がXに生じた損害である，と認められる。しかし，すでに説示した，本件取引が相殺による決済を予定しており，実際の支払は反対債権が発生していない場合あるいはその差額に限定されていたことを考慮すれば，Xの損害は，売買に対応する仕入取引において実際に支払った金額にとどまる，と解するのが妥当である。したがって，Xの損害額は，次のとおり，1億8,393万330円と計算される。」

　XのYに対する約30億円の請求について，Xの過失を9割とみて，1割の約3億円の支払を認容した。しかし，これはXが代入先に払った直近の代金のみ約3億円を損害とみたものであるから，本来約3億円から過失相殺をして減額すべき事案である。なぜなら，架空取引というものは売買契約が成立していないということがいえるので，一種の契約締結上の過失と

して，約3億円の損害を折半するなどの分割処置が妥当であろう。

第2章　米国における分割責任の展開

第1節　共同責任から個人責任へ

1　日本の取締役の責任は委任に基づく善管注意義務といわれている。しかし，米国では，取締役が会社・株主・債権者らに損害を与える責任は，信認義務違反法理に支えられるものの，基本的には伝統的不法行為法理に基づくものである(1)。例えば，アメリカ法律協会「コーポレート・ガバナンスの原理：分析と勧告」第7・18条(b)(i)において，取締役の準則違反が損害発生の重要原因であることを規定した由来は，第二次リステートメント・不法行為431条であるといわれている(2)。それ故，本章では米国・日本の共同不法行為の法理等も参考に取締役の分割責任を考察すべきと考える。なぜならば，現代の共同不法行為論においては，古い団体責任の思想を基盤とする法理とは異なり，個人責任・自己責任を中心にしつつ，被害者救済をも追求する機能主義を中心としているからである。すなわち，歴史的にはローマ・中世・ゲルマンの時代からゲマインシャフト的家族共同体，ゲゼルシャフト的共同事業形態に至るまで，強固な共同責任の思想や制度が続いてきた(3)。しかし，資本主義・個人主義の発展と共に，個人責任・分割責任の思想が強まってきたことは必然であった。フランスでは18世紀以降，連帯債務について，事務管理・委任・代理(4)の法理が登場し，さらに共同不法行為について，当初分割責任を採用し，後に部分的因果関係論が登場したりした(5)。米国においても，当初から複数の者による不法行為 (joint tort) は，身代わり・代理の責任（vicarious liability）と説明されたのであり，個人責任を前提として議論は出発していることに注目すべきである(6)。そして現在までの米国の判例・法理の形成によれば後記のとおり共同不法行為者は連帯責任（joint and several liability）を負う（推定される）が，被告の方で因果関係，責任のないことを証明すれば免責又は減責される（下記2の①③）ものであり，さらには分割責任（下記2の④⑤）にまで

発展していると評価しうる[7]。

2　判　例
これに関して，上記①ないし⑤の法理は新美育文教授の解説に基づくものを紹介する[8]。

① 選択的責任理論（alternative liability）（日本民法719条1項後段）

「複数被告のどちらかが加害者であるが，いずれが加害者であるか特定できない場合には，被告側で，自分が加害者でないことを証明しないかぎり，被告らは全損害について連帯責任（joint and several liability）を負わなければならない」

② 行為共同理論（concert of action）（日本民法719条1項前段及び2項）

「不法行為について共通の実行計画を遂行するにおいて，積極的（暗黙に）に参加したり，協力・教唆あるいは幇助したりした者は，等しく責任を負う」

③ 企業責任理論（enterprise liability）

「爆発事故の原因となったダイナマイトの欠陥雷管の製造業界のすべてを事実上占める製造会社6社を被告とした事件において，雷管の安全について業界基準に依拠した上，雷管の製造およびデザインについて業界全体の協力が存在しており，危険を共同してコントロールしていたというべきであり，原告が被告のうち，いずれかが事故を起こした雷管を製造していたことを証明したならば，因果関係の証明責任は被告の側に転換させられる。」

④ 市場占有率責任理論（market share liability）

「原告はY全体の製造販売量が当該医薬品の市場の相当割合（substantial percentage）を占めていることを証明すれば足り，被告の側で被害の原因となったDESを製造していなかったことを証明しないかぎり，各被告は，それぞれの市場占有率に応じた責任を負わなければならない。」

上理論を進め「各社の市場占有率に応じた責任を肯定する市場占有率選択的責任（market-share alternative liability）理論」も重要である。

⑤ 危険寄与責任理論（risk contribultion liability）

「市場占有率のみならず，被害発生ないし被害防止に関して被告がとった行動を考慮して，被告によってつくり出された危険の大小によって責任割合を決定する」

以上によれば，日本民法719条1項前段と同じ②を除けば，被告の行為の寄与度に応じて損害額を分割しても，被害者救済に欠けることがなければ紛争の一回的解決からも望ましいといえる。

(1)　H. G. Henn & J. R. Alexander, Laws of Corporations, at 583　(3d ed. 1983)
(2)　財団法人日本証券経済研究所「コーポレート・ガバナンス―アメリカ法律協会『コーポレート・ガバナンスの原理：分析と勧告』の研究―」53, 260頁。
(3)　淡路剛久『連帯責任の研究』(弘文堂，1975年) 41頁。
(4)　淡路・前掲注(3)81頁。
(5)　淡路・前掲注(3)85頁。
(6)　W. L. Prosser, Law of Torts, at 291　(4th ed. 1971)
(7)　Prosser, Wada, Bictor, Schhwartz, Cases and Marerials on Torts, at 290-295 (7 th ed. 1982)
(8)　新美育文「Sindell V abbott Laboratories (因果関係の証明と市場占有率による責任)」(『英米判例百選』別冊ジュリスト139号) 174〜175頁。

第2節　不法行為法改革

米国では，責任保険の危機が1970年代中期と1985年から1986年にかけて，2回発生したといわれている[1]。

これに伴い，各州において不法行為の改革が進められてきた。様々な改革の中でも，その中心は連帯責任 (joint and several liability) の廃止または制限である。8州又は9州以外のほとんどの州でこれが実現している[2]。連帯責任の廃止又は制度についての類型又は考え方は次のとおりである[3]。

① 　廃止，当該被告の過失責任のみの分割責任
② 　原告被告過失比較法
　　被告の過失の程度が原告の過失の程度よりも小さいときには，被告にその過失の割合に応じた損害賠償責任を負わせるが，原告よりも過失の程度の大きい被告には連帯責任を課すという案。
③ 　無資力部分再配分法
　　最初は連帯責任を課すが，無資力の被告から回収できなかった部分

の責任については，原告も含めた残りの当事者で，過失の割合に応じて再配分するという案。
④　公共団体分割責任法
　　公共団体についてのみ，その過失の割合に応じた責任を個別的に負わせる案
⑤　過失低率者分割責任法
　　被告の過失の割合が一定割合（例えば25％）以下である場合にのみ，分割して個別的に責任を負わせるという案。
⑥　連帯責任説示法
　　連帯責任についての法は変えないが，一定の場合に弁護士もしくは裁判官が陪審に連帯責任の結果について告げることを許すという案。
⑦　慰謝料部分分割責任法
　　治療費や逸失所得といった財産的損失については連帯責任を維持するが，非財産的損害，とりわけ慰謝料については，被告の過失の割合に応じた責任のみを負わせるという案。

(1)　石原治『不法行為改革』（勁草書房，1996年）38頁。
(2)　Martha Middleton, A Chaging Landscape, ABA jounal, August 1995, at 59
(3)　リチャード・S・ミラー＝松本恒雄「アメリカ合衆国における不法行為改革の動向(上)」(判例タイムズ621号，1987年) 22頁，同(下)（判例タイムズ622号，1987年) 31頁以下。

第3節　製造物責任法案

　1982年から，カステン議員は再三にわたり，過失割合による分割責任を含む法案を提出した。すなわち，「連帯責任は廃止される。複数の加害者がある場合や，原告にも過失等の帰責性がある場合には，各自がその責任に比例して損害を負担する。そして，損害負担者のなかに無資力などの理由で執行不能の者がある場合には，その者の負担額をそれ以外の者で責任に応じて再分担する。」というものである[1]。
　石原治氏は，この考え方について，「相対的過失相殺論」と称して，日本の実定法上の解釈論について検討を加えている[2]。
　〈事例1〉

第3部　分割責任の思想と法理

　Xが被害者として10の過失，加害者Yが30，Z60（無資力）の過失があった場合（以下，過失割合と金額を同視して説明する），Xは90の請求（①）をできるのではなく，Z無資力部分60をX：Y＝1：3で負担し，XはYに45の請求をしうる（②）。
　Zが後に十分な資力であることが判明した時は，X15，Y45を請求できる（③）（石原氏は実定法上困難というが，求償権の法理から当然可能である）。

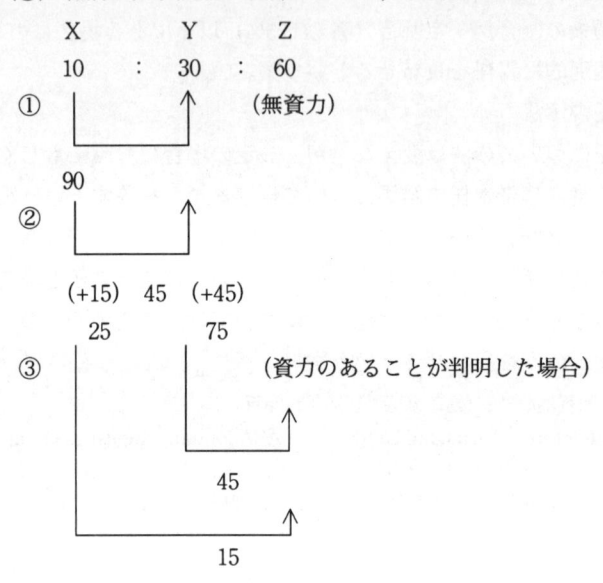

```
         X         Y         Z
         10    :   30    :   60
   ①     └─────────┘       （無資力）

         90
   ②     └─────────┘

        (+15)    45    (+45)
         25     75
   ③                    （資力のあることが判明した場合）
                  ↑
                 45
                  ↑
                 15
```

〈事例2〉

　XとYとZの過失割合は0対10対90である。この場合にはXはYに100の請求をしうる。〈事例1〉②では，連帯責任の排除と過失割合責任を理由として，Yに75のみを負担させることとなるが，〈事例2〉では，Yに対して連帯責任の適用と同じ結果となるし，また，過失割合責任の適用の効果も何らないものとなる。石原氏は日本民法の構成上，「相対的過失相殺論」は解釈論として採用し得ないと言う。

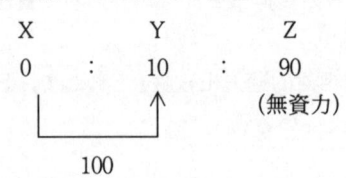

```
         X         Y         Z
         0    :    10   :    90
                             （無資力）
         └─────────┘
              100
```

しかし，〈事例１〉②と〈事例２〉の差は，〈事例２〉においてＸの過失を０と仮定することから来る当然の帰結である。

それ故，石原氏の問題提起の重要性は，〈事例１〉においては，Ｚの無資力の危険の15をＸに負担させた以上，〈事例２〉においても，Ｚの無資力部分をＸに負担させられるか，その部分の割合はどのように決定されるかということになる。

(1) 石原治『不法行為改革』（勁草書房，1996年）66頁。
(2) 石原・前掲注(1)74～76頁。

第４節　海事損害の過失割合負担主義（proportionate share rule）

最高裁は米国の海事事件の Reliable Transfer 事件（1975年）[1]において，１世紀以上にわたって海上衝突法を支配してきた devided damage rule（損害平分主義）を放棄した。これは双方過失による船舶衝突の場合には，過失の割合を考慮することなく，両船船主がこれにより生じた全損害を平分して負担するというルールである。そして proportionate share rule（過失割合主義）又は proportionate fault approrch を採用した。これは双方に等しい過失があるか，過失割合を公正に決定できない場合を除いて，過失の割合に応じて損害を負担するというルールである（船舶衝突条約４条では，他船の過失割合分しか請求することができないとされ，日本の商法でも，過失割合しか請求できないと解するのがこの通説である）[2]。

このルールを採用しても，さらに，Ｘが共同不法行為のうち一部の被告Ａと和解した場合には，残りの被告Ｂの責任が，このルール通りでよいか否かが問題となった。

下級審では，結論が分かれた。原告の損害100についてＡ：Ｂの過失割合が50：50の下記事例を用いて説明する。

（事例）

```
     A                B
            〈pro tanto〉    〈proportinate〉
①   50               50
②   20  ←―――― 80           50
```

```
                    求償？
     ③  70 ─────────→ 30           50
                    求償？
```

被告Aが過失割合と同じ50で和解したとき（①）は，Bも50となるので問題は生じない。これに対して，Aの支払う和解金が20又は70のときには問題が生じる。

下級審の判決は次の通りである。

第一は proportionate share set off rule であり，Bは50のみ支払義務を負う（②③）。原告の取得分は総計では②では少なくなってしまい，③は過大となってしまう。

第二は，Pro tanto set off rule であり，Aに対して和解で支払われた金額を控除又は相殺する方法である。

A20のときにB80となり，A70のときにはB30となる。

このルールについて，ALI (American Law Institute) では求償を許す方法と許さない方法の選択肢が示された。前者では③については和解の促進がされ，②については和解の抑制の効果が現れる。後者では，②について和解の促進の効果があるものの，AとBの不衡平な分配により不公平の効果がもたらされる[3]。

最高裁は，AmClyde判決（1994年）において，第一の proportionate share set off rule を採用した。

(1) United states v. Reliable Transfer Co., 421 U. S. 397 (1975), AMC 541 (1975)
(2) Mcdermott, Inc. v. AmClyde and River Don Castings, Ltd, 114 S. Ct. 1461 (1994)，この解説について中田明『アメリカ法』（1995- 1）180頁。
(3) Kornhauser and Revesez, Settlement Incentives and Joint Tortfeasors, Larry Kramer, Reforming the Civil Justice System, p 38, New York University Press (1996). 椎橋邦雄「1990年代におけるアメリカの民事訴訟改革」（アメリカ法1998- 2）259頁。中田・前掲注(2)177～179頁。

第5節　米国連邦環境法（スーパーファンド法）

米国では，1980年に環境汚染施設の浄化・回復を義務づける包括的な対策法である The Comprehensive Environmental Response, Compensatin, and

Liability Act (CERCLA) を成立させた。現在の汚染施設の所有者のみならず，過去の所有者・施設管理者・汚染物質の発生者・輸送者などにも浄化責任を認め，過失を要件としない厳格かつ連帯責任とし，さらに遡及効をもたせることにより過去に行われた有害物質の廃棄についても責任を広く負わせることとしたのである。

　上記のとおり，広範な関係者に連帯責任を課したために，責任を負うか否かの二者択一をめぐって法廷で激しく争われることとなった[1]。いずれは分割責任が問題となる分野といえる。

(1)　赤羽貴「米国連邦環境法（スーパーファンド法）上の貸付者責任に関する最近の動向」（国際商事法務24巻1号，1996年）。

第6節　相違責任 (defferential liability)

　取締役の賠償責任についても，過去においては，模範事業会社法等の条文において，連帯責任 (be jointly and severally liable) とされてきた[1]。しかしながら，近年においては，米国ではこの分野でも右連帯責任の個別化・分割化が進んでいる。

　アメリカ法律協会「コーポレート・ガバナンスの原理：分析と勧告」第7・19条においては，取締役の責任を年報酬額まで制限する基本定款を有効とし[2]，第7・18条(b)第2文では，当然に連帯責任を負うと定められてはいない[3]のであり，これをどのように解釈できるか，あるいは実際の運用はどのようにされているのか調査する必要がある。これに関連して並木和夫教授は，米国の近時の判例で認められいる「取締役の相違責任の原則」(doctrine of directors' differential liability) を紹介され，「この原則は，取締役の注意義務の履行の程度は，当該取締役の会社業務への掛かり合いの程度，および専門的知識の有無によって異なり，その一例は，社内取締役 (inside director) と社外取締役 (outside director) との間において見いだすことができる」と説明された[4]。

(1)　並木俊守『アメリカ会社法』（東洋経済社，1981年）257～258，296頁～297頁。
　　Henn & Alexander・前掲第2部第6章第14節注(1) at 584
(2)　財団法人日本証券経済研究所・前掲第2章第1節注(2)54～55頁。

(3) 財団法人日本証券経済研究所・前掲第2章第1節注(2)53，262頁。
(4) 並木和夫『会社法・証券取引法の研究』（中央経済社，1991年）152頁。

第7節　割合的責任（proportionate liability）――証券取引法

(イ)　米国では，派生訴訟（derivative suits）とは別に，1933年証券法（Securities Act）と1934年証券取引所法（Securities Exchange Act）に基づき，私的訴権（黙示又は明示）が認められ，クラスアクションの方法により，詐欺的証券発行等の責任について，取締役，株主，発行会社，投資銀行，公認会計士，弁護士，不動産鑑定士等を追求する直接訴訟が発展してきた。主として，証券取引所法10条b項，Rule 10 b-5 に基づくものである[1]。

複数の共同不法行為は連帯責任を負う（また共同不法行為者間では求償をし得ないというのが長い歴史であった）。証券発行を担う第一次違反者の責任（primary liability），これを補佐する第二次違反者の責任（secondary liability）は連帯責任を負った。

第二次責任とは，主として幇助責任（aiding and abetting liability）である（他に conspiracy liability, controling person liability 等）。第二次責任者とされた多くの被告（銀行，会計士，弁護士）は責任を回避するため激しく争ったが，おびただしい陪審訴訟の中で莫大な損害が課せられていった。

1980年代に入り，各州において，医療過誤訴訟・ＰＬ訴訟等で不法行為法改革が続き，連帯責任の廃止・緩和が成立していった状況の中で，私的証券訴訟においても，上記改革に従うべきとの主張や運動が強くなっていった。

1994年に，最高裁はセントラル銀行事件において，公債の受託会社の幇助責任を否定した[2]。この最高裁判決が一定の方向を示したものの，私的証券訴訟を恐れる関係者，特に公認会計士らの明確な基準を求める運動により，1995年，証券民事訴訟改革法（the Private Securities Litigation Reform Act － PSLRA）が成立するに至った[3]。

(ロ)　上記 PSLRA における米国の取締役の責任の分割化（分割責任）について，ハミルトンは下記説明をしている[1]。

以前の証券に関する集合代表訴訟においては，被告らはいずれも連帯責

任を有することとなっていた。資力のある者を被告とする現象を助長し，かつ極めて不公平であり，さらに和解の方向に傾くこととなり，無制限の責任に曝されることから取締役に萎縮効果をもたらした。

PSLRAにおいては「故意の違反」(knowing violation)とその他の違反との間に明確な区別を設けた。故意の違反を犯した者は損害全額について連帯責任を負う。その他の違反をした者は，新しい考え方である割合的責任(分割責任)を負うことである。全損害のうち自己の行為の寄与に従った部分についてしか責任を負わない。陪審員は，各被告の行為の性格と損害との間の因果関係を考慮して，各被告の責任割合をパーセンテージで決定することを裁判官から説示される。

原告の損害額が原告の純資産価値の10％を超過しており，かつ原告の純資産価値が20万ドルを下回っている場合には，全ての被告が連帯責任を負う。故意の違反であると認定されなかった被告であっても，他の被告が支払い不能に陥って原告の受領する損害賠償額に不足が発生した場合には，その不足を補うために自己の損害賠償額の50％に相当する額を追加で支払うことを要求される。評決や判決の前に和解をした被告は，支払不能になった被告の不足額を補うための追加支払いの要件に服さない。

(1) 山下朝陽「米国における証券民事訴訟の現状・背景と1995年証券民事訴訟改革法の要点」(国際商事法務24巻5号，1996年)486頁。
(2) 栗山修「米国連邦証券取引所法に基づく幇助責任の終焉」(国際商事法務23巻3号，1995年)270頁。
(3) 中村聡「米国証券民事責任訴訟改革法の概要(上)」(国際商事法務1414号，1996年)2頁。
  D. C. Langevoort, The reform of Joint and Seneral Liability Under the Private Securities Litigation Reform Act of 1995 : Proportionate Liability, Contribution Rights and Settlement Effects Bus.Lawyer (August1996)
  Denis T. Rice, A Practitioner's View of the Private Securities Litigation Reform Act Of 1995, San Francisco Law Review (Winter 1997)
(4) ロバート・W・ハミルトン著・山本光太郎訳『アメリカ会社法』(木鐸社，1999年)434〜435頁。Robert W. Hamilton : The Low of corporations (5th ed. 2000) at 566〜567, West Nutshell Series

153

第8節　リステイトメント（第3版）——Apportionment of Liability

1　アメリカ法律協会 ALI（the American Law Institute）は，1999年5月に第3次不法行為法・リステイトメント・責任の分割（割合的責任）（the provisions of the Restatement (Third) of Torts；Apportionment of Liability）を採用し，2000年に発行した[1]。

これは約400頁に及ぶ力作であり，第1部「基本的ルールと比較過失」，第2部「不可分な損害に対する複数加害者の責任」，第3部「求償」，第4部「和解」，第5部「原因により可分な損害の割合的責任」，が内容となっている。特徴的なことは，第2部（第10節から第21節まで）において，第10節から第16節まで，連帯責任および分割責任の様々な課題を論じた後，第17節において，複数の独立の不法行為が不可分な損害の法的原因であるとき，連帯責任，分割責任，この混合方式を採用しうるとしていることである。すなわち，1980年代と1990年代の不法行為改革の結果として，連帯責任は事実上修正されてきたが，未だ多数説というべきルールはないものとの前提の下に，下記5つの道又は方法が示されている。そしてこの各方法は，各別個に独立はしているが，選択したり，混合したり，修正したりして使用しうるとしている。

① 　Track A（A18，A19）：Joint and Several Liability（連帯責任）
② 　Track B（B18，B19）：Several Liability（分割責任）
　　　被告，和解した者，被告でない加害者は比較責任（過失の割合に応じた比例的過失）により損害を負担する。
　　　分割責任を認めることになるので，特定のできない被告の存在については，原告が被告として追加できないならば，その分だけ損害額が減らされる。
③ 　Track C（C18，C19，C20，C21）：Joint and Several Liability with Rellocation
　　C19：Assignment of Responsibility
　　　　免責主権をもつ政府等は訴訟当事者とならないので，その比例的責任は，審理の対象とならない。その負担については原告の方にかけられ，それ故被告とされている当事者の責任分だけの損害賠償が

認められる。
　C20：Effect of Responsibility Assigned to immune Employer
　　被傭者が第三者の行為・原因により労災を負った場合，使用者にも責任があるとして使用者より賠償支払がされたとき，第三者の賠償義務はその分減額される。
　C21： Reallocation of Damages Based on Unenforceability of Judgment
　　被告が他の被告への求償請求の強制執行の不可能な部分を明らかにすると，この部分は原告も含めた全当事者に過失の割合に応じて配分される。
④　Track D（D18，D19）：Hybird Liability Based on Threshold Percentage Comparative Responsibility
　D18： Liability of Multiple Tortfeasors for Indivisible Harm
　　一定以上の比較責任がある被告は，連帯責任となり，それ未満の比較責任をもつ被告は分割責任のみとする。従前は10％～60％（通常は50％）であった。
　D19：Assignment of Responsibility：Both Jointly and Severally Liable and Severally Liable Defendants
　　分割責任となる場合には，被告とされていない者にも責任は割り当てられる。
⑤　Track E（E18，E19）：Hybird Liability Based on Type of Damages
　E19：Assignment of Responsibility： Joint and Several Liability for Economic Damages and Several Liability for Non-Economic Damages
　　人身被害において，経済的損害については連帯責任とし，非経済的責任については分割責任とする。その理由は，前者が原告（被害者）に重要であること，物的証拠により明確にしうること，事案ごとの差が少ないことなどである。

　2　以上によれば，前述した米国の約15年間わたる不法行為法改革の結果を示すものといえる。しかし，従前からの大きな対立は残っており，このリステイトメントに対しても，原告（被害者）を不当に不利益に扱うものであり，また判例法を忠実にリステイトしていないとの強い批判もされて

いる[2]。

(1) Restatement of The Law (Third) Torts : Apportionment of Liability by ALI, 2000
(2) Feank J. Vandall : A Critique of the Restatement (third), Appotionment as it Affects joint and Several Liabuluty （Vol. 49 Emory L. J. 619-622) 2000

第3章　分割責任の分析

第1節　分割責任の課題

分割責任の短所，またはこれを適用する場合の障害として次のものがあげられる。

① 商法266条1項のように，連帯責任の明文が存在するときには，分割責任を適用しえないのではないか。

これについては，すでに第2部で論述した。

② 原告が，複数の被告の各責任の割合，各損害額を主張立証しなければならないとすると，過大な負担となる。

これについては，第4部で論ずる。

③ 被告に無資力者がいるときには，原告はその無資力者の負担分を負うことにならないか。

④ 分割責任を負う者をすべて被告にできればよいが，被告にできなかった加害者の負担部分を原告が負うことにならないか。

⑤ 原告が一部の被告と和解してしまったときには，他の被告との訴訟に影響するか，他の被告からの和解した被告への求償はなしうるか。

⑥ 分割責任は，いわゆる一部連帯とはどこが異なるのか。

上記③④⑤⑥については，第3部第2章の米国法を参考にすると，様々な解決がなしうるが，分かりやすく下記事例をもって説明する。

第2節　無資力者の存在

原告が①被害額100を被告A，B，Cに対して請求する場合，②損害を

第3章　分割責任の分析

130として，被告A，B，C，Dに請求しうる場合を仮定する。被告らの過失割合は，A 10，B 40，C 50，D 30とする。但し，Cは無資力又は資力が乏しい者，Dは被告とされていない者とする。

（事例）

	A	B	C	D	原告
(a)	10	40	(50)	30	50
(b)	+10	+40	(無資力)	(被告とされない者)	0
※(c)	+ 5	+20			25
※(d)	10	40	20		30
(e)	+ 6	+24	20		0
(f)	+ 3	+12	20		15
			（和解）		

(イ)　事例①においてCが無資力であり，全く支払不能であるときに，原告は100を請求する。

(a)　原告負担方式

　　原告はCに請求しえないので，A 10，B 40を負担し，原告がCの50をすべて負担する方式が考えられるが，原告に一方的に不利益となるので，採用しえない。

(b)　被告負担方式

　　被告らの間のみで，Cの無資力分を負担すると，A 10，B 40を超過負担する。一方的に被告に不利，原告に有利となるので妥当ではない。

(c)　原被告折半方式

　　原告について何らの過失を想定しなくても，Cの無資力の危険を半分負担させると，A 5，B 20の超過負担とし，これが最も公平という結論といえる。

(ロ)　上記(イ)の解決においても，Cが無資力であることを明らかにする手続を置くことが妥当である。すなわち，原告は被告が自己の負担額を超える部分については，無資力者に対する強制執行が不可能なことを証明しなければならない。これにより過失割合に基づく分割責任額を第一次責任とし，無資力証明をもって第二次責任（保証責任）とする考え方が明確となり，合理的といえる。

しかし，原告が被告について無資力か否かを証明することは容易ではな

い。無資力か否かの確定をするには，立法により財産開示制度等を整備すべきである。

しかし，現状でも，第一次責任と第二次責任が判決に明記されれば，原告によるＣの無資力証明をほとんど無条件で採用すると，第二次責任を免れようとするＡ，ＢがＣの資力を証明する必要に迫られることとなる。このような法の運用が明らかにされるならば，訴訟中であってもＡ，Ｂ，Ｃは他人の資力を証明し，第二次責任を免れるよう行動する。つまり，完全な分割責任を享受するには，他人の資力を明らかにすることを条件とすることも可能であり，これは原告を著しく有利にする。

第3節　一部被告との和解の場合

上記事例においてＣが他に先行して20の義務を認め，和解し支払った場合

(d) 原告負担方式

　　Ａ10，Ｂ40を負担するとき，単なる過失割合主義となり，ＡＢの超過負担分は0，和解した責任は原告が30すべてを負う。

(e) 被告負担方式

　　Ｃの負担の不足分30について，Ａ6，Ｂ24の超過負担分とする。原告の和解が原因なのに被告側にすべて負担させるのは妥当でない。

(f) 原被告折半方式

　　Ｃの負担の不足分30を，原告が15負担し，Ａ3，Ｂ12の超過負担分とする。Ｃが資力があるのに，原告が減額して和解するのでは折半する理由がない。Ｃの支払能力が20しかないと考えると，上記第2節(イ)(c)と同じになってしまう。

　　なお，上記(ロ)(ハ)の場合には，Ｃに資力があるときには，ＡＢはＣに求償できるのかが問題となる。これについては第3部第2章第4節を参照されたい。

第4節　被告とされない者の存在

事例②において，被告とされなかった者Dが存在し，過失割合を30（合計の損害と過失は130となる事例）とした場合には，どのような処理がされるのか。

①　原告がA，B，Cに対して100の請求しかしていない場合には，原告はDに対する請求30を追加しうる。A，B，Cへの訴訟の途中または終了後のいずれでも，Dに対して請求しうる。A，B，Cの訴訟中の場合には，併合すべきこととなるが，終了後においては，A，B，Cの判決の効力（争点効，コラテラル・エストッペル）が及ぼされるかが問題となる。原則として争点効が働くと考え，Dが強力な反証をしない限り，訴訟を迅速に終了させるべきである。

②　原告がA，B，Cに対して全部の損害として130の請求をしていたときには，被告A，B，Cは，Dへ訴訟告知はなしうるとしても，Dをも被告として強制的に引き込めるか，A，B，Cが130を負担したときには，Dへ30求償しうるかが問題となる。いずれも肯定すべきである。

第5節　全部連帯・一部連帯・部分連帯

分割責任は，上記の課題を解決することもできるし，最もシンプルでかつ公平であるといえる。これに対して，下記のとおり，連帯責任・一部連帯・部分連帯は求償関係が複雑となり，かつ不公平な結果となる。

(イ)　全部連帯

共同不法行為により，不真正連帯債務を負うAまたはBが，被害者へ全損害80万円を支払う下記事例において，過失割合がA：B＝7：1とすると，内部負担はA70万円，B10万円となる。AはBに10万円を求償しうるし，BはAに70万円を求償できる。しかし，Bが70万円を立て替えて支払い，求償権行使の訴訟をし，あげくにAの無資力または財産隠しのために回収できなかったときは，Bは著しい不利益を受ける。

第3部　分割責任の思想と法理

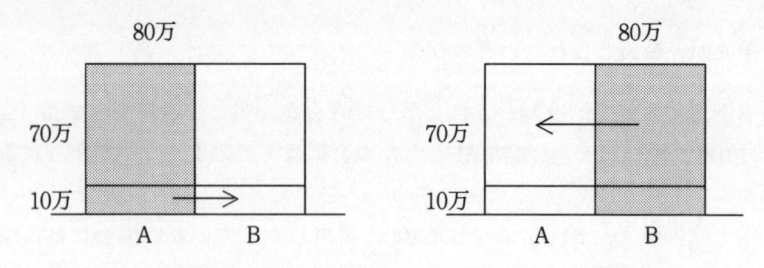

㈠　一部連帯（川井説）

　川井健教授は，上記㈠のBの不利益を解消するため，一部連帯の理論を提唱された。ABの共同不法行為により，80万円の損害が生じたとき，下図のように，関与の度合いに差異があり，Aは単独で原因を与えた部分60万円を含む80万円全部につき支払義務を負うが，BはAと共同して原因を与えた部分の20万円の限度でAと一部連帯の義務を負うとする。

　Aが80万円を支払えば，Bに10万円求償できる。Bは20万円の支払義務しかなく，これを払えば，Aに10万円を求償できる。この場合には，AとBの固有の責任はA70万円，B10万円とされ，内部負担とされるが，その理由は頭割りで平等に折半するという趣旨である[1]。

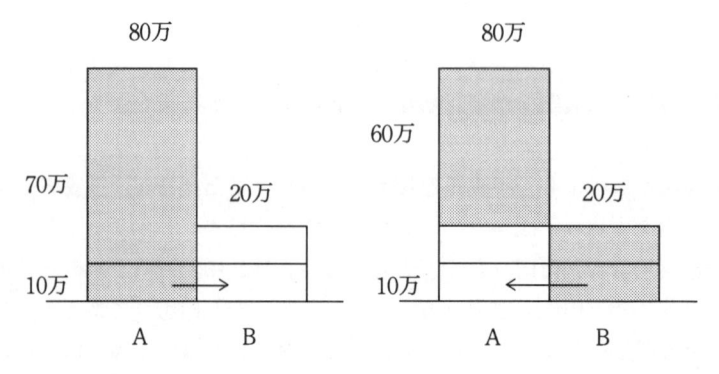

(ハ) 部分連帯

通説・判例は不真正連帯責任法理において，債務者の内部負担は債務者の過失割合によるとされている。しかし，上記川井説はこれに従わず，ＡＢが共同して原因を与えた部分については平分する方式をとる。筆者は完全なる分割責任方式を妥当とするが，仮に，一部連帯を認めるならば，ＡとＢの過失割合を７：１とし，下図のとおりＡ70万円，Ｂ10万円の内部負担のとき，ＡからＢへ10万円の求償のみを認め，ＢからＡへの求償は認めないということが，分かりやすく，かつ合理的といえる。すなわち，Ａは全部連帯責任を負うが，Ｂは分割責任を負うのみという妥協的方式となる。責任の大きいＡには大きな負担を与えるが，責任の小さいＢには負担を軽減することができる。

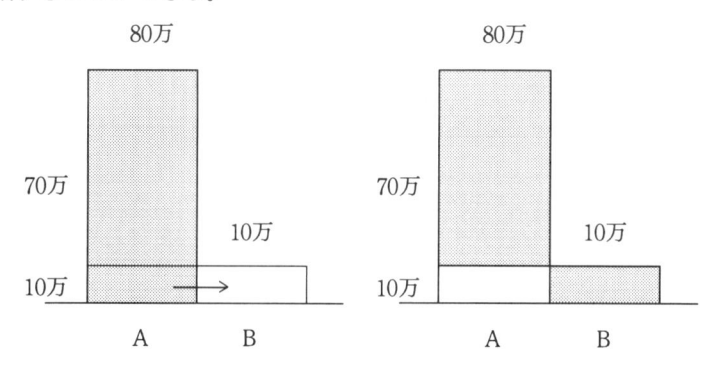

下記のように３人以上の複数となっても極めて分かりやすい。但し，この場合には，１名のみが全額の連帯債務を負い，かつ責任の重い方から軽い方への一方通行的求償にすることが重要である。

Ａ：Ｂ：Ｃ＝４：２：１の過失割合でＡのみが80万円の連帯債務を負い，Ｂ，Ｃが分割債務を負うときは下記のとおりとなる。

80万円×４／７＝46(4)　　80－46＝34
80万円×２／７＝23(2)　　　　　求償部分
80万円×１／７＝11(1)

第3部　分割責任の思想と法理

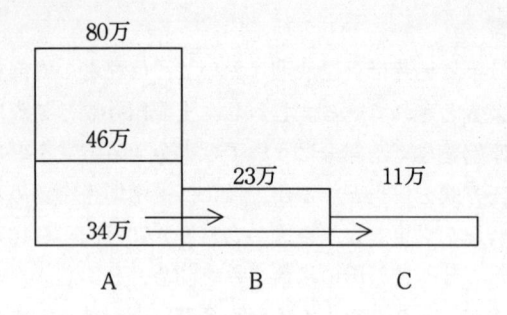

　下図は，AとBとの間では，A連帯債務，B分割債務，BとCの間では，B連帯債務，C分割債務，となっている。

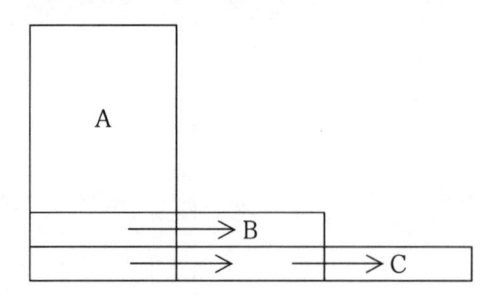

(二)　割合的連帯（取締役の責任制限の場合）

　加害者A，B，Cが自己の部分を超える部分について，過失割合に応じて余分に割合的連帯として支払義務を負うことも考えられる。割合だけでなく，取締役の責任のように負担額まで決まっている必要がある。

　全損害を9億円として，A：B：C＝6：2：1の過失割合，A6億円，B2億円，C1億円の責任制限をされているとすると，A6億円，B2億円，C1億円の支払義務となるが，固有の負担部分と一致するので，求償問題は起こらない。損害が9億円以上となっても，自己の固有部分を超える支払をしないので求償問題は起こらない。

　これに対して，全損害が6億円だとすると，下図のとおりとなる。

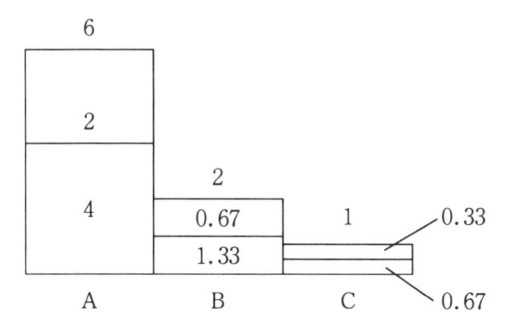

負担部分 … A 4 億円, B 1.33億円, C 0.67億円
超過部分 … A 2 億円, B 0.67億円, C 0.33億円
　超過部分は，各々負担部分へ求償しうる。

(1) 川井健『現代不法行為法研究』（日本評論社，1978年）220, 231, 262頁。

第4部　株主代表訴訟運営論

第1章　株主代表訴訟の特質

第1節　問題の所在

1　証拠偏在型訴訟

　株主代表訴訟においては取締役の責任を明らかにするため，その立証は膨大なものにわたる。取締役被告が複数にわたること，取締役の業務執行が相当な期間にわたること，取締役の行為が法令または定款に違反するか否かの事実が複雑であること，因果関係・過失・損害の認定は多岐にわたること，証拠書類特に書証が膨大なものになることなどである。特に本書のように，取締役の責任の分割化を実行するには，連帯責任の推定を覆す立証も容易にしなければならない。

　また，全面的証拠開示制度のない日本では，公害，医療過誤等の証拠偏在型の訴訟と同様に，原告株主は証拠収集や事実証明の面で非常に不利な立場にあり，提訴自体も困難であるといわれてきた。特に，株主代表訴訟においては，原則として会社が当事者として訴訟に参加しないため，従前にはなかった訴訟類型となり，会社の保有する多くの証拠書類を迅速に提出させることができるかが課題となる。

2　多数の長期裁判

　現に，主要なものだけでも，平成13年5月時点で下記のとおり多数の代表訴訟が滞留し始めている[1]。

第4部　株主代表訴訟運営論

蛇の目ミシン工業　　提訴日　平成5年8月2日・平成5年8月9日
野村證券　　　　　　提訴日　平成5年10月19日
　　　　　　　　　　　　　　平成6年1月12日・平成9年7月31日
鹿島建設　　　　　　提訴日　平成6年7月20日
伊予銀行　　　　　　提訴日　平成6年10月6日
東京商銀信用組合　　提訴日　平成7年5月10日
四国総合開発　　　　提訴日　平成7年9月7日
大日本土木　　　　　提訴日　平成7年11月9日
大和銀行　　　　　　提訴日　平成7年11月27日
　　　　　　　　　　　　　　平成8年5月8日
熊取町農業協同組合　提訴日　平成8年7月12日
ミドリ十字　　　　　提訴日　平成8年7月23日
　　　　　　　　　　　　　　平成8年8月9日
八王子信用金庫　　　提訴日　平成8年11月1日
日本電気　　　　　　提訴日　平成9年3月28日
住友商事　　　　　　提訴日　平成9年4月8日
和賀中央農協協同組合　提訴日　平成9年4月14日
山一証券　　　　　　提訴日　平成10年3月5日
　　　　　　　　　　　　　　平成10年10月5日
京浜急行電鉄　　　　提訴日　平成10年6月23日
ヤクルト本社　　　　提訴日　平成10年8月6日
三菱石油　　　　　　提訴日　平成11年2月24日
日本興業銀行　　　　提訴日　平成11年4月19日
住友信託銀行　　　　提訴日　平成11年5月7日
東海銀行　　　　　　提訴日　平成11年6月28日
南日本銀行　　　　　提訴日　平成11年7月
ヤクルト本社　　　　提訴日　平成11年10月
横浜松坂屋　　　　　提訴日　平成11年11月15日
日本航空　　　　　　提訴日　平成11年12月17日
神戸製鋼所　　　　　提訴日　平成12年1月21日
住友生命保険　　　　提訴日　平成12年5月9日

日本生命保険　　　提訴日　平成12年5月9日
三菱自動車　　　　提訴日　平成13年3月12日
上毛新聞社　　　　提訴日　平成13年3月13日

(1) 「主要な株主代表訴訟事件一覧」(資料版商事法務206号)(2001年5月号)100～107頁より抜粋して補充した。

第2節　会社の訴訟参加

1　参加の3方式

　株主代表訴訟の運営において審理の適正，公平，迅速を確保するためには会社の訴訟参加が必須といえる。アメリカ，フランスでも会社の関与は確保されている。日本でも，会社の訴訟参加を強制させる方向をさぐるべきである(1)。ここでは下記のとおり，現行法の解釈論を検討する。

　(イ)　商法268条2項によれば，会社が原告に共同訴訟参加（共同訴訟的当事者参加）することはできる。原告と対等な立場で訴訟活動をなしうる。
　会社が原告株主の提訴請求を拒否した後に，方針を変更して取締役の責任を追及するため，参加してくる場合である。原告株主に従属する共同訴訟的補助参加ではない。
　(ロ)　会社が，独立当事者参加を望むのであれば，これを認めるべきであろう。会社が中立性を維持して訴訟参加するためには，合理的かつ妥当な審理形態といえる(2)。債権者代位訴訟においては，債務者が代位債権者の債権者代位権を争って独立当事者参加をすることが許容されている(3)。同様に，株主代表訴訟でも会社が独自の立場から，真実に基づいて，取締役の責任の有無，額を明らかにしていくことは，理想的形態といえる。
　(ハ)　会社が被告取締役に補助参加することは，原告株主に敵対し，中立性を害することから，否定説が通説であった(4)。現在では，肯定説が強くなりつつある(5)。審理の充実化，適正化という観点からみたとき，補助参加の形であれ，会社の参加を認めた方が，原告に有利といえる。すなわち，取締役の責任をめぐる証拠は，ほとんど会社内に存在すること，複雑な業務関係書類は，原告・被告双方に有利不利の二面性をもつこと，関連証拠を次々に引き出せること等の原告にとってのメリットがある。

㈡　補助参加に関する判例
① 肯定　東京商銀事件[6]
　　　　セイコー事件[7]
　　　　興銀事件[8]
　否定　中部電力事件[9]
② 万兵（株）事件

代表訴訟は，補助参加申出人（万兵）の取締役である被告らが取締役としての忠実義務に違反し，粉飾決算を指示し，または粉飾の存在を見逃し，その結果，法人税などの過払いをし，検査役に報酬を支払い，株主に利益配当するなどして，会社に損害を与えたと損害賠償請求した事件である。

一審・二審（否定）[10]

民事訴訟法42条の「訴訟の結果について利害関係を有する」とは，判決主文で示される権利または法律関係についての判断が，補助参加人の権利義務そのほかの法律上の地位に事実上影響を及ぼす場合をいい，訴訟物である権利関係の存否の判断に至る過程の判断が法律上の地位に事実上影響を及ぼすというだけでは足りない。補助参加の制度は，被参加人が勝訴判決を受けることにより補助参加人も利益を受ける関係にある場合に参加を認めるものであるから，被参加人が勝訴判決をうけることにより補助参加人が不利益を受ける関係にある場合に参加を認めることは，民事訴訟の構造に反することとなると判示した。

最高裁（肯定）[11]

取締役会の意志決定が違法であるとして取締役に対し提起された株主代表訴訟において，株式会社は，特段の事情がない限り，取締役を補助するため訴訟に参加することが許されると解するのが相当である。けだし，取締役の個人的な権限逸脱行為ではなく，取締役会の意志決定の違法を原因とする，株式会社の取締役に対する損害賠償請求が認められれば，その取締役会の意志決定を前提として形成された株式会社の私法上又は公法上の法的地位又は法的利益に影響を及ぼすおそれがあるというべきであり，株式会社は，取締役の敗訴を防ぐことに法律上の利害関係を有するということができるからである。そして，株式会社が株主代表訴訟につき中立的立場を採るか補助参加をするかはそれ自体が取締役の責任にかかわる経営判

断の一つであることからすると，補助参加を認めたからといって，株主の利益を害するような補助参加がされ，公正妥当な訴訟運営が損なわれるとまではいえず，それによる著しい訴訟の遅延や複雑化を招くおそれはなく，また，会社側からの訴訟資料，証拠資料の提出が期待され，その結果として審理の充実が図られる利点も認められると判示した。

2 強制参加と訴訟告知

　会社を強制的に訴訟に参加させることについての立法論は，必要である。しかし，現行法下においても，商法268条3項は訴訟告知を強制している。他の株主には，訴訟告知ばかりか何らの通知・公告もなしに，判決効が及ぶのに，会社に対してはなぜ訴訟告知という厳格な手続を用意しているのか。

　提訴請求を拒否した会社は，原則として訴訟参加をしてこないのであり，訴訟参加の機会を保証するには，原告株主から内容証明郵便による通知をすれば充分といえる。一般的に訴訟告知の目的・実益は，①敗訴の負担を分担せしめるための参加的効力を及ぼすこと（債権者から債権者代位権の債務者宛の訴訟告知など）②参加的効力は及ばなくても補助参加の利益の認められること（主たる債務者から保証人宛の訴訟告知など），である。

　会社への訴訟告知は，敗訴の場合に参加的効力を及ぼし負担を分担させるわけでもないし，補助参加の利益があるわけでもない。会社は原告敗訴を望んでいるだけである。
結局訴訟告知の効果は，訴訟参加をうながし，訴訟参加しなくても，当事者と同等の立場にあることを擬制することにある。

　少なくとも，証拠の提出に関しては，会社は当事者と同等の義務と責任を負うと考えるべきである。このように構成することにより，後記のとおり，文書提出命令の不提出の効果において，第三者として過料の制裁ではなく，当事者としての事実認定上の不利益を課すことが可能となる[2]。

(1)　佐藤鉄男「株主代表訴訟における訴訟参加とその形態」（ジュリスト1062号）60頁以下。
(2)　谷口安平「株主の代表訴訟」『実務民事訴訟講座5』95頁以下，徳田和幸「株主代表訴訟における会社の地位」（民商雑誌115巻4，5号）594頁以下，池田辰夫「いわゆる代位請求訴訟（住民訴訟）の被告への地方公共団体または行政庁の訴訟参加」

(阪大法学43巻2，3号) 625頁以下。
(3) 最判昭和48年4月24日（民集27巻3号596頁）。
(4) 中島弘雅「株主代表訴訟における訴訟参加」小林＝近藤『株主代表訴訟大系』(弘文堂，1996年) 226頁以下，山田泰弘「株主代表訴訟の法的構造と会社および原告株主の地位—会社の訴訟参加と和解の考察を通して—」（名古屋大学法政論集171号，1997年) 246頁，荒谷裕子『株主代表訴訟における会社の被告取締役側への訴訟参加の可否』(『現代企業法の理論』信山社，1998年) 89頁。
(5) 伊藤眞「コーポレート・ガバナンスと民事訴訟」（商事法務1364号，1994年) 18頁以下，新堂幸司「株主代表訴訟の被告役員への会社の補助参加」『民事訴訟法学の展開』第5巻（有斐閣，2000年)，藪口康夫「株主代表訴訟における会社の被告取締役側への補助参加の可否」（判例時報1718号) 180頁。
(6) 東京地決平成7年11月30日（金融・商事判例991号37頁)。
(7) 東京高決平成9年9月2日（判例タイムズ984号234頁)。
(8) 東京地決平成12年4月25日（金融・商事判例1095号32頁)。
(9) 名古屋地決平成7年3月29日(判例タイムズ923号287頁)，名古屋高決平成8年7月11日（判例タイムズ923号284頁)。
(10) 名古屋地決平成12年2月18日（金融・商事判例1100号39頁)，名古屋高裁決平成12年4月4日（金融・商事判例1100号34頁)。
(11) 最決平成13年1月30日（金融・商事判例1113号5頁)。
(12) 佐藤鉄夫「株主代表訴訟における資料収集」，小林＝近藤『株主代表訴訟大系』(弘文堂，1996年) 190頁には「不提出の効果も真実擬制との関係では当事者並みに解するというのは，いささか便宜的にすぎるように思うが，どうであろうか」と一言触れられている。

第3節　事案解明（証拠収集）の課題

会社が当事者として訴訟参加した場合，いずれかに補助参加した場合，形式上の参加のない場合，いずれの場合にも，証拠収集に関して，下記のとおり取り扱うことが可能となる。

1　単独株主の書類閲覧請求権

株主総会議事録，計算書類などについて，閲覧・謄写が可能であり，拒否されることはありえないが，拒否されても容易に証拠保全，満足的仮処分により目的を達成しうる[1]。

但し，取締役会議事録（商法260条の4)，監査役会議事録（商特18条の3)

の閲覧・謄写については，裁判所の許可を要する（商法260条の4第4項）。しかし，取締役会議事録については株主の閲覧権として非訟事件でこれを取得できるとの判例がある(2)。株主代表訴訟継続部ではなく，別訴で閲覧謄写をするのは手続上，煩瑣といえる。ドイツ法では，情報取得請求権として，当該訴訟継続部で証拠を取得できる(3)。日本においても，株主代表訴訟係属部における併合を認めるか又は文書提出命令を認めるべきである。

2　会計帳簿閲覧請求権・商業帳簿提出命令

　会計帳簿閲覧請求権の閲覧対象となる会計帳簿・会計書類（商法293条の6）の範囲について限定説・非限定説があるものの総勘定元帳を中心とした体系的な帳簿組織を含むことに上記1と異なる重要な価値があるが，アメリカの単独株主権とは異なり，日本では100分の3以上の特別要件が課せられている。拒否された場合は訴訟手続による。これに対して商法35条の商業帳簿については，特別案件なしに訴訟当事者に文書提出命令を課することができる。

　よって，株主代表訴訟においては，会計帳簿閲覧請求権の制限に服することなく，商業帳簿提出命令に基づき最も広い範囲で，会計帳簿・会計書類の提出が強制されるべきである(4)。

3　文書提出命令の課題

(イ)　新民訴法220条4号で一般文書の提出義務化が実現したこともあり，上記1，2の対象は文書提出命令により処理されるのが手続上簡便となった。上記文書が新民訴法220条2号，及び3号に該当することは，提出申立の補強理由となる。

　残された問題は，商法で明記されていない，その他の文書，例えば，内部調査報告書，業務日誌，稟議書等である。同4号(ハ)の自己使用文書に該当するか否かの問題となるからである。

　稟議書については，東京高裁において，文書提出命令を認める決定と，自己使用文書としてこれを却下する決定に分かれ，最高裁判決では，文書提出命令を却下することとなった(5)。すなわち民訴法改正によって新設された220条4号(ハ)所定の自己利用文書の意義について，最高裁は「①ある

文書が，その作成目的，記載内容，これを現在の所持者が所持するに至るまでの経緯，その他の事情から判断して，専ら内部の者の利用に供する目的で作成され，外部の者に開示することが予定されていない文書であって，②開示されると個人のプライバシーが侵害されたり個人ないし団体の自由な意思形成が阻害されたりするなど，開示によって所有者の側に看過し難い不利益が生ずるおそれがあると認められる場合には，③特段の事情がない限り，当該文書は自己利用文書に当たる。」と判示し，「銀行の貸出稟議書は，特段の事情がない限り，自己利用文書に当たる」との判断を示した。これに対する批判も強い[6]。日本において，証拠開示制度（ディスカバリー）が存在しない状況において，文書提出命令を拡大することは必須の手段といえる。

　(ロ)　上記最決の後は，「特段の事情」が認められるのはどのような場合であるかという点が問題とされてきた。この点については，①例外的な事情に備えて一種の決まり文句を置いたもの，②証拠としての重要性等各訴訟の個々的な事情を勘案する手掛かりを残したもの，③株主代表訴訟等訴訟類型の差異を勘案する手掛かりを残したもの等の解釈が示されている。

　特に株主代表訴訟の場合には，証拠収集の困難さゆえに最高裁決定のいう自己使用文書とみなさない「特段の事情」があるとみなすべきであるとの意見は傾聴に値する[7]。文書提出命令の問題点は，上記のとおり，自己使用文書の範囲を巡る争いであるが，さらに，当該訴訟に必要性があるか否かの判断が加わる。以上の点を巡って，文書提出命令に被告が強く抵抗を示すことが多い。裁判所としても抗告されると訴訟の遅延となるので，これを回避したいと考える。株主代表訴訟において，様々な膨大な書証を提出させるのにいちいち抗告審を待っていては到底審理は進展しない。そこで後記第4のような訴訟運営論が必要となる[8]。

　(ハ)　八王子信用金庫の会員である原告が，八王子信用金庫の理事であった被告らに対し，理事としての善管注意義務ないし忠実義務に違反し，十分な担保を徴しないで融資を行い，八王子信用金庫に損害を与えたと主張して，信用金庫法39条において準用する商法267条に基づき，損害賠償を求める会員代表訴訟を提起した。八王子信用金庫が所持する上記融資に際して作成された一切の稟議書及びこれらに添付された意見書について文書

提出命令を申し立てた。最高裁は「信用金庫の貸出稟議書は，特段の事情がない限り，民訴法220条4項ハ所定の自己利用文書に当たる。」とした上，「会員代表訴訟において会員から信用金庫の所持する貸出稟議書につき文書提出命令の申立てがなされたからといって，特段の事情があるということはできない。」と判示し，本件各文書は自己利用文書に当たるとして4号による提出義務を否定するとともに，自己利用文書に当たる以上，3号後段の法律関係文書に該当しないとして，原決定を破棄し，原々決定に対する抗告を棄却した(9)。多数意見は，文書提出命令の申立がされた本件のような事案では，文書提出命令の申立人がその対象者である貸出稟議書の利用関係において所持者である信用金庫と同一視することができる立場にあるのであれば「特段の事情」が認められるという前提に立った上，①信用金庫法は，会員に対して限定的に書類の閲覧・謄写を認めているにすぎず（貸出稟議書は，閲覧・謄写の対象外である。），会員を信用金庫の秘密や内心領域の自由（意思形成過程の自由）等の保護が及ばない相手とはみていないこと，②会員代表訴訟は，会員が会員としての地位に基づいて理事の信用金庫に対する責任を追及することを認めているにすぎず，上記のような会員の文書利用上の地位に変化をもたらすものではないこと等にかんがみて，会員代表訴訟において文書提出命令の申立がされたことをもって，貸出稟議書が自己利用文書に当たらない特段の事情があるということはできないと判断した。

　これに対して町田顯判事の反対意見は，「信用金庫の会員代表訴訟は，協同組織体内部の監視，監督機能の発動であると解するのが相当である。金融機関の貸出稟議書は，当該金融機関が貸出しを行うに当たり，組織体として，意思決定の適正を担保し，その責任の所在を明らかにすることを目的として作成されるものと解されるから，貸出稟議書は，貸出しに係る意思形成過程において重要な役割を果たすとともに，当該組織体内において，後に当該貸出しの適否が問題となり，その責任が問われる場合には，それを検証する基本的資料として利用されることが予定されているものというべきである。信用金庫における会員代表訴訟の前記の性質と貸出稟議書の上記のような役割よりすれば，信用金庫の貸出稟議書は，会員代表訴訟において利用されることが当然に予定されているというべきであり，本件の

ように理事の貸出行為の適否が問題とされる信用金庫の会員代表訴訟においては、当該貸出しに係る貸出稟議書は、「専ら文書の所持者の利用に供するための文書」に当たらないと解すべき特段の事情があって、民訴法220条4号の規定により、その所持者である抗告人に対し、提出を命ずることができるものと解すべきである。」と断じた。

　(二)　上記判例と異なり、監査法人を被告とした日本住宅金融事件では、文書提出命令が認められた[10]。

　日住金の株式を購入した株主が同社の監査法人（朝日監査法人、三興監査法人）とその社員および同社の役員ら（以上被告）を相手取り、同社が第21期（平成3年4月1日〜平成4年3月31日）から第24期（平成6年4月1日〜平成7年3月31日）までの各事業年度の有価証券報告書に、融資残債権のうちの取立不能見込額、すなわち貸倒引当金を過少に計上して虚偽の記載をしたことにより、本来低価値である株式を虚偽の記載を前提として形成された価格で購入させられ、同社の経営が破綻したことによって購入した株式が無価値になったとして、各株式につき真実が記載されたとすれば形成されたであろう金額と購入金額の差額の損害賠償を求めたものである。

　上記虚偽記載の事実の立証として平成4年から平成8年3月末までの各3月末および9月末における延滞債権の額、担保割れ率、回収不能見込額を明らかにする必要があり（本件立証事実）、その立証のため、民訴法220条4号に該当するとして、財務諸表等の監査証明に関する省令（監査証明省令〔現在の総理府令〕）に基づき大蔵大臣が被告監査法人から提出を受けて所持する監査概要書および中間監査概要書ならびにY監査法人が作成して所持する監査調書の提出を申し立てたというものである。本件監査概要書および中間監査概要書は監査証明省令5条に基づいて大蔵大臣に提出、保管されているものであり、民訴法220条4号所定の「公務員又は公務員であった者がその職務に関し保管し、又は所持する文書」に当たるから文書提出義務は認められないとしたが、監査調書については、次のように判断してその提出を命じた。

　①　特定性の用件を満たしており、要証事実との関連性も肯認できる。
　②　日住金の債務者の氏名、負債額、返済状況、担保の内容など日住金及びその債務者の秘密にわたる事項が記載されているから、被告監査

法人が職務上知りえた事実で黙秘すべきものが記載された文書であるが，それ以外の文書は黙秘すべき事項が記載された文書とはいえない。
③　日住金はすでに経営が破綻し，その地位を承継した住宅金融債権管理機構が本件監査調書の提出について同意している。
④　債務者の中にはすでに倒産状態に陥っているものも多々存在するのであって，156名にかかる部分はその秘密を保持する要請がさほど強くないといえるところ，本件債務文書の証拠としての必要性は極めて高い。

最高裁も上記結論を維持した。

(1)　小林秀之「株主代表訴訟における原告株主の資料収集手段」（ジュリスト1062号）53頁以下。
(2)　「非訟事件手続法による裁判所の許可を得ないで提起された取締役会議事録閲覧謄写請求の訴えを不適法として却下した事例」大阪高判昭和59年3月29日（判例時報1117号168頁）。
(3)　小林・前掲注(1)57頁。
(4)　西山芳喜「株主の会計帳簿閲覧請求権と商業帳簿制度との関係」（『現代企業法の理論』信山社，1998年）。
(5)　最二決平成11年11月12日（判例タイムズ1017号102頁以下），大村雅彦「銀行の貸出稟議書を対象とする文書提出命令の許否」（ジュリスト1179号，2000年）123頁以下，永田義博「貸出稟議書の文書提出命令申立却下の最高裁判決について」（銀行法務21，570号）10頁以下，藤瀬裕司「文書提出義務に関する最高裁決定の実務的意義」（同上570号）12頁以下，香月裕爾「貸出稟議書の自己使用文書性を認めた妥当な判断」（同上570号）14頁以下，新堂幸司「貸出稟議書は文書提出命令の対象になるか」（金融法務事情1538号）6頁以下，加藤新太郎「貸出稟議書の自己使用文書該当性」（銀行法務21，570号）7頁以下，大越徹＝伊藤治「金融実務と文書提出命令制度」（同上569号）13頁以下。
(6)　伊藤眞「文書提出義務と自己使用文書の意義―民事訴訟における情報提供義務の限界」（法学協会雑誌114巻12号）1444頁以下，山本和彦「稟議書に対する文書提出命令(上)(下)」（NBL661号，662号），小林秀之他「座談会・稟議書を中心とした文書提出命令(上)(下)」（判例タイムズ1027，1028号），小林秀之「貸出稟議書文書提出命令最高裁決定の意義」（判例タイムズ1027号）15頁以下，吉野正三郎「銀行の貸出稟議書と文書提出命令」（銀行法務21，569号）5頁以下。
(7)　山本和彦「銀行の貸出稟議書に対する文書提出命令」（NBL679号）10頁以下。
(8)　株主代表訴訟に限らず，一般の民事訴訟運営論に及ぶ課題である。遠藤直哉『ロースクール教育論―新しい弁護技術と訴訟運営論』初版（信山社，2000年）。
(9)　最一決平成12年12月14日（判例タイムズ1053号95頁以下）。

(10) 最一決平成13年2月22日（資料版商事法務205号166頁以下）。

第4節 証拠優越準則の採用

1 民事確信説の終焉

民事訴訟においては当事者は対等であり，かつ双方に捜査の強制力もなく，制裁は財産的なものに限られるので，証拠優越準則を採用すべきである。日本では従前から，「確信」「高度の証明度」「高度の蓋然性」「通常人の疑いを挟まない程度に真実性の確信を用い得るもの」と解釈され，その証明度は80％程度と言われている（以下これを民事確信説という）。公害・医療過誤・製造物責任訴訟などにおいて，原告側に約80％の証明度を課して，被害立証を困難にすることは，被害者に極めて苛酷な状況を作り出してきた。被告に対して「疑わしきは罰せず」ということは，真の加害者を逃がしてもやむを得ないといえることになる。しかし，分かりやすくいえば悪徳企業には「疑わしきは罰する」という姿勢を持っても良いはずである。

今までの民事確信説は，日本の産業政策を進めるための，明治以来あるいは戦後復興のためのイデオロギーであった。もともとローゼンブルグは1900年に「証明責任論」を出版し，規範説を民事確信説とともに主張してきた。いわばドイツ19世紀のイデオロギーといえる。規制緩和の時代に入り，会社と市民との訴訟ばかりでなく，会社同士の訴訟も増大することが予想される。このような状況の中で，証拠優越準則を採用することが，事案解明と訴訟の促進に決定的な作用を持つことを強く主張したい。

2 株主代表訴訟への適用

株主代表訴訟においても，原告株主が，取締役の法令定款違反あるいは善管注意義務違反を主張し，新聞などの報道あるいは関連する裁判記録などで立証すると証拠優越となる，これはいわば表見証明又は一応の証明といわれてきたものといえる。これにより原告が優勢となると証拠提出責任は会社又は被告取締役に移転する。なぜならば，主張責任と立証責任を分離させることが重要であり，立証責任は証拠保持者に課するべきである。原告株主が，主張責任として法令定款違反の一定の具体的内容まで特定す

ることは必要である。そして，原告株主は被告取締役の具体的行為（間接事実）について求釈明を行い，被告に釈明させることが重要である。また，取締役の行為に関する書類が存在するか否かを求釈明することが重要である。会社又は被告はこれに対し，釈明をする義務そして証拠の提出義務が生じる。釈明に応じなかったり証拠を提出しないときには，原告の立証が認められることになるので，会社又は被告は証拠不提出の危険を負うこととなる。このように訴訟運営を行う場合には，もはや文書提出命令の手続すら必要となくなる。すなわち，従前の旧法の文書提出命令の基礎は，いわば文書提出側に立証責任が課せられているものと同視できるような状態にあった。しかるに，新法で文書の一般義務化が生じた場合には，なぜ一般的に文書を提出する義務があるかということに改めて考えてみる必要がある。すなわち，民事訴訟法224条は「当事者が文書提出命令に従わないときは裁判所は当該文書の記載に関する相手方の主張を真実とみることができる」，「当事者が相手方の使用を妨げる目的で提出の義務がある文書を滅失させ，その他これを使用することが出来ないようにしたときにも前項と同様とする」（2項）と規定する。上記規定は，証明妨害に対して制裁を課しているのである。すなわち原告の求釈明に対して回答拒否し，また，文書を滅失させた場合には，結局原告の表見証明（証拠優越の状態）が証明として成立したということに等しい。それ故，この文書提出命令の224条自体に，証拠優越準則の運用の効果が採用されていると見なければならない。

　以上によれば，裁判所は原告の求釈明を尊重し，会社又は被告に文書提出を釈明権で命令する等の訴訟運営が重要である。

3　会社の事案解明義務違反の場合

　株主代表訴訟において，会社が形式上の当事者であるか否かにかかわらず，積極的に証拠の提出義務を果たしたときには，問題は生じない。仮に，被告の要望により，又は被告のために証拠提出されていることが明らかでもその限りでは，是認しうる。しかし，会社が，全部又は一部の釈明に応ぜず又は証拠提出を拒むとき，あるいは証拠を滅失させたとき，会社に不利益を与えるのではなく，被告に事実認定上の不利益を与えることは可能であろうか。

① 会社が被告と一体として，訴訟活動しているとみなされるときには，被告に不利益を課することは妥当といえる。
② 会社が独自の判断で訴訟活動をしているとみなされるときには，被告に不利益を課すことは妥当ではない。
但し，この場合には，被告は自ら会社に求釈明をしたり，文書提出命令等をして被告とは一体ではないことを明らかにする義務を負う。
それ故，被告が積極的かつ具体的に会社に事案解明を促すことをしない限り①の結論となる。
③ 上記①又は②の区別自体に判定が困難なとき，例えば，形式上被告は会社に証拠提出を求めているが，被告の要望により証拠を隠匿しているときなどには，証拠優越準則に基づき，各事実を認定して，弁論の全趣旨から場合によってはYに不利益な認定をすることも可能といえる。

第2章　証拠優越準則の発展の経過

第1節　新しい訴訟運営論

　司法制度改革審議会は，1999年7月に開始された。目的として「利用しやすい司法」の実現が挙げられ，検討課題として，法曹人口の増員，法科大学院構想，法曹一元，陪参審等が予定されている。その背景としては，民事裁判制度及びその運営方法に対して，各方面から強い不満が高まっていることがある。ドイツ，米国等においては，現在まで大きな民事訴訟改革を実行し成果を上げてきた。しかし日本では1998年1月から新民事訴訟法が実施されたものの，法改革自体が大きなものではなかったこともあり，その後の訴訟運営においても成果は期待されたもの以下となっている。本書では，基本的には筆者の25年にわたる弁護士の法廷活動の経験を総括しつつ，現状の分析を加えた上で，今後の指針を提言するものである。本指針の趣旨は，①英米法の「証拠優越準則」の採用に基づく証明度の軽減，②当事者（代理人弁護士）の事案解明のための求釈明活動の強化と証拠提出責

任の明確化，③裁判官の心証開示付積極的訴訟活動の促進である。

　すなわち，現状のところ，当事者の一方が求釈明を行っても，相手方弁護士は自己が主張・立証責任を負わない事項についての応答を避けようとし，裁判所は釈明権，釈明処分，文書提出命令に関して依然として極めて消極的である。この弁護士の拒絶的対応と裁判所の消極的姿勢が審理の適正・充実・促進を阻む基本的原因となっている。本書では，上記状況を改革する方法とされている従前の訴訟促進策（例えば「民事訴訟のプラクティスに関する研究」[1]）には根本的欠陥が内在しており，より有効適切な改革案を明らかにする。すなわち，現在までのドイツ・米国の民事訴訟改革に学び，日本型の訴訟改革を実行しない限り，現状を改革しえないことを主張する。筆者は，すでに1988年に安易な訴訟促進策に対する適正化を訴えるため，米国の訴訟運営を参考に論文「民事訴訟促進と証拠収集」[2]を発表し，実務家としては初めて本格的に①証拠開示（ディスカバリー）の立法的導入，②文書提出命令の拡大，③陳述書の大幅な活用[3]，を提言した。その成果としては，10年かかったものの陳述書の活用は実現し，一般文書の提出義務化も規定され，平成12年1月から最高裁によるディスカバリーの導入の検討が始まった[4]。しかし，本書では新たな視点を加え，ドイツの証明責任論の発展（証明責任の転換等），米国の証拠法の発展の成果を訴訟運営論に大胆に取り込むことが必要であることを明らかにする。

　本書では，改革の指針として以下の点を論じる。

1　従前の訴訟の充実・促進を目的とする訴訟運営論（実務の側）は，ドイツや米国の判例・学説を基に発展してきた証明責任論又は証拠収集方法論（学理の側）と乖離してきたが，この両者の成果を統合させることが重要であり，かつ可能であると考える[5]。

2　訴訟においては，当事者は相手方に対する求釈明，文書提出命令申立等を徹底化する（当事者主義の強化）と共に，裁判官は，これを支援する形で，当事者の実質的平等の確保，事案の解明の目的のために暫定的心証開示（証拠優越準則に基づく事実の認定，証明責任の転換等の告知，法的観点指摘等）をしつつ釈明権，釈明処分，文書提出命令等を積極的に行使する（職権主義の強化）。

3　上記の指針は，主として公害，医療過誤，製造物責任，消費者被害，

労災等の訴訟において証拠偏在の解消，弱者保護を目的とする社会政策をとってきたドイツ・米国の歴史を参考にしているのであり，これに学ぶ必要がある。

4　上記指針は証拠提出責任論を含む弾力的かつ多様な証明責任論を導入し，事案解明の高度化，事実認定の客観化・合理化を図るものである。これに対して，司法研修所の要件事実教育（裁判修習）は上記のような目的を視野に入れず，客観的証明責任とこれの分配のみを目的とする硬直的かつ狭逸な主張立証責任一体論に終始しており，被害者放置型・五月雨型審理の大きな原因となってきた。

5　証拠優越準則の採用は，分かりやすい裁判の実現には必須であり，民事訴訟法で明文化すべきであるが，解釈論でも対応しうる。

(1) 岩佐＝中田＝奥山『民事訴訟におけるプラクティスに関する研究の概要』（法曹会，1988年）。
(2) 遠藤直哉「民事訴訟促進と証拠収集」（判例タイムズ665号，1988年）24頁以下。
(3) 後に，英国における陳述書の交換制度（1986年）が紹介されたが，ほとんど同じ制度といえる。長谷部由起子『変革の中の民事裁判』（東京大学出版会，1998年）108〜121頁。
(4) 朝日新聞平成12年1年7日。
(5) 遠藤直哉「実務・研究・教育の統合を目指す法科大学院構想」（自由と正義50巻5月号，1999年）24頁以下。

第2節　従来の訴訟運営論の限界

民事訴訟の審理充実・促進が叫ばれ，約10年が経過し，新民訴法も始まった。しかし，約20年以上前から，学会においては証明責任論に関する激しい議論が巻き起こり，現在まで，多くの論稿が発表されているにもかかわらず，実務への影響は明確とはいえない。

1　新民訴法下の運営

第二東京弁護士会を中心とする民事訴訟実務改善運動が進められた。裁判所側もこれに応じて積極的な施策を打ち出してきた。しかし，学会における証明責任論の議論の影響はほとんどみられなかった。

新民訴法下の運営も約10年の実務改善を土台としたものであり，基本的

構造に変化はなかった。しかし，より訴訟運営論としては理論化されたため，課題は浮彫りにされつつある。

　古閑裕二判事補は「当事者と裁判所の協同的訴訟運営，協同主義又は協働主義では不十分である。争点整理手続において，裁判所は当事者間に合意が形成されるように努力し（提案，説得），三者合意が成立すれば，弁論準備手続等に付する旨の決定を行うが，合意が成立しない事項について，裁判所が訴訟指揮権による決定を行って訴訟手続を進行させる。」しかし「立証責任を負っていない当事者が行う事案解明活動について，当事者間の合意が成立しないため，三者合意に至らない場合においては，裁判所の訴訟指揮による命令作用の発動が問題となる。Y（医師）側に対して，裁判所が求釈明権（149条，旧127条）に基づき，前記の最低限の事案解明活動を促すことはできる。しかし，この求釈明には強制力がなく，釈明しないことによる制裁はない。私は，求釈明権によってカバーすることができない場合は，事案解明義務とその履行確保の問題であると考えるが，現在この点に関する答えを持ち合わせておらず，今後の課題としたい。」[1]といわれる。まさにこの課題解明が本稿の目的である。すなわち，学会における訴訟手続論の影響が及びつつあるものの，どのように統合されるのかが問題となる。

2　実務の大勢

　上記のように，争点整理，集中審理等に関する先進派があるが，他方慎重派ともいうべき意見も無視しえない。慎重派によれば，争点整理手続において，文書の取調，当事者本人の事実上の聴取により早期に心証形成されること，争点が切り捨てられること，充分な証拠開示のないままの集中審理により適正な事実認定が妨げられることが問題とされる。実際には，第一線の裁判官の間では集中審理を無批判に導入することに対する批判もある。筆者の経験でもいわば慎重派が大勢である。最高裁は裁判官が集中審理の効果を疑う論稿を発表することを規制しているので，慎重派の側からの意見は正面から出されない状況である[2]。慎重派の立場に立って，これを善解すれば，訴訟運営の適正（真実発見）と促進の両方を満足する途はあるのか，裁判官に何らかの武器を与えないでは不可能ではないかという

疑問に答えられていないといえる。

　3　上記のような状況の中で、弁護士の中でも大きな疑問がわきつつある。樺島正法弁護士は、「新法施行後も法廷の日常にはさほどの変化はなく」「情報・資料を持つ主張・立証責任のない当事者は高見の見物よろしく内心、笑っている」と言われ、「少なくとも我々実務家は、"主張・立証責任の分配"と言うのは、口頭弁論が終結したところで、真偽不明（non liquet）の場合、つまり自由心証の尽きるところで作動する法則であるのに、何故法廷での行為（行動）の責任の分配となるかについては余り考えて来なかった。」「法廷における当事者の行為を規律する基本法則は何であるのかを積極的な形で示して頂きたいのである。敵に塩をやるのが一般的な義務であるのか。そうでないとすれば、法廷における当事者の行為を規律する原理・法則は如何なるか。ユーザーである実務家として、明確な説明を学界に期待したいところである。」(3)と司法修習では抜けおちている視点について、多くの弁護士の潜在意識をえぐり出した率直・明解な指摘といえる。

　4　このような状況の中で、上記の問いに対する解答として本書のテーマである証明度の軽減をめぐり、高橋教授は「証拠の優越説」について、その根拠・要件等の課題を明らかにできれば従前の理論を統合する壮大で有用な理論となると言われる(4)。また、裁判官の側でも、実際には証明度を下げているとの発言があるとの報告もされている(5)。

　よって、今や証拠優越準則が採用される状況となりつつあるといえる。

(1)　古閑裕二「訴訟上の合意と訴訟運営」（判例タイムズ969号、1998年）36頁。
(2)　西野喜一「争点整理と集中審理」（ジュリスト別冊・民事訴訟法の争点、1998年）162〜163頁、同「争点整理と弁論兼和解の将来(上)」（判例時報1583号、1997年）28頁（注52）。
(3)　樺島正法「新法下の文書提出命令と今後の課題」（判例タイムズ971号、1998年）58〜59頁。
(4)　高橋宏志『重点講義・民事訴訟法』40頁。
(5)　田尾桃二他『民事事実認定』330頁、太田勝造発言。

第2章　証拠優越準則の発展の経過

第3節　客観的証明責任論の問題点

1　司法研修所の民事裁判に関する教育の中心は，要件事実教育である。例えば，売買代金支払請求訴訟において，原告（売主）は，請求原因として，権利根拠規定に基づき売買契約締結の主張立証責任を負い，被告（買主）は権利障害規定に基づき詐欺・錯誤の抗弁，権利阻止規定に基づき同時履行の抗弁，権利滅却規定に基づき弁済の抗弁について主張立証責任を負う。同時履行の抗弁に対して原告が先履行の合意を再抗弁とするときは，これについて主張立証責任を負う。この主張立証責任を負うとは，上記要件事実の存在が真偽不明のときには，敗訴の不利益又は危険を負うことであり，客観的証明責任のことである。主として，売買，貸金，不動産明渡訴訟等について，法律要件分類説に従い，主張責任と立証責任を一体のものとして，その分配を学ぶ[1]。客観的証明責任から，逆に証拠提出責任，主張責任を規定していく。すなわち，訴訟の最終局面で，真偽不明のときの解決策のみを扱うにすぎず，それ故に，ときに判決書き技術教育と批判される[2]。なぜならば，民事裁判にとってより重要なことは，真実解明のための資料（主張，証拠）の提出，手続保障，審理の充実，証拠の評価等であり，証明責任分配による判決は次善の策にすぎない[3]。民事裁判に関する法曹教育とは，適正，迅速な手続の下に，権利救済，被害者保護の目的をいかに遂げられるかを教育することでなければならない。それ故，以下のとおり，実務においても，教育の場においても訴訟手続論，証明度軽減，証明責任分配の再構築を必要とする。

2　本章の結論としては，必ずしも主張責任のレベルにおいては法律要件分類説を否定するものではない。但し，当事者は，自己に有利なすべての事実主張をすべしという簡潔な原則のみで充分である[4]。一般的には，原告は権利根拠事実を，被告は権利妨害事実，権利阻止事実，権利滅却事実を主張することになるのは当然である。これに対して，立証責任（証拠提出責任）は主張責任の所在と常に一致する必要はない。主張責任と立証責任は分離させるべきである[5]。立証責任は証拠を保持している者，又は証拠との距離の近い者に課せられ（主観的証明責任・証拠提出責任），真偽不

183

明のときは利益衡量説をもって立証責任の負担が課せられる（客観的立証責任）が，証拠優越準則を採用すれば客観的証明責任の働く余地は極めて少なくなり，証拠優越の可否の判断と客観的立証責任の負担者は同時に決められる。また，証拠がほとんど出されるので，真偽不明の事態を回避できる。そして，上記結論は，現在の実務の中では理論化されていないものの，良心的な裁判官による訴訟と乖離するものではない。

　3　すなわち，不法行為の訴訟で事案解明に熱心な一部の裁判官の場合には，必ずしも主張立証責任を負担する者に過大な証明度をかけ続けるわけではない。当事者代理人の要求に応じて，事実上，挙証責任を転換するのと同様の訴訟運営をする。しかし，司法研修所において，不法行為の教育に全くといっていいほど，触れていなかったのは，挙証責任の転換を是認できなかった国家的政策（加害者保護政策）と共に，原告（被害者）に過大な立証責任を課して（加害者に無責の推定）おきながら，突然，被害（加害者）に過大な立証責任を課していく（加害者に有責の推定）ことの合理的説明をしえなかったからである。なぜなら欧米でも，日本の学会でも不法行為をめぐる理論が発展していったにもかかわらずこれらを取り込みえず，法曹教育にはほとんど反映しなかったからである。すなわち，要件事実教育は実務教育の主戦場というべき不法行為を対象としないままに，売買，貸金，不動産明渡等の類型において，公平，信義則を取り入れ，あたかも優れた理論モデルであるかの如く装ってきたのである。この理論モデルによって不法行為の証明責任にも問題はないものと漠然と考えさせる効果をもたせたといえる。しかし，司法研修所の要件事実教育は，不法行為についての解答としては，白紙答案のゼロ点であるばかりか，その他の分野についても，本書のような説明なしには，裁判実務にも遅れたものと言わなければならない。

　4　例えば，「履行不能における債務者の帰責事由」について債権者が帰責事由の存在を証明するのか，債務者が帰責事由の不存在を証明するのか。仮に，履行不能の原因について，債務者の過誤，債権者の妨害的工作行為等の間接事実により決まるときに，当事者は自己に有利な主張をし，手持

証拠の提出，相手方証拠の引き出をして，これを総合して，証拠優越準則で決めればよい。いかなる証拠がどこにあるのかは，事案によって異なるので，訴訟中から，証拠の存在，蓋然性，公平の観点から，証拠提出責任を明らかにしていけばよい。分かりやすい例としては，悪徳商法の債権者が，債務者へ履行請求したときに，債務者は，詐欺，錯誤，説明義務違反を主張する。しかし，これを立証する証拠は，債権者側にも存在する。仮に，債権者が債務者に見せたが交付しなかったパンフレット，説明文書等の存在が推定されるならば，債権者が証拠提出責任を負う。

(1) 『増補 民事訴訟における要件事実』第1巻（司法研修所，1986年），司法研修所『紛争類型別の要件事実』（法曹会，1999年）。
(2) 新堂幸司「法曹一元への道のり」（NBL676号，1999年）26頁。
(3) 春日偉知郎『民事訴訟法研究』（有斐閣，1994年）2頁。
(4) 主張のあり方について，畑瑞穂「民事訴訟における主張過程の規律(一)(二)」（法学協会雑誌112巻4号・114巻1号，1995年）。
(5) 萩原金美「民事証明論覚え書」（民事訴訟雑誌44，1998年）6～9頁，松本博之『証明責任の分配・新版』（信山社，1996年）323頁。例えば不法行為の原告は故意過失・因果関係を主張し，表見証明をすれば，上記間接事実をくつがえす間接事実「非A」の立証責任は被告に転換されるのであり，主張責任と分離する。

第4節　証明度軽減

1　弁護士及び司法修習生に対して，刑事裁判の証明度はどの程度かと問うと，すべて，「合理的な疑いを超える程度の確信」[1]と答えるが，民事訴訟の証明度について問うと，一様にとまどいの表情を見せ，ほとんど答えられないし，「確信」とか「証拠の優越」とか答えても，その差異と理由，証明の程度については説明し得ない。パーセンテージを問うと，90％～60％までまちまちである。民事裁判の事実認定にとって最も重要な証明度であるが，司法研修所で教育されないため，このような状況が生み出されている。「証拠の優越」と答える者は，潜在的には米国のシンプソン事件の影響（刑事無罪，民事原告勝訴）があるのではないかと推測される。中には司法研修所の刑事裁判教官から，刑事と比較して民事は「証拠の優越」だと教えられ，日米の差も分からずに漠然と低い証明度と考えていた者もいた。また，ルンバールショック事件の最高裁判決自体が「高度の蓋然性」

という言葉を使用しながら,「主観的確信」を維持するのか,確信より証明度を下げているのか,どこまで下げているのか明確ではない面があることにも混乱の原因がある(2)。しかし,裁判官は,一般には最高裁判例や教科書の記載について「確信」「高度の証明度」「高度の蓋然性」「通常人が疑いを差し挟まない程度に真実性の確信をもち得るもの」と解釈していると言われている(3)。刑事の確信よりは若干低い証明度（90〜70％）といわれているので,本書では,これを以下民事確信説という。それ故,一部の弁護士が「証拠の優越」というのは,本人の願望にすぎず,現状についての甘い認識ともいえるが,今やその願望が広まりつつある。

　2　米国の刑事裁判では,裁判官は,陪審員に対して,冒頭で「被告人には無罪の推定があるので,合理的疑いを超えた確信（beyond a reasonable doubt）によって評決してください」,民事裁判では「刑事事件では,合理的疑いを超えた確信によるが,これと異なり民事裁判では,証拠の優越（preponderance of evidence）によってください」と明確に告知する。米国において,筆者も含めて日弁連の米国陪審調査視察団がこれを現認して,日本とは逆であると大きな感動に包まれた。日本では,現実には検察官の立証には証明度を下げ,民事被害者の立証には証明度を上げているからである。米国では証明度のレベルが極めて分かりやすく明確であり,かつ,刑事陪審は全員一致,民事陪審は8割以上の一致によるので,その事実認定は,適正なものと納得できるものとなる。日本においても,民事の証明度は,「証拠の優越」,「単なる蓋然性」,「50％を超える程度」といわれるレベルにすることが正当といえる。

　刑事裁判において,「確信」,「高度の証明度」,「90％〜100％の程度」を要求するのは,無実の者を有罪にしないために,真の犯人を処罰できなくてもやむを得ないという政策に立っている。証明度を低くすると,無実の者を有罪とする誤判の確率が高くなる。真実発見のために国家の強制捜査権が行使できること,その制裁が被告人の身体の拘束になること,が正当化の根拠といえる。

　これに対して,民事では,上記政策判断を必要としない。すなわち,証明度を上げすぎると,多くの真の加害者を逃がし,被害者救済に失敗し,

証明度を下げすぎると，加害者でない被告を敗北させることになるので，その中間をとることが合理的ということになる(4)。また，民事では，原告に強制捜査権がないという点では当事者対等であること，財産的制裁にすぎないことがその根拠となっている(5)。

米国では，強力な証拠開示制度（ディスカバリー）が発展してきたので，当事者対等であると仮定すると，証拠の優越とは「50％を超えるレベル（以下「51％のレベル」という）」を意味することとなる。これに対して，日本では，証拠開示制度がないため，51％のレベルを原則としつつ，被害者救済のためにはさらに証明度を下げることも場合によって正当化されると考える。

(1) 団藤重光『新刑事訴訟法綱要』7訂版211頁。
(2) 最判昭和50年10月24日（『民事訴訟法判例百選Ⅱ』別冊ジュリスト146号，1998年）254頁。
(3) 田尾桃二ほか『民事事実認定』（判例タイムズ社，1999年）264頁。
(4) 太田勝造『裁判における証明論の基礎』（弘文堂，1982年）第5章，同・前掲注(3)275〜279頁。
(5) 小林秀之『新証拠法』（弘文堂，1998年）76頁。

第5節　主観的証明責任（証拠提出責任）

1　証明度を軽減した場合の，「証拠の優越」，「51％のレベル」とは，原告と被告の各々に有利な証拠を比較したときの相対的評価であると解釈することを妥当と考える。確信というような絶対的評価ではない。民事訴訟においては，開始から結審に至るまでこの相対的証明度が審理の最も重要な基準，ツールとなる。この証明度を基準にして，次のように貸金請求訴訟において主観的証明責任（証拠提出責任）が，原告と被告の間を移動する。以下，間接事実についてまで主張責任と立証責任の一致する例をあげ，「証拠の優越」のある状態を「原告優勢」，「被告優勢」と記述する。

　(イ)　（原告）訴訟開始のときには，権利根拠事実を主張する原告が証拠提出責任を負う。すなわち原告が貸金請求について，まず主張・立証を行い，金銭消費貸借書を提出する。（原告優勢）
　(ロ)　（被告）被告が否認（理由付）をし，被告の印影は盗用されたものと

主張し，被告は外国出張中であった事実（パスポートの記載）を提出する（反証説，本証説あり）（被告優勢）

(ハ) （原告）外国出張中を認め，盗用されたのではなくて，被告が親族に指示して押印したという委任状を提出した。（原告優勢）

(ニ) （被告）委任状の筆跡は親族のもので被告の筆跡ではないと，被告の筆跡のサンプルを提出した。（被告優勢）

以上については，当事者が所持する証拠について証拠提出責任が課せられ，この責任を果さないときには，相手方の証拠の優越をくつがえせないこととする。

2　客観的証明責任の下で，確信という高度の証明度を要求すると，証明責任を負わない当事者の方に証拠が偏在する場合，その者は何らの立証活動をしないこととなり，証拠が提出されず，証明責任を負う者が高度の証明を達成できない。逆に，証明責任を負わない当事者が自己に有利な資料のみを提出すれば，心証は五分五分となってしまい，原告の証明は容易に崩されてしまう。どちらにしても，証明責任を負わされる者へは過重な負担となる。

いわゆる証拠偏在型の事件といわれてきた，公害，製造物責任，医療過誤等ばかりでなく，消費者事件から商事事件，相続事件に至るまで，多かれ少なかれ証拠は偏在する。自己に有利な証拠が相手方や第三者にあることは非常に多い。このような事件において，証明責任を負わない当事者に証拠提出責任を課する必要が出てくる。

例えば，筆者の担当した事件の依頼者たるＸは北欧の有名メーカー（Ｙ）から高額な新製品の機械を購入したところ，組立後使用開始したら，数日後に動かなくなってしまった。Ｘは機械の瑕疵を主張立証したが，Ｙは使用方法の誤りを主張立証した。Ｘはその機械（2号機）より先に作られた第1号機がイギリスで故障したとの情報を得たが，詳細をつきとめられなかった。ＸはＹに対して，情報入手の信憑性を開示した上で，上記1号機の販売先，運行状況，故障の有無等を毎期日に求釈明し続けた。Ｙは2年にわたり回答しなかった。裁判所も強い措置をとらなかった。

この場合には，裁判官は「瑕疵」について確信を持てない状況であった。

仮に機械の爆発事故などの人身被害請求（不法行為，債務不履行）であれば，賠償が高額となり，さらに慎重となる。解決策として，次の３つの立場がありうるが，下記②の立場を中心に構成すべきである。
　① 弁論の全趣旨に基づく自由心証の問題として，取り込む。しかし，判決時に機能するものであり，訴訟中の行為規範たりえない。
　② Ｘの立証は，現時点では証拠上優勢であるとの下に，Ｙに証拠提出責任を移転し，Ｙがその責任を果さない限り，Ｘの事実主張が認められ，Ｙは敗訴する。
　③ 証明妨害のサンクションとし，機械の瑕疵があったとの認定をする。しかし，訴訟中に証明妨害の要件を確定することは煩に耐えず，訴訟中の行為規範としては必ずしも有効ではなく，また効果発生の根拠が明確ではない。
　よって，②のプロセスは，審理の充実，手続保障に欠かせないといえる。①及び③は，補充的に②の中に吸収されて生かされるべきである。

　3　客観的立証責任と主観的立証責任（証拠提出責任）は，ドイツ，米国でも，19世紀終わりまでは，分離せず，主観的立証責任の名の下に，当事者の主張・証拠を提出する法的必要性，当事者の行為責任をあらわす意味に使用されていた。しかし，その後，ドイツ，米国でも，この２つの概念が併有するものと認められるようになった。これに対して，日本では古い主観的立証責任の時代から，大正年間に客観的立証責任の導入を行うや後者のみの一面的理解が学説判例の主流となり[1]，現在までの司法研修所の教育へと連なっている。
　学説においては，客観的立証責任と主観的立証責任の併存を主張するもの，又は後者を強調し，具体的証拠提出責任を主張するものも現われている[2]。しかるに，客観的証明責任と高度の証明度（確信）を組み合わせると，主観的証明責任は，客観的証明責任の機能の中に埋没してしまい，法的意味の当事者の責任・義務とまではいえず，当事者の証拠提出の自由（権利）というにすぎない。特に，証明責任を負わない当事者は，何らの証拠を出さない権利までを有する。それ故，主観的証明責任の独自性を強調することは，反証提出責任や証拠優越準則等への道を開くことにならざるを得な

(1) 村上博己『証明責任の研究』(有斐閣, 1986年) 新版6頁。
(2) 松本博之『証明責任の分配』(信山社, 1996年) 新版11頁。

第6節　間接反証

　ローゼンベルクの主張に始まる間接反証は、原告が主要事実を推認させるに充分な間接事実（下記①②）を証明した後に、被告が別の間接事実（下記③）を証明（本証、確定責任）することにより、主要事実を真偽不明に追いこむ証明活動を言う。

　例として新潟水俣病判決をあげると、この判例は、「因果関係を①被害疾患の特性とその原因物質、②原因物質が被害者に到達する経路、③加害企業における原因物質の排出、の3つに分解し、①②について状況証拠等から矛盾ない説明ができれば法的因果関係については証明があったとすべきであり、この程度の①②の立証がなされて、汚染源の追及がいわば企業の門前にまで到達した場合、③については、企業側で自己の工場が汚染源になり得ない所以を説明しない限り、その存在が事実上推認され、その結果すべての法的因果関係が立証されたと見るべきだ」としたのである(1)。

(イ)　竹下教授は、「間接反証の理論は、挙証責任の分配についての通説（法律要件分類説）を維持しながら、証明困難な主要事実につき、その存否の認定に役立つ間接事実の確定責任を両当事者に分配し立証の負担の公平を計ることを理論上可能ならしめる。」(2)と評価された。

(ロ)　①②③自体を主要事実ととらえ、③を抗弁と位置づけ、証明責任の分配法則の一部修正、挙証責任の転換と構成する考え方もある。

(ハ)　高橋教授は間接反証の概念は一般には不要と考え、「要するに、経験則が強く、元々の間接事実から主要事実への推認が強い場合には、それに応じて、間接反証事実の証明も（そこで使われる経験則も）強いものでなければならず本証に近付くであろう。しかし、元々の間接事実から主要事実への推認が弱い場合には、確信にまで至らない弱い程度の間接反証事実の証明で十分のことがありうる。」(3)と間接事実の推認力の強度の問題とした。

㈡　太田教授は，間接反証とは，証明度軽減に基づく挙証責任の転換に他ならないと主張され[4]，小林教授は「根本的な疑問としては，間接反証は，実体法上の政策的考慮や証明困難などの理由から要証事実とされる主要事実の証明度を下げているのではないか，それ以上に相手方に証明責任を負わせる必要がある場合でもそれは客観的証明責任ではなく，前述のように行為責任としての証拠提出責任ではないか」[5]と，証明度軽減の問題とした。

　以上については，まず後述するように主要事実と間接事実の区別を廃止した上で①②③の各事実の在否，そこから推測される因果関係事実の存否について，すべて証拠の優越を基準に判断することが妥当である。

　すなわち，①②について，証拠提出責任が原Yを移動しながら，充分立証をつくした後に原告優勢（51％）となった段階で，③については，推認が働き，原告優勢であることを告知する。被告は③につき証拠提出責任を負い，立証しなければ敗訴する。仮に全く原因物質を排出していなかったこと，又は隣の工場からの排出を立証すれば，被告が③ばかりか因果関係そのものについて優勢となり，今度は原告が，例えば隣の工場とは，被告のグループ会社であったとして優勢にもちこむ。

　この場合に何が，主要事実か間接事実か，主要事実の証明は確定責任であるのに，間接事実からの主要事実への推認力はどの程度かを個別に判断することは煩に耐えないので，証明対象事実，推認力について証拠優越準則の適用が有効である。

(1)　高橋宏志『重点講義・民事訴訟法』（有斐閣，1997年）381頁。
(2)　竹下守夫「間接反証という概念の効用」（法学教室〔第2期〕第5号，1774年）145頁。
(3)　高橋・前掲注(1)384頁。
(4)　太田勝造『裁判における証明論の基礎』138～141頁。
(5)　小林秀之『新証拠法』（弘文堂，1998年）203頁。

第7節　表見証明又は一応の推定

　特に過失，因果関係の認定において，定型的事象経過と呼ばれる高度の蓋然性ある経験則が働く場合，細かい認定を飛び越して，いきなりある事

実が認定されてよいことをドイツの判例・学説は「表見証明」と言い，日本では，「一応の推定」と言われている。

(a)認定に用いられる経験則が高度の蓋然性を有する場合（停泊中の船舶へのほかの船舶の衝突事故），(b)必ずしも高度の蓋然性が認められない場合（梅毒輸血事件）があるが，日本では，(a)は当然のこととして，(b)についての効用が説かれている(1)。法的性質については，(b)について次の通り検討する。

① 事実上の推定の一場合とする説(2)

中野教授は間接反証をも含めて，事実上の推定と位置付ける。しかし，証拠又は間接事実から定型的には強い推定が働かないにもかかわらず，これを認める難点がある。

② 証明責任分担説（証明責任転換説）

末川博士はすでに昭和2年に挙証責任の分配の原則を正義・衡平に合わせるため，「裁判所が自由心証によってある事実を事実と認めるについての蓋然性の程度は決定されていないのだから，裁判所が「一応の推定」により判断する場合には一方当事者の挙証責任は果されたといってよく，反対のより大きい蓋然性が存在することを示す事実の挙証は相手方によってなされるほかなく，その程度において挙証責任の一部の転嫁がある」とされた(3)。

③ 証明度軽減説

中島弘道博士は民事訴訟における通常の事実認定の例外として弱い心証による事実判断が許される主たる理由は，「相手に蓋然的心証を覆すに足る反証がないと推定され，その判断は反対の判断より真実に合致する公算が高い」とされた(4)。太田教授は，証明度軽減と反証提出義務の問題ととらえた(5)。

証拠優越説をとると，これらを統一的に構成できる。すなわち，原告の立証により「単なる蓋然性」，「証拠優越」をもってしても事実上の推定が働き，相対的には証明度は51％に達成し，証明責任（証拠提出責任）は被告に転換する。被告は手持ち証拠の開示が強制され，従わないときには敗訴する。

(1) 高橋宏志『重点講義・民事訴訟法』389〜391頁。

(2) 中野貞一郎『過失の推認』(1978年) 16〜22頁。
(3) 末川博『続 民法論集』332頁以下。
(4) 中島弘道『挙証責任の研究』140頁以下。
(5) 太田勝造『裁判における証明論の基礎』第7章。

第8節　証明と疎明

　証拠優越準則をとると証明と疎明の差についての説明はどのようになるか。なぜならば，証明とは，「確信に至る程度の心証」(高度の蓋然性)であり，疎明とは，確信に至らなくても，「一応確からしいとの状態」，「相当程度の蓋然性」が認められればよいとされているからである[1]。証拠優越説をとると，証明度については証明と疎明の間に差異がなくなる。証明と疎明の差は，証明度にあるのではなく，立証の方法又は種類にある。「疎明」は「即時に取り調べることができる証拠によってしなければならない」という民訴188条の制約があるが，証明にはそのような制約がないことが異なるのである[2]。実務でも，証明と疎明の証明度はそれほど異ならない。筆者は，現に，土木工事妨害差止仮処分で1年半にわたり住民に公開された審尋(毎回1〜2時間)を行ってきたが，本案以上に充実した審理(関係者の発言はほとんど自由)であり，証明と同じレベルである。審尋なしの保全処分でも，疎明と言っても決して低度の証明度ではない。結局，証明と疎明の証明度は接近してしまったのであり，妥当かつ正当といえる。教科書的説明はもはや実務より遅れてしまっている。

(1) 伊藤眞『民事訴訟法』(有斐閣，1999年) 283頁，新堂幸司『新民事訴訟法』(弘文堂，1999年) 458頁。
(2) 石田穰『証拠法の再構成』(東京大学出版会，1980年) 150頁，新堂幸司『研究会・公害訴訟』(ジュリスト501号，1995年) 123頁。

第9節　証明度軽減の理論史

1　日本における民事証明度の過去の考え方は左記のとおりである[1]。
　　教授名　　　民事(%)　　刑事(%)
　①田中和夫　　80　　　　　90

②田村豊　　　70～89
③石井良三　　　80
④倉田卓次　　　70～80
(「証拠の優越」の原則を認め，蓋然的心証で足りるとする)[2]
⑤石田穣　　　　60
(相当程度の蓋然性＝いわゆる証拠の優越といわれるものに近いとする)[3]
⑥加藤一郎　　　50
(証拠の優越の意味とされる)
⑦中村雅麿　　　80～90
⑧村上博巳
　(イ)最高度の真実蓋然性（合理的疑のない程度の証明）
　　　　　　　90～99
　(ロ)高度の真実蓋然性
　　(明白で説得力のある証明）
　　　　　　　80～90
　　(証拠の優越による証明）
　　　　　　　70～80
　(ハ)軽度の真実蓋然性（半証明）（疎明）
　　　　　　　55～70

（ここにいう高度の真実蓋然性は，ドイツ法上にいうそれと一致させたものでないことをおことわりしておく，しいていえば，英米証拠法の見解を導入し，これを私見により修正したものにほかならないとされる[4]。）

この時期の学説の特徴は，刑事の証明度より民事の証明度を下げるべきであるとの結論があるにかかわらず，その理由が明確でないため，50％という徹底した数字を出せない状況であった。

また，英米法の影響を受けているという④⑤又は⑧についても正確な理解といえるのかが問題である。

この中では唯一加藤教授が，英米法の結論を正確に導入している。前記末川博博士の「一応の推定」も明らかに英米法の強い影響であった。このような貴重な少数意見が徐々に発展されなかった日本の状況に大きな問題があった。以上の経過を経て，漸く太田勝造教授が金字塔といわれる論文

「裁判における証明論の基礎」を発表し、次のようなドイツの「蓋然性の優越」及び米国の「証拠優越準則」の正当性を論じた[5]。

　ドイツでは、スカンディナビア法、アメリカ法の影響を受け、1960年代から証明度を軽減し、低い証明の程度を原則とする説が強くなっていった。ケーゲル (1967年)、マーセン (1975年)、ムジラーク (1977年)、モォッチェ (1978年)、等である。

　その結果、次のような考え方が示されてきた。
① 　原則―蓋然性の優越、例外―高い証明度（マーセンのバークレイ留学による米国法の導入）
② 　原則―高い証明度、例外―蓋然性の優越（ヴァルター）
③ 　証明度の決定を個別事案での裁判官のカズィスティックにまかせる（ゴットヴァルト）。
④ 　多段階の原則的証明度の類型化による構成を目指す（ベンダー判事 1981）[6]。

　米国では、証明度とは50％を超えるもので充分とすることは、陪審で取り入れられ、学者の批判もあったといわれるが、1968年カプランにより、正当化された[7]。

　2　以上の諸外国の動向を受け、太田論文以降の日本においても証拠優越準則を採用するか否かに迫られることとなった。

　①　春日教授は、太田論文を高く評価した上で、「当事者間の事実解明力の格差、危険の社会的再配分の可能性、紛争の予防目的、結果責任、証拠提出への協力義務等々の実体法上及び訴訟法上の様々なファクターがあり、裁判官はこれらを比較考量し、総合的に判断して証明度を決すべきことになろう。」と裁判官の自由心証による証明度軽減を肯定された[8]。

　②　加藤判事は、「民事訴訟に要請される実体的真実発見の観点、裁判の客観的妥当性および法的安全性の観点からは、証明度として要求される事実の蓋然性の程度は基本的に高度なものであることを要する。同様に、原則的証明度を要求することが相当である。しかし、証拠の偏在が著しく、かつ現代の科学水準では証明困難な争点を抱える現代型訴訟などについては、実体的正義および手続的正義観点から、例外的に、必要性、相当性、

補充性を基礎として原則的証明度を軽減することが許容される。また，証明度軽減を許容するための要件は，Ⅰ事実の証明が事柄の性質上困難であること，Ⅱ事実の証明が困難である結果実体法の規範目的・趣旨に照らして著しい不正義が生じること，Ⅲ原則的証明度と等価値の立証が可能となる代替手法も想定されていないこと，である。そして，証明度軽減の許容の下限は，原則として，証拠の優越レベルである。例外的に，証拠の優越にも達しない場合にも，要件Ⅰ，Ⅱの顕著性を条件として証明度軽減が認められる」と証明度軽減の要件を提示された[9]。

③　松本教授は，武器対等の原則と証明度の関連を論じ，「原則的証明度としては高度の蓋然性が要求されるべきであるが，一定の場合には，法律の規定を超えて優越的蓋然性への証明度の引き下げが許されるのではないかが問題となる。証明度に対する行きすぎた過大な要求は，公正な手続の要請や当事者の武器対等の原則からみて，はなはだ疑問である。この観点からみると，当事者の武器対等を確保し，実体放棄の規範目的を確保するには証明度の引き下げが必要で正当な場合には，例外的証明度として優越的蓋然性で足りると解するべきである。このような領域として，たとえば，公害・環境訴訟や医療過誤訴訟がある。」と重要事件への証拠優越準則の適用を認める[10]。

④　小林教授は，民事訴訟では原則として「合理的な疑いを入れない証明」より低い高度な蓋然性，すなわち「明白かつ説得的な証明」が要求されるが，例外的に一応の推定などにより証明度の軽減が図られる一定の事件類型については「証拠の優越」で足りると説明するのも，事実認定の証明度に対する裁判官の心構えを示すものとしては有益ではないだろうか」と段階的考え方をとられる[11]。

証拠法に関する権威にされる方々が，すでに証拠優越準則自体を一定の事件類型，現代型訴訟，重要な訴訟，複雑な訴訟に適用されるべしという点に注目されたい。そうであるならば，民事事件すべてに適用されてしかるべきであり，実務上も適用できない理由はない。すなわち，訴訟の動態の中で，このような考え方を適用するならば，原則としての「証拠優越準則」を採用するに等しい結果となる。すなわち，訴訟開始後，事実の証明は少しずつ進んでいく。証拠優越準則をとるならば，当事者は常に相手よ

り少しでも多くの証拠を出そうと競争する。50％を超えた時点でも，自分に有利な証拠を出さない当事者はいない。容易に証拠を提出できる事件ではさらに証明度(点)は高まる。しかし，仮に，自己に不利益な証拠の提出を拒んだり，隠蔽したり，破棄したりしたときには証明度(点)は停止してしまう。つまり，時間的概念を入れて考えると，まず，第一に「証拠優越準則」を採用し，双方の自主的証拠提出を促進させるべきであり，第二に，証拠提出が停止され，証明が行き詰まったときに，その状況をいかに打開すべきかを検討するべきである。そのときには，当事者の求釈明，文書提出命令申立の活動，裁判所の求釈明活動を通じて打開を図る。相手方の求釈明への消極的対応，証明妨害，事案解明義務違反等の状況が発生したならば，前者が後者より「証拠優越」の状態として一定の判断や判決をなし得ることとすべきである。しかし，この訴訟の動態のプロセスをさらに解明するには，「証拠優越準則」とは後述するように証拠の相対評価であり，証明度の絶対評価でないこと，客観的証明責任についての利益衡量説との関係を含めて検討しなければならない。

(1) 太田勝造『裁判における証明論の基礎』21頁の説明を補充した。
(2) 倉田卓次『民事交通訴訟の課題』（日本評論社，1970年）167頁。
(3) 石田穰『証拠法の再構成』（東京大学出版会，1980年）143頁。
(4) 村上博巳『民事裁判における証明責任』（判例タイムズ社，1962年）7頁。
(5) 太田勝造・前掲注(1)51〜63頁。
(6) ロルフ・ベンダー「証明度」（森・豊田訳）『西独民事訴訟法の現在』（中央大学出版部，1988年）249頁。
(7) John Kaplan, Decision Theory and the Factfinding Process. 20 Stan. L. Rev. 1065（1968）
(8) 春日偉知郎「自由心証主義の現代的意義」『講座・民事訴訟⑤・証拠』（弘文堂，1983年）52頁。
(9) 加藤新太郎『手続裁量論』（弘文堂，1996年）159頁。
(10) 松本博之「民事証拠法の領域における武器対等の原則」『講座 新民事訴訟法Ⅱ』（弘文堂，1999年）25〜26頁。
(11) 小林秀之『新証拠法』76頁。

第3章 証拠優越準則の発展の経過

第1節 米国証拠法の基本原則

1 マコーミック等[1]

刑事の誤判は被告人の生命,自由,名声等を著しく侵害するので,民事の誤判よりはるかに深刻であり,絶対に避けなければならず,事実の有無を確定的に認定する必要がある。

これに対して,民事訴訟とは,当事者主義に基づき,事実の存在の可能性(probabilities)を調査することである。努力しても過誤は予想されねばならない。原告に対する誤判と被告に対する誤判とを比較して,平等,公平な結果となるように相対的に決すればよいのである。

刑事の"reasonable doubt"とは,陪審員の精神状態(the state of the jury's mind)を指す。これに対して,民事には①「証拠の優越」(preponderance of evidence)及び②「明白かつ説得的証明」(clear and convincing proof)の2種類があり,②が①より高い証明度を意味してきた。①及び②はいずれも精神状態ではなく,証拠そのものに関連している。だからといって,証拠の量,証人の人数だけを指すのではなく,証拠の評価によるものとされている。米国の歴史においても,各法廷において様々な解釈,混乱が生じてきたといわれている。しかし現在では,①については「ある事実が不存在であることに比較して,より存在する可能性がある(more probable)こと」,②については「事実の存在が高い可能性(highly probable)があること」とされている[2]。

②が適用される事項は次のとおりである。

　(イ) 個人的権利の剥奪(精神病院への入院,親権・市民権の剥奪,国外追放等)

　(ロ) 詐欺,不当脅迫

　(ハ) 口頭の遺言,紛失した遺言

　(ニ) 口頭契約の特定履行

　(ホ) 書面,公的行為を変更・無効とすること

(ヘ) 懲罰賠償—州により①又は②[3]

以上の説明によれば，米国では②は極く例外であり，①が原則として適用されることは確立した判例法となっている。①については more probable という表現のとおり，双方の証拠価値を比べての相対評価であると考えられる。

2　カプラン[4]

Dg　guilty な人の受ける不利益・苦痛
Di　innocent な人の受ける不利益・苦痛
P　有罪の確率

$Dg \times P > Di \times (1 - P)$

$$P > \frac{1}{1 + \frac{Dg}{Di}}$$

民事　$P > \dfrac{1}{1 + \dfrac{1}{1}} = 0.5$

刑事　$P > \dfrac{1}{1 + \dfrac{1}{9}} = \dfrac{1}{1.11} = 0.9$

3　米国の主張・立証責任

小林秀之教授が，米国の主張・立証責任を詳細に紹介された[5]。主張責任は，プリーディング（請求，答弁）であり，簡素化・弾力化されたノーティスの機能を持つ。トライアル準備機能は，ディスカバリーによる。これに対して，証明責任 (burden of proof) は，①証拠提出責任 (the burden of producing evidence)，②説得責任 (the burden of persuasion) に分かれる。①は，トライアルにおいて証拠を提出しなければならない当事者の行為責任であり，トライアルの過程で当事者間を移動する。挙証者が陪審に付するために充分な一応の証拠 (prima facie evidence) を提出すれば，相手方

の指図評決の申立は認められない。挙証者が更に立証すると，相手方に提出責任が移動し，相手方がその責任を果たさないと挙証者の指図評決が認められる。しかし，相手方が証拠提出責任を果たすと陪審の審理，評決に付される。

②は，わが国の客観的証明責任とほぼ同じである。これに関する現在の米国の通説は，一般的な証明責任分配の基準はなく，いくつかの要素を総合的に考慮して個別的に決定せざるを得ないと考えているが，考慮すべき要素としてあげられているものとして次のようなものがある。(1)政策（policy）(2)公平（fairness），(3)証拠の所持（possesion of proof）あるいは証拠との距離，(4)蓋然性（probability），(5)経験則（ordinary human experience），(6)便宜（convenience），(7)現状に変更を求める当事者が証明責任を負うことが自然であること，などである。

但し，米国では上記①②は原則として一致するものとされており，②(1)～(7)については①の説明にも用いられている[6]。私見によれば，②の機能は証拠優越準則の確立と共に低下し，五分五分のときにしか働かなくなってきたといえるので，①において重要な判断要素ではないかと考える。

なお，米国では，「証拠との距離」については，ディスカバリーの発展と共に重要性が減少したという[7]。しかし，日本では，最も重要な基準とならざるを得ない。以下では，上記米国法を参考に日本の訴訟運用の実務と学説を検討する。

(1) McCormick On Evidence, Fourth Edition, vol.1 & 2, Practitioner Treatise, West, 568～578
(2) Richard S. Bell, Decision Theory and Due Process, 78 The Journal of Criminal Law & Criminology 559（1987）
　① preponderance of evidence　50％以上
　② clear and convincing proof　75％以上
　③ beyond a reasonable doubt　90％以上
(3) Moller, Pace & Carroll, Punitive Damages in Financial Injury July Verdicts, XXⅧ Journal of Legal Stadies, 295（1999）
(4) J. Kaplan・前掲第2章第9節注(7) pp.1071～1074
(5) 小林秀之『新版・アメリカ民事訴訟法』（弘文堂，1996年）203～235頁。
(6) McCormick・前掲注(1) p.571
(7) 小林・前掲注(5)231頁。

第2節　反証提出責任（反証不提出の法則）

山木戸教授は，証拠優越準則は裁判の客観的妥当性を確保し得ない危険性がより大きくなるので，これに従うことには躊躇せざるを得ないとするが，「裁判所が他の証拠原因に基づいてある事実の存否につきある程度の心証に達することができ，しかも反証の必要を負う相手方が適切に反証の提出―間接反証事実の主張・証明を含む―をしなければ，裁判所はこの事態をも合わせて斟酌することによって，その事実につき証明があったとすることができる。」と事実証明について「ある程度の心証」でよいとしている。

この反証提出責任は，間接反証ないし表見証明の基礎をなす，主観的挙証責任の発現（行為義務であることは認める）であるが，結果責任としての行為責任という側面に着目し，事実上の推定として証明度を格上げ（確信）してよいというのである[1]。しかし，筆者の証拠優越準則によれば，「ある程度の心証」とは証拠優越の状態となることであり，ここで相手に証拠提出責任（行為義務）が移動するので，そこで相手が責任を果たさなければ，明らかに証拠優越が確定するということになり，極めて分かりやすいといえる。

(1)　山木戸克己『民事訴訟法論集』（有斐閣，1990年）28，32頁。

第3節　行為責任としての証明責任（手続保障の第三の波）

井上治典教授らの「手続保障の第三の波」説[1]については，小林教授は「民事訴訟全体に及ぶまったく新しい訴訟理論体系を提示しており，その論者が既存の訴訟理論との対決や実務の反応を求めているのに，このように，実務家からの反応や正面切った全面的な批判がまだあまりないのは，一つには，この「第三の波」説が，これまでの訴訟理論と比較してかなり特異かつ難解であり，法哲学に根ざす独特の訴訟哲学に基づいていることがあるだろう。」「学説と実務の距離が典型的に現れている」と評された[2]。

確かに，本書で論じている証明度についての論及が全くないことに大きな疑問をもつ。しかし，その説の核となっている「行為責任としての証明

責任」論に証拠優越準則を導入すると筆者の見解とも近くなり，極めて分かりやすくなる。

佐上教授は，法律要件分類説（通説）と利益衡量説（石田助教授ら）の間で争われていた「権利妨害規定の意義」をめぐる対立を挙げた[3]。例えば次の2つの法規定があるとする。

A 「動産を10年間自主占有した者はその所有権を取得する。但し悪意の時はこの限りでない。」

B 「動産を10年間善意で自主占有した者はその所有権を取得する。」

この場合，利益衡量説によればAとBの両規定は実体法的に同一であるとされ，権利根拠規定と権利妨害規定を区別することはできないと，通説の分類は批判されることとなる。しかし，通説と利益衡量説も，判決時における真偽不明の危険を分配するものにすぎず，結果的証明責任として両説に何らの差もないと主張される。むしろ，自由心証の形成過程そのものを明確化することが立証責任論の重要な任務でなければならず，そのために，裁判官に明確な判断基準を提供し，訴訟外・訴訟過程における当事者の行為規範を具体化することが必要となる。それ故，客観的証明責任は不要であると主張し，当事者が全力をあげて証拠提出当の行為責任を果たした場合に，なおかつ存否不明だというとき，ノン・リケット判決とするとされる。

証拠優越準則によれば，証拠提出等の具体的行動を尽くすか否かは，相対的証拠優越をめぐって当事者・裁判官に明確な指針を与え，ほとんど自働的に果たされることも可能となる。そして，上記ノン・リケット判決とは，証拠優越準則をとった場合にいわば丁度五分五分となったときであり，理論上も現実にもほとんどあり得ないことを指すと考えると，「第三の波」の趣旨に一致してくる。

このように，証拠優越準則を導入すれば，「第三の波」の主張される行為責任も一挙に具体化が可能となるといえる。

(1) 井上治典『民事手続論』（有斐閣，1993年）。
(2) 小林秀之『民事裁判の審理』上智大学法学叢書11巻（1984年）35〜36頁。
(3) 佐上善和「立証責任の意義と機能」『これからの民事訴訟法』（日本評論社，1994年）139〜152頁。

第 4 節　利益衡量説

　1　法律要件分類説に対して石田助教授が昭和48年に提唱し，新堂，浜上，小林教授らが賛同したいわゆる「利益衡量説」[1]についても，主張責任の争いではなく，立証責任の争いと特定して証拠優越準則を採用すると極めて分かりやすくなり，かつ，その歴史的意義が生かされる。

　石田助教授に対して倉田博士が批判された。同氏は「この場合にはこっちが証拠に近いとか，あの場合には証拠への距離が同じだとかいった明解な割切り方に，果たして実務上そううまくゆくものか，という疑念を抱く者は筆者ばかりではあるまい。氏の提示される結論は，審理後判決起案の際の判断としては必ずしも異論はない（ただ，実務はそれを，敢えて氏の新基準をまたず，自由心証の運用で実現するのであろう）。問題は，そういう利益衡量の考察を，訴状記載の都度弁護士に，また証拠決定の都度裁判官に，要求することが得策かどうか，そして，その考察の結論が訴訟関係人全員の一致する保障があるかどうか，ということなのだ。ここで，実務の経験から言えることは，ケース・バイ・ケースの利益衡量こそ正に訴訟の結論であり，それが訴訟関係人間で一致しないからこそ裁判官が苦労するのだ，という一事である。しかし一方，要件事実の証明責任分配は，訴訟開始前にできるだけ詳しく，正しく予測できなければならない。」と言われ，また，不法行為の分野における通説の物足りなさを認め，挙証責任の転換，一応の推定，間接反証の利益で賄うという極めて柔軟な思考をされている[2]。従前喧伝されてきたほどは利益衡量説との間に大きな隔絶はないといえる。

　すなわち，証拠優越準則を採用すると，訴訟開始のときは法律要件分類説を一応の基準として始まるが，訴訟中の立証責任に関しては，証拠との距離，立証の難易，攻撃・防御の便宜，公平，蓋然性等を基準に証拠提出責任が移転し，当事者の討論を通じて裁判所が証拠の優越を基準に心証開示しつつ交通整理をしていくのである。倉田博士のいう自室における判決起案時の利益衡量を前倒しして，訴訟進行中の当事者の行為規範，裁判官の判断規範として取り込むということである。

2 石田助教授は，ドイツ留学後の論文では，証拠優越準則を導入し，訴訟進行過程論を再構成された[3]。しかるに，太田論文の発表前であり，証拠の優越の根拠づけが充分でなかったためか，多数説にはならなかった。

しかし，現在では証拠優越準則が採用されつつある状況の中で，利益衡量説は復活する。つまり，訴訟開始時から主張責任のレベルでは法律要件分類説が一応機能する（当事者は自己に有利な条文の要件を主張する）が，その後の立証レベルでは利益衡量説が証拠提出責任の重要な基準となる。特に，証拠との距離，立証の難易は全面的証拠開示制度をもたない日本では重要な基準となる。結局，証拠の保持者に証拠提出責任を課す考え方（利益衡量説）は，個々の訴訟毎に機能するのであり，実定法の条文毎に確定していくものではない。それ故，筆者の意見は，事案に応じて，訴訟の流れに応じて利益衡量するので，かつての利益衡量説とは同じではない。それ故，筆者からみると，かつての倉田・石田論争はすれ違いであったといえる。

(1) 石田穣『民法と民事訴訟法の交錯』（東京大学出版会，1979年），新堂幸司『新民事訴訟法』489～492頁。
(2) 倉田卓次『民事実務と証明論』（日本評論社，1985年）281～283頁。
(3) 石田穣『証拠法の再構成』（東京大学出版会，1980年）225～252頁。

第5節 主要事実と間接事実

1 証拠優越準則の適用対象は主要事実に限定されることはないので，主張事実と間接事実の区別についてもこの区別は重要でなくなり，弁論主義あるいは証明責任は，「事実認定に重要な事実」に適用されると簡潔に考えるべきである。特に，証拠開示を持たない日本では，主張責任はできる限り広く捉えて，認否を通じて事実確定をしていくべきである。

小林教授は，日本と諸外国の学説・実務を詳細に分析され，通説を批判して論争をリードされ，「（最近までの）いずれの論稿も従来の通説の主要事実と間接事実の区別の法理には問題点が存在することを認め，その先の基本的な方向としては，尚主要事実と間接事実の区別を一応の目安として維持しつつ具体的妥当性の見地からある程度の修正を図るものと，主要事実

と間接事実の区別を廃棄し訴訟上重要な事実については弁論主義の適用を認めるものとに分かれる」「私見も主要事実と間接事実の区別に実体法規を適用するための最小限の事実を明らかにする機能は認め，当事者が主張責任を負うミニマムの事実を決定する際の一応の目安になることを肯定するから，その差異も実際上はそれほど大きくないだろう。」[1]と厳格な区分の必要性のないことを論証されたことは，各国における証拠優越準則の採用と深い関係があると見るべきである。

　訴訟の動態においては，実体法規上の最も重要な事実（第一の事実）を提示することに始まり，これを証明する第二，第三の下部の間接事実，補助事実の立証に移り，また逆に段々と第一の事実への推認へと戻ってくる。主要事実のうちの最も初めに来るものは，第一の事実として訴訟過程の証拠提出責任の出発点としての重要な機能を営むことは間違いないが，証拠優越準則を適用するについて，その他の事実認定に必要な重要な事実と区別する必要はない。

　2　小林教授は「従来，主要事実と間接事実の区別の法理が一律に適用されると考えられていた，①当事者の主張なくして判決の基礎にできない事実，②裁判上の自白の対象たる事実，③弁論で当事者が主張すべき事実，④判決で摘示すべき事実，⑤上告理由，再審事由たる判断遺脱となる事実，⑥訴訟指揮・釈明権の行使や証拠調べの要否，といった6つの局面をそれぞれ個別的に考察すべきもの」とされる。

　すなわち，従前の重要な間接事実を含めて，事案毎に証拠優越準則に基づいて証拠提出責任，裁判所の釈明権を軸に各別に再構成されるべきこととなるが，結果としては，大きなズレは生じないと考えられる。

　3　ギレス教授は，「西ドイツには主要事実と間接事実の厳格な区別などそもそもなかったのであり，日本でなぜそのような厳格な区別がなされるのか理解できない」とされ，訴訟促進義務との関係では，「間接事実も含め裁判所の判断にとって重要と思われるすべての事実が早期の段階で当事者によって主張されるべきであり，日本でなぜ訴状（準備書面）で主要事実しか記載しないことが理想とされているのか理解に苦しむし，そのような法

曹養成教育にはどのようなメリットがあるのか」と批判されていた(2)。
木川弁護士も、「わが国の実務では西ドイツと異なり訴訟過程で間接事実の整理を徹底して行わないことが問題点であり、間接事実の重要性を認識させないで主要事実の整理だけで足りるという意識を司法修習生に持たせるとすれば、そういう意味での要件事実教育は民事裁判にとって"死に至る病"である」と主張された(3)。

(1) 小林・前掲第3節注(2)171～172頁。
(2) ペーター・ギレス著・小島武司編訳『西独訴訟制度の課題』（中央大学出版部、1988年）419頁。
(3) 木川統一郎「西ドイツの集中審理から学ぶ」（判例タイムズ601号、1986年）11頁。

第6節　間接事実の証明（度）

　間接事実については、そもそも常に証明を要するのか、証明を要するとすれば証明度はどの程度を要するのか、証明責任の分配はあるのかが、問題とされてきた。

　1　通説は「証明度は、主要事実はもとより間接事実や補助事実についても一律に定まっており、事実上の推定についても直接証拠による認定の場合についても異ならないと解する」とされている(1)。
　主要事実を推認する間接事実の認定にも、悉無率（all or nothing）が働く（倉田）、主要事実と同じ証明法則に服する（野崎）、との説明がされたり、中には、間接事実は主要事実への推認をもたらすものであるから、一般的証明度より高度（合理的疑いのない程度）の証明を要するというものもある（石井、住吉）(2)。

　2　高橋教授は、「間接事実・補助事実（ただし、文書の真正は別である）については、証明責任の概念は不要である。もちろん間接事実についても真偽不明ということはあり得るが、間接事実においては五分五分の心証のままで、他の間接事実あるいは弁論の全趣旨を総合して主要事実の存否を認定すればよく、かつ、その方がきめの細かい認定をすることができる」

と主張される(3)。

　伊藤元判事も「間接事実というものは，そもそもの存在の証明ということと結びついている観念ではない。したがって，要件事実についての推認力を性質上有する事実であれば，それは間接事実というを妨げない。」，「間接事実について達せられている証明の程度とその性質上持っている推認力の強度によっては，その間接事実と同間接事実を除いて考えた場合の証明の状況とが総合されて，要件事実の証明があったとされることはあるということである。」とやや分かりにくい説明をされる(4)。

　3　上記2の意見は，通説の高度の証明度の適用の不当性を間接事実の認定で軽減しようとする。間接事実の認定に証拠優越準則を適用するのに等しい結果となっている。そして，主要事実は，間接事実の積上げであるので，結局主要事実にも右準則が適用されることになる。つまり，事実認定の原点は，可能性(確率)の算定である。常識的経験則は，それ自体で可能性が高まるし，社会的例外事象は個別立証で補強することにより可能性を認めることができる。証拠優越準則を採用し，その訴訟の中で重要な事実をすべて同一の分かりやすい基準で認定すべきである。

(1)　加藤新太郎『手続裁量論』135頁。
(2)　伊藤滋夫『事実認定の基礎』(有斐閣，1996年) 189～190頁。
(3)　高橋宏志『重点講義・民事訴訟法』351頁。
(4)　伊藤・前掲注(2)180頁。

第7節　暫定的心証開示

　1　裁判官による心証開示は，現在の実務でも積極的には行われていない。特にかつては，裁判官は外形上は公正，中立を保つ必要があると強調されたため，心証開示などは中立性を損なうものとして代理人弁護士が非常に反発したからである。しかるに，文献の上では，現在まで研究者[1]ばかりか実務家もこれを次のように積極的に評価している[2]

　「争点整理のための心証開示」は，「和解のための心証開示」とは別に，次のように説明されている。

① 争点の指摘
　当事者と裁判官とが争点についての共通認識をもつために必要な，最も基本的なもの
② 法律上の見解の表明
　法解釈や主張立証責任の分配等法律上の見解について裁判官が見解を表明すること
③ 狭義の心証開示
　証拠調べの結果も踏まえてその段階で裁判官が要証事実の存否及び（場合によっては）事実の結論についてどのような認識・判断をしているのかを明らかにすることである。当該要証事実の立証の難易についての一般的な指摘もこれに含まれる。当事者は必要な証拠申請を考慮する等自らの立証スケジュールを再考することが可能になる。

2　民事確信説及び法律要件分類説をとった場合には，上記心証開示は相当に危険であるばかりか，公正中立に運用できる保障はない。なぜならば，証拠偏在の場合には，証明責任を負うが証拠を保持しない当事者の立証が不充分と告知するだけで，証拠を保有するが証明責任を負わない当事者に対して，証拠を提出する義務や動機を生じさせることができないからである。これに対して，証拠優越準則を採用するならば，暫定的心証開示を常時することにより，証拠提出を促進させることが可能となる。裁判官は，いかなる証拠がどちらにあるか否かを徹底的に追及して提出させる重要な任務を負うことになる。

(1)　山本克己「民事訴訟における Rechtsgesprach について(1)～(4)」（法学論叢119巻1号～120巻1号，1986年），同「手続進行面におけるルール・裁量・合意」（民事訴訟雑誌43号，1997年），原竹裕「裁判官の法的観点の指摘と心証の披瀝」（民事訴訟法の争点（第3版），1998年）188頁，栗田隆雄「裁判官の法見解及び心証の披瀝」（民事訴訟法の争点（新版），1988年）234頁。
(2)　加藤新太郎『民事実務読本Ⅱ』（東京布井出版，1996年）177頁，シンポジウム「民事訴訟の促進について」（民事訴訟雑誌30号，1984年）128頁以下，157頁以下。

第8節　釈明権

　園尾判事は、「釈明権は、訴訟指揮権のなかの一機能であり、裁判所から当事者に対し、主張および立証計画を明らかにするよう求める権限である。釈明権は、事実関係を明瞭にするため、事実上および法律上の事項に関し、裁判長が当事者に問いを発し、または立証を促す方法により行使される（149条1項）。釈明権の行使の準備ないし補充として、裁判所には、釈明処分を行うことも認められている（151条）。」

　「釈明権は裁判所の権限として規定されており、裁判所に釈明義務があるとする規定はない。しかし、事実審の裁判所が釈明権を行使しなかったことが判決に影響を及ぼすべき法令違反の一類型であるとされ（旧394条）、上告審から見て違法と評価される場合がある。この解釈に基づき、裁判所には一定の場合に釈明義務があるとの評価がなされている」と説明される[1]。

　このように、一般的には裁判所の権能・義務とのみ説明されている[2]。しかし、現実の実務においては、当事者主義構造の中で当事者代理人が相手方に求釈明をする形で機能しているのであり、これをより強化する必要がある。しかるに、現在までは求釈明された相手方代理人がこれに応えない場合の制裁が明確でないために、当事者も裁判所も怠惰となる傾向に陥る。

　裁判所の釈明権に服しない当事者への制裁として、①時期に遅れた攻撃防御方法の却下、②自由心証主義の下で不利益な心証をもって訴訟進行、結審、判決すること等があげられている[3]。

　しかし、証拠開示制度もない状況で、法律要件分類説、民事確信説をとった場合には、高度の証明をするために、証拠収集に時間と労力を要するため、上記①もとれず、また②の採用についての理由付けが明確でないため、現実には制裁は機能していない。しかるに、証拠優越準則を採用するならば、被害者たる原告は、手持ち証拠の提出のみで表見証明、証拠優越が認められ、証拠を保持しながらも、直ちに提出しない被告へ証拠提出責任が移転するので、これに応じない被告に制裁を課する正当性と妥当性が生じるのである。

(1) 園尾隆司「裁判所の釈明権と訴訟指揮」『講座・新民事訴訟法Ⅰ』（弘文堂，1998年）224〜243頁。
(2) 加藤新太郎「行為規範としての釈明」（自由と正義50巻10号，1999年）68頁以下。
(3) 園尾・前掲注(1)242頁。

第9節　本指針の長所

以上によれば，証拠優越準則を採用することにより，下記のような結果が充分に保障される。
 (イ) 手続保証―当事者の求釈明権の行使を強化することにより当事者主義を強化する。
 (ロ) 審理の充実―裁判官の心証開示，釈明権行使によりほとんどの証拠は提出されることになる。
 (ハ) 事実認定の厳格化―証拠に基づく裁判が実現される。
 (ニ) 当事者の納得―上記(イ)(ロ)(ハ)により当事者はプロセスと結果を充分に理解できる。
 (ホ) 和解の促進と合理化―心証形成が早くなり，判決見通しが開示されるので，判決と同じ結果となる和解をしやすくする。
 (ヘ) 訴訟の促進―当事者代理人と裁判所の協働により，証拠提出が進む，また証拠を提出しないと不利益となるので，明らかに迅速化する。

第4章　証拠優越準則等に基づく事案解明と事実認定の合理化

第1節　社会的民事訴訟

1　日本において，裁判官と当事者の協働主義の発展を図るには，以下の如きドイツの民事訴訟の歴史を学ぶ必要がある。なぜならば，ドイツの協働主義の一面のみを切り取ってくることは誤りであり，さらに，学説と実務の融合に基づく「規範説から証拠優越準則等への移行過程」を充分に消化しなければならないからである。

第4章　証拠優越準則等に基づく事案解明と事実認定の合理化

　1781年のオーストリア一般裁判所法は，ほとんど無制限な当事者主義，書面主義，間接主義，非公開主義，同時提出主義及び法定証拠法則を採用し，その結果，著しい訴訟遅延に陥っていた[1]。1877年のドイツ民事訴訟法（ZPO）も，当事者主義，弁論主義，自由主義的目的を義務づけ，適正かつ迅速な裁判といえるものではなかった。ローゼンベルクの「証明責任論」初版は，上記状況の下で1900（明治33）年に出版された。

　しかし，オーストリア，ドイツではその後，市民の期待に応えるための大改革が実行された。まず1890年，オーストリア人のアントン・メンガーは，「民法と無産階級」を著し，ドイツ民法典草案に対し，これは無産階級の利益に反する不平等な法典であると批判し，自由主義的な訴訟法により「不平等な者を平等に扱うほど不平等はない」と当事者間の対等的教示義務や法的扶助義務の導入によって対処すべきことを主張した。ウィーン大学講師であったフランツ・クラインは，「未来」を著し，社会の急激な産業化を背景に，社会的・経済的弱者たる市民・労働者を当事者像として想定し，訴訟を社会的大量現象と把握，紛争は社会的疾病とし，迅速・公正・簡易・廉価な訴訟法の創設は福祉・経済取引のための社会政策的要請であるとした[2]。

　2　上記理念に基づき，1895年，オーストリアの新民事訴訟法が成立し，公開主義・口頭主義・直接主義・自由な証拠評価等の原則を採用した。クラインは，事実発見（事実解明）のための裁判官と当事者の協力主義を唱え，職権的訴訟運営，失権効の強化，完全陳述義務，真実義務，他方，英米法のディスカバリーに類似した制度（184条）[3]も導入し，当事者の権限強化もした。手続の経済化と簡易化を特徴としていた。クラインのこの「社会的民事訴訟」は被害者救済，弱者保護，社会的利益保護を目的としており，日本のように，被害者を踏みつけにしたままの裁判所の負担軽減，コスト削減を目的とするものではない。これに対してドイツでは，20世紀に入っても自由主義的国家観に基づくZPOにより，裁判所は受身的立場に置かれ，訴訟の遅延を起こしていた。その結果，1924年，1933年の改正により，①当事者の完全陳述義務・真実義務・協働義務（38条），②裁判官の釈明義務・事案解明義務・討論義務（139条）（民事訴訟のマグナカルタとい

われる）が採用された⁽⁴⁾。裁判官ルドルフ・バッサーマンは，名著「社会的民事訴訟」を著し，ボン基本法103条の法的審問請求権は，当事者の主体的地位の確保のための「フェアーな訴訟」という要請を遙かに超えて，社会的弱者を保護する社会法治国家の訴訟を要請し，下層の人々に簡易迅速かつヒューマンな救済をするために裁判所と当事者の協同作業・コミュニケーションを重視する理念を高らかに唱いあげた⁽⁵⁾。

同様の理念の下に，裁判官ロルフ・ベンダーはシュトットガルトモデルを発展させた。1976年簡素化法，1990年司法簡素化法により，さらに手続の迅速を図った。

3 上記社会的民事訴訟を支える事実認定論も発展した。まずローゼンベルクは，証明責任，証拠提出責任の未分化の状態から，規範説をもって客観的挙証責任の合理化に寄与したものの，ローゼンベルク及び判例は，民事確信説又は高度の蓋然性説を前提にしていたため，ローゼンベルク自身，一応の推定(prima-facie-Beweis)，表見証明，間接反証を用意し，規範説の柔軟化を図っていた⁽⁶⁾。

吉野正三郎教授は，ドイツでは判例による法形成が極めて強力かつ活発で，常に理論を先取りし，判例の集積の上に学説がこれを整理，分析し，それを基に理論を構築するので，日本とは全く逆であるといわれている⁽⁷⁾。判例においては，証明責任論では次のような理論が次々と採用されていった⁽⁸⁾。

① 挙証責任の転換—不法行為の被害者（原告）に過大な立証責任を負わせる（加害者に無責の推定あり）ことから，加害者に過大な立証責任を負わせる（有責の推定）という結果となるもの。それ故，これを支える多くの理論が登場した。

② 表見証明（証明度軽減）—原告の証明が成立したものとみなして，被告に証明責任を転換していく。

③ 危険領域説—損害を惹き起こした事件は，被告（債務者）の危険領域の中に見い出すことができるから，被告の側で免責・無責の立証をしなければできない。

④ 重大な診療過誤理論—医療について承認された規準に対する明額な

違反の確定がされると，医師の有責は推定され，立証責任は転換する。
⑤ 証明妨害—被告が，故意又は過失により義務に違反し，立証妨害したときには，事案解明の責任を被害者に負わせる。

4 ライポルトは，1966年，ローゼンベルクの法規不適用説（ある法規の法律要件要素の存否が不明な時には，その法規は適用できないこと）を批判し，証明責任規範（事実の無証明の場合に，判決を可能にする特別の法規を必要とするもの）の独立化を主張した。また，権利根拠事実と権利妨害事実の区別も批判した[9]。この批判により，規範説は大きく後退することとなった。しかし，他方，ライポルトは，1982年，バッサーマンの「社会的民事訴訟」に対して，「民事訴訟とイデオロギー」を著し，協働主義という職権主義は弁論主義の否定につながるし，メンガーの社会主義，東ドイツとナチスの民事訴訟のイデオロギーにつながるものとし，当事者の自由と自己責任（自由主義）を強調した[10]。

これに対して，裁判官ベンダーは，1982年，市民からの企業への多くの訴訟における真の武器平等，補償的弁論指揮，解明主義，裁判官の積極的・実質的中立性を高く評価し，逆に，厳格な弁論主義は市場経済原理の不健全な発展，濫用を抑制する手段としては不適切である，とした[11]。

(1) 松村和徳「近年におけるオーストリア民事訴訟改革とその評価」（山形大学法政論叢・創刊号，1994年）15～19頁。
(2) 松村・前掲注(1)19～22頁。
(3) 松村和徳「フランツ・クラインの訴訟理念とその特徴」『木川古稀記念論文集・下巻』（判例タイムズ社，1994年）244頁。
(4) 『ドイツ民事訴訟法典』（法曹会，1991年）1～24頁。
(5) ルドルフ・バッサーマン著・森訳『社会的民事訴訟』（成文堂，1990年）。
(6) ローゼンベルク著・倉田卓次訳『証明責任論 全訂版』（判例タイムズ社，1987年）180頁以下。
(7) 吉野正三郎「西ドイツにおける証明責任論の現状」（判例タイムズ679号，1988年）136頁。
(8) 吉野正三郎『ドイツ民事訴訟法の新展開』（晃洋書房，1991年）43頁以下，99頁以下。
(9) 松本博之『証明責任の分配・新版』（信山社，1996年）19頁以下。
(10) ライポルト「民事訴訟とイデオロギー」ペーター・アーレンス編・小島武司編訳『西独民事訴訟法の現在』（中央大学出版部，1988年）61頁。

(11) ベンダー「民事訴訟とイデオロギー（再論）」前掲注(10)95頁，吉野正三郎『民事訴訟における裁判官の役割』（成文堂，1990年）173頁以下。

第2節 事案解明義務

ドイツにおいては，以上のような実務と学説の発展により，その総合的評価として遂に「証明責任を負わない当事者の事案解明義務」が強く主張されるに至った。ロルフ・シュトルナーは，その根拠として，下記①～④の総合判断をあげている[1]。

① （立法） 完全陳述義務・真実義務・文書提出義務・当事者尋問・訴訟前の故意の文書棄毀

② （判例） 検証物の提出，検証の受認義務，相手方の医学的検査，訴訟前の過失の証明妨害，官庁からの文書提出，診療録の提出義務，証人の氏名・住所の開示義務，証明軽減から証明責任の転換までを承認する当事者の挙動評価

③ 米国・英国のディスカバリー，フランス新民事訴訟法第11条（間接強制による文書提出命令），イタリア・スイス・オーストリア等の文書提出義務，検証受認義務

④ ボン基本法2条1項

上記事案解明義務については，フィリッツ・フォン・ヒッペル，ペータースに続き，ロルフ・シュトルナーが強力に主張している。これに対して，ゴォットヴァルト，アーレンス，ライポルトは，弁論主義を強調する立場からこれに反対している[2]。

結論として，ドイツにおいては①表見証明，挙証責任の転換，証明度の軽減，証明優越準則への移行，②証拠開示制度の理念を取り込む証明責任を負わない当事者の事案解明義務等の発展により，民事確信説及び客観的証明責任論はもはや意義を失いつつあると判断するべきである。

なお，日本でも，「証明責任を負わない当事者の事案解明責任義務」を支持する者が増えている[3]。

(1) ロルフ・シュトルナー「民事訴訟における事案解明にあたっての当事者の義務」（民事訴訟雑誌32号，1986年）。

(2) ペーター・アーレンス『ドイツ民事訴訟の理論と実務』(信山社，1991年)。
(3) 竹下守夫「伊方原発訴訟最高裁判決と事案解明義務」『木川古稀記念論文集・中巻』(判例タイムズ社，1994年) 1頁，春日偉知郎『民事証拠法研究』(有斐閣，1994年) 233頁以下，上田徹一郎『当事者平等原則の展開』(有斐閣，1997年)。

第3節　客観的証明責任の後退

日本においても証拠優越準則を採用すると，客観的証明責任の役割は，著しく低下することは確実であるが，その機能の意義をどのように位置づけるのかが問題となる。確かに，証拠優越準則を採用すると，客観的証明責任は不要となる，との文献上の説明はあるが，必ずしも明確ではない。

1　米国における陪審へのあるアンケートでは，陪審にとって最も理解するのが困難な法律用語は証拠優越準則であったという(1)。ディスカバリーの結果，双方から十分な証拠が提出されて，5対5か6対4かという認定自体に評価が分かれることはあり得るし，この場合には判断に迷うことを意味している。しかし，陪審への説示をみる限り証拠価値が5対5となり，客観的証明責任(説得責任)が機能しているとは考えにくいので，現実には客観的証明責任の観念は無用であろう。

2　日本においても，客観的証明責任の役割は消滅に等しくなる。裁判官による五分五分の判断は，陪審に比べ，恐らく狭くなるからである。なぜならば，審理の途中で，証拠を充分に吟味しつつ暫定的心証開示を繰り返していけば，最終的には五分五分のケースはほとんどなくなるからである。すなわち，五分五分にみえても，証拠を隠したり，保存義務に違反したと推測されるときには，証明妨害等により不利益を課する，利益衡量説(公平，蓋然性)を適用する，主観的立証責任(証拠提出の懈怠)を課すること等により決せられるといえる。

(1) 小林秀之『新版・アメリカ民事訴訟法』213頁。

第4節　証拠優越準則の適用パターン

1　証拠充実型

XとYが，自分が有利になるように，すなわち証拠の優越をさせるために，積極的に証拠を提出するパターンである。通常の民事事件はこれに当たる。絶対的証明度が高くても低くても，相対的に証拠の優越する方の事実が蓋然性があるとされる。裁判官は，常時，証拠優越について心証開示し得るので，双方を競争させながら証拠を出させることになる。結審のときには，心証は固まることが基本となる。

2　証拠偏在型

一方当事者，特に証明責任を負担しない当事者が証拠を提出しないときには，次のような経過を辿る。不法行為を例とする。

(イ)　原告は，因果関係，過失，損害額等について，手持ち証拠を提出する。一応の証明，表見証明は果たされる（20〜30％の心証度）。

(ロ)　原告は，被告に対して，求釈明，求釈明処分，文書提出命令，検証申立を行う。裁判所もこれを迅速かつ積極的に採用する。被告がこれに協力しないときには，証拠提出責任，証明妨害，事案解明義務違反を理由に，相対的証拠優越度を高めた形で原告勝訴とする。

(ハ)　被告が相当な証拠を提出した場合には，原告にも有利な証拠となることが多いこと，また，原告はその証拠を弾劾すること等を通じて，事案解明が完全ではないとしても，原告に相対的優越度が傾いてきたときには原告勝訴とする。五分五分のときには，原告はさらに求釈明等を通じて事案解明をし，裁判所はこれに協働する。

(ニ)　裁判所は，以上について，暫定的心証開示をしながら，迅速果敢に訴訟をリードする。裁判所は，三者の間で審理契約することも可能である[1]。被告が一定の証拠を提出しないとの合意をすることも可能である。しかし，被告が後に審理契約に違反したり，提出しないとの合意をした証拠を提出することは，制限されたり，排除されるべきである（失権効の発動）。被告は通常，弁護士をつける等の充分な防禦の体制にあるからである。

(1) 山本和彦『民事訴訟審理構造論』(信山社, 1995年)。

第5節　相対的評価

　証拠優越準則を適用した場合には，事実の存在について，証拠の優越又は蓋然性の優越とは絶対的評価か，相対的評価かが問題となる。なぜならば，文献上「50％を超える心証」，「51％」等との表示がされること，また，段階的心証度 (90％, 75％, 51％) ととも言われること等は，絶対的評価を意味していると考えられるからである。しかし，以下のとおり，少なくとも日本における証拠優越準則の適用においては，相対的評価として採用することが正当である。

　ベイジアン・アプローチを使い，別表の通り分かりやすく説明する。

(イ)　(別表 I)　ある町の工場付近の住民が工場の煙を喘息の原因として，工場に対して損害賠償請求した。その町全体の喘息住民数の割合Aと，喘息でない住民数の割合A'は，0.2対0.8とする。喘息住民のうち，工場付近住民の割合は，0.7 (B 1)，非喘息住民のうち，工場付近住民の割合は 0.1 (B 2) であった。工場付近の住民 (B 1 + B 2) のうち，喘息住民 (B 1) の割合は0.727となる。事前確率0.2から事後確率0.727と大幅に確率は高まる。工場付近の住民の方が喘息になる確率が非常に高いことが判る。

(ロ)　(別表 II)　喘息の者と非喘息の者が共に，同じ割合だけインフルエンザにかかった人が存在したとする。その割合が (①) 0.3でも (②) 0.7でも事前確率と事後確率は，いずれも0.2となり，喘息に対してインフルエンザの影響はない(独立)とみなされる (すなわち，横線がまっすぐ 1 本となる)。

(ハ)　(別表 III)　女対男＝0.4対0.6の場合，
　　ⓐ　昇給しない者の割合は，女0.5，男0.1である。事前確率0.4から事後確率0.76に上昇し，明らかな差別が立証される。
　　ⓑ　これに対して，上記の例で男性のうち昇級しない者の割合が0.45と大きいときには，事前確率0.4から事後確率0.425しか上がらないが，差別の可能性は相対的には認定できる (すなわち，ⓐとⓑでは，

横線のズレの差が大きく異なってくる)。

ⓒ　上記ⓐにさらにボーナス支給のない者の割合を女0.7，男0.3と加算（up-dating）すると，事前確率0.4から事後確率0.92と大幅に上昇し，差別が立証される。

第6節　今後の課題

1　前記のとおり，ベイジアン・アプローチが証拠優越準則を説明する，適切かつ分かりやすい確率論である。これに加えて，他の統計学的立証又は疫学的証明が有用であることも肯定できる。しかし，日本ではまず証明優越準則の確立をした上で，他の統計学的立証についても明白な証拠優越状態へ持ち込む有力な手段として検討すべきである。特に日本では，充分な統計データ自体をそろえることに困難があるので，とりあえず補助手段として検討せざるを得ない[1]。

この課題については，伊藤眞教授は，高度の蓋然性の証明を目的として帰無仮説の検定を導入し[2]，三木浩一教授は証明度を80％と仮定して区間推定の手法を採用しよう[3]とされるが，方法論に疑問がある。すなわち，両教授の参考とされている米国では，証拠優越準則を確立した原則としつつ，その証明手段として統計学的立証が発展してきたのである。日本では，証拠開示制度が採用されていないから，相手方の所持データを容易に使用し得ない。むしろ，本書で論じたように，証拠優越準則を利用して，まず相手方にデータを提出させることが課題である。そして，相手方がデータや証拠を出さない場合には，敗訴判決を予告するならば，まず証拠が提出されることは確実であり，その場合には統計的立証も可能となる。Yが証拠不提出を選択するならば，心証度の低い表見証明だけで判決を下すことも当事者主義から正当化されると考える。

2　米国で近年，ディスカバリー制度の修正としてディスクロージャーが追加導入されたことについて，大村雅彦教授らが報告・分析されている[4]。ディスカバリーは，一方当事者の要求により相手に開示義務が生じるが，ディスクロージャーは，両当事者が相手方の要求を待たずに，一定

の事項については当然に開示する義務を負う。その実効性も，ディスカバリーの補充的制度であるからか，違反についての制裁が強力であるためか，確保されているようである。日本も，米国法の発展を今こそ参考にしなければならない。

3　日本では，新民訴法が施行されたにもかかわらず，文書提出命令の運用は依然として狭く，かつ遅い。裁判所は負担の増大を嫌っていると推測される。そうであるならば，本書のような訴訟運営論により，証拠提出を進めるべきである。

(1) 疫学的統計的証明は，日本のように高い証明度に近づくための困難な手段，証拠優越のための手段，個別事案の証明には不充分な手段との3つの評価がありうる。渡辺千原「事実認定における「科学」―合衆国のベンティング訴訟を手がかりに―㈠㈡㈢」民商法雑誌116巻3号，4・5号，1997年）708頁以下。

(2) 伊藤眞「独占禁止法違反損害賠償訴訟(上)(下)」（ジュリスト963，965号，1990年）。

(3) 三木浩一「確率的証明と訴訟上の心証形成」慶応大学開設100周年記念論文集(1991年)。

(4) 大村雅彦「米国における民事裁判の現況と改革の動向―民事裁判改革法（1990年）を中心として(上)(中)(下)」国際商事法務21巻5，6，7号，1993年)，同「アメリカ民訴における事件情報の早期開示の動向」『木川古稀記念論文集下巻』（平成6年）321頁，笠井正俊「民事訴訟における争点及び証拠の早期整理とディスクロージャー」（法学論叢142巻5・6号，1998年）132頁以下，リチャード・マーカス「アメリカにおけるディスカヴァリの過去，現在，未来(上)(下)」（NBL699，700号）。

第4部　株主代表訴訟運営論

〔別表Ⅰ〕

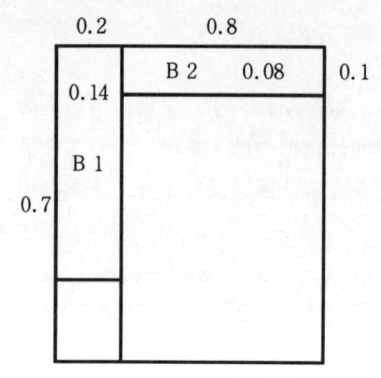

```
        A        A'
       喘息     非喘息
       0.2      0.8
      ┌─────┬──────────┐
      │     │ B2   0.08│ 0.1
      │0.14 ├──────────┤
      │     │          │
      │ B1  │          │
 0.7  │     │          │
      │     │          │
      │     │          │
      └─────┴──────────┘
```

P（A）＝0.2（喘息住民数の割合）　　P（A'）＝0.8（非喘息住民数の割合）
P（B｜A）＝0.7　　　　　　　　　　P（B｜A'）＝0.1
　（喘息住民の内，工場付近住民の割合）（非喘息住民の内，工場付近住民の割合）

P（B）＝0.2×0.7＋0.8×0.1＝0.22（B1＋B2）

工場付近住民の内，喘息住民の割合

$$P（A｜B）=\frac{P（AB）}{P（B）}=\frac{P（A）\cdot P（B｜A）}{P（A）\cdot P（B｜A）+P（A'）\cdot P（B｜A'）}$$

$$=\frac{0.2\times0.7}{0.2\times0.7+0.8\times0.1}=\frac{0.14}{0.14+0.08}=\frac{B1}{B1+B2}=0.727$$

〔別表Ⅱ〕

	A 喘息 0.2	A' 非喘息 0.8	
0.3	0.06	0.24	0.3
0.7	0.14	0.56	0.7

インフルエンザにかかった人の割合は同じとき

① $P(B|A) = P(B|A') = 0.3$

$$P(A|B) = \frac{0.2 \times 0.3}{0.2 \times 0.3 + 0.8 \times 0.3} = \frac{0.2}{0.2 + 0.8} = 0.2$$

② $P(B|A) = P(B|A') = 0.7$

$$P(A|B) = \frac{0.2 \times 0.7}{0.2 \times 0.7 + 0.8 \times 0.7} = \frac{0.2}{0.2 + 0.8} = 0.2$$

第4部 株主代表訴訟運営論

〔別表Ⅲ〕

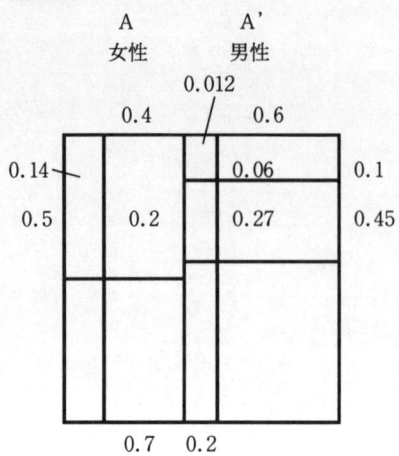

```
         A      A'
        女性    男性
         0.012
         │
   0.4   │ 0.6
  ┌──────┼──────┐
0.14─┤      │0.06  │ 0.1
 0.5 │ 0.2  │0.27  │ 0.45
     │      │      │
     │      │      │
     │      │      │
     │      │      │
     └──────┴──────┘
        0.7   0.2
```

ⓐ　P（B｜A）＝0.5　　女性の内, 昇給しない者の割合
　　P（B｜A'）＝0.1　　男性の内, 昇給しない者の割合

$$P(A|B) = \frac{0.4 \times 0.5}{0.4 \times 0.5 + 0.6 \times 0.1} = 0.76$$

ⓑ　P（B｜A'）＝0.45の場合

$$P(A|B) = \frac{0.4 \times 0.5}{0.4 \times 0.5 + 0.6 \times 0.45} = 0.425$$

ⓒ　P（C｜A）＝0.7　　女性の内, ボーナス支給のない者の割合
　　P（C｜A'）＝0.2　　男性の内, ボーナス支給のない者の割合

$$P(A|BC) = \frac{0.4 \times 0.5 \times 0.7}{0.4 \times 0.5 \times 0.7 + 0.6 \times 0.1 \times 0.2} = \frac{0.14}{0.14 + 0.012} = 0.92$$

著者紹介

遠藤 直哉（えんどう・なおや）

- 1945年　群馬県生まれ
- 1968年　東京大学法学部卒業
- 1983年　ワシントン大学ロースクール修士
- 1996年　第二東京弁護士会副会長
- 2001年　東京三弁護士会法科大学院検討協議会委員長
  　　　　法学博士（中央大学）
- 現　在　桐蔭横浜大学大学院教授（商法）
  　　　　日米医学医療交流財団常務理事
  　　　　妊娠・出産を支える会（FROM）議長
  　　　　私法学会・民訴法学会・法社会学会などの会員

＜主要著作＞

「取締役の賠償責任の分割軽減化」商事法務1412・1413・1415号（1996年）
「日本サンライズ株主代表訴訟事件の一審判決と和解」商事法務1363号（1994年）
『ロースクール教育論―新しい弁護技術と訴訟運営』（信山社，2000年）
「中立型調整弁護士モデルの展望」『変革の中の弁護士』下巻（有斐閣，1993年）
「民事訴訟促進と証拠収集」判例タイムズ665号（1988年）
「破産者の有する将来の退職金請求権」「自由財産」『破産・和議の実務と理論』判例タイムズ830号（1994年）
「アスベスト」『労災職業病健康管理Ⅰ―労災職業病の企業責任』総合労働研究所，1992年）
『アスベスト対策をどうするか』（共著，日本評論社，1988年）
『全検証ピンクチラシ裁判』（共著，一葉社，1993年）
『知って得する消費税』（編著，大成出版，平成元年）
「中国における土地使用料―新しい政策の採用とその問題点」日中経済法律センター第5号（1985年）
「エイズ予防法案に代わる新しい制度の提案」ジュリスト924号（1988年）
「生殖医療に対する刑事罰に反対する」産婦人科の世界54巻5号（医学の世界社，2002年）

取締役分割責任論
―平成13年改正商法と株主代表訴訟運営論―

2002年（平成14年）3月10日　初版第1刷発行

　　　　著　者　　遠　藤　直　哉
　　　　発行者　　今　井　　　貴
　　　　　　　　　渡　辺　左　近
　　　　発行所　　信　山　社　出　版
　　　　〒113-0033　東京都文京区本郷6・2・9・102
　　　　　　　　　電　話　03（3818）1019
　　　　　　　　　FAX　03（3818）0344

　　　　印刷　松澤印刷
　　　　製本　大三製本

©遠藤直哉，2002．Printed in Japan.　　落丁・乱丁本はお取替えいたします。

ISBN-4-7972-2222-0　C3332

閉鎖会社紛争の新展開	青竹正一 著	一〇〇〇〇円
現代企業法の新展開（小島康裕教授退官記念）	泉田栄一・関英昭・藤田勝利 編	一八八〇〇円
企業とフェアネス	金子晃・根岸哲・佐藤徳太郎 監修／フェアネス研究会 編	三二〇〇円
現代企業・金融法の課題（上・下）（平出慶道・高鳥正夫先生古稀記念論集）		（上・下）各 一五〇〇〇円
アメリカ中小企業論	寺岡寛 著	二八〇〇円
日本型中小企業	寺岡寛 著	二〇〇〇円

信山社

中国乗用車企業の成長戦略	陳　晋著	八〇〇〇円
現代中国の自動車産業	李春利著	五〇〇〇円
戦後日本の産業発展構造	張紀南著	五〇〇〇円
北朝鮮経済論	梁文秀著	六〇〇〇円
近代朝鮮における植民地地主制と農民運動	李圭洙著	一二〇〇〇円
米ソの朝鮮占領政策と南北分断体制の形成過程	李圭泰著	一二〇〇〇円
アメリカの中小企業政策	寺岡寛著	四八〇〇円

信山社

企業の社会的責任と会社法	中村一彦 著	七〇〇〇円
企業承継法の研究	大野正道 著	一五三四円
中小会社法の研究	大野正道 著	五〇〇〇円
企業形成の法的研究	大山俊彦 著	一二〇〇〇円
商法及び信義則の研究	後藤静思 著	六六〇二円
アジアにおける日本企業の直面する法的諸問題	明治学院大学立法研究会 編	三六〇〇円

――― 信山社 ―――

手形抗弁論	庄子良男著	一八〇〇〇円
手形法小切手法読本	小島康裕著	二〇〇〇円
要論手形小切手法（第三版）	後藤紀一著	五〇〇〇円
手形小切手法入門	大野正道著	二八〇〇円
有価証券法研究（上・下）	高窪利一著	上 九七〇九円／下 一四五六三円
振込・振替の法理と支払取引	後藤紀一著	八〇〇〇円
金融の理論と実際	御室龍著	九五一五円

――信山社――